杰弗雷·盖尔特·哈派姆（Geoffrey Galt Harpham）

曾任美国国家人文中心主任，现任杜克大学资深教授、剑桥大学 Clare Hall 终身会员。关注人文精神与人文学科在美国乃至世界范围内的发展状况。主要著作有《论怪诞：艺术与文学中的矛盾策略》（1986）、《文化与批评中的禁欲诫命》（1987）、《文学术语词典》（与艾布拉姆斯合著，2005）、《批评的特点》（2006）、《人文学科与美国梦》（2011）等七部，论文多篇。

生安锋

清华大学外国语言文学系教授、博士生导师。入选 2010 年度教育部新世纪优秀人才支持计划、2012 年度北京市中青年社科理论人才“百人工程”计划，中国比较文学学会理事、国际比较文学学会会员，美国哈佛大学博士后、中美富布赖特高级研究学者（斯坦福大学）、美国国家人文中心访问学者。已完成国家社科基金项目两项、教育部人文社科项目两项及其他各类项目多项。现主持国家社科基金重大项目子项目两项，北京市社科重点项目一项。出版著作、译著等七部，发表学术论文五十余篇，其中有九篇被 A&HCI 或者 SSCI 系统收录，二十余篇被 CSSCI 系统收录。研究领域包括英美文学、当代西方文论、比较文学、文化研究等。

沈　矗

清华大学博士，上海交通大学外国语学院博士后。研究方向为比较文学与文化研究。

The Humanities and the Dream of America

人文学科与美国梦

〔美〕
杰弗雷·盖尔特·哈派姆
（Geoffrey Galt Harpham）
著

生安锋 沈嚞
译

王宁
校

社会科学文献出版社
SOCIAL SCIENCES ACADEMIC PRESS (CHINA)

THE HUMANITIES AND THE DREAM OF AMERICA
By Geoffrey Galt Harpham

目　录

引言　作为一门外语的人文学科

倘若你正在对公众发表演讲，一声激越悠长的宣礼声忽然凌空而入，召唤人们去祈祷，那么，此时该遵从何种礼节才是恰当的呢？对此，我有过亲身经历。那是2009年春天，当时，我在伊斯坦布尔的几所大学［爱琴海大学（Ege）、哈西德佩大学（Hacettepe）、比尔肯特大学（Bilkent）、阿塔图克大学（Atatürk）、科威特石油公司大学（Koç）、花园城市大学（Bahçeşehir）、哈力克大学（Haliç）、卡迪尔·汉斯大学（Kadir Has）等；很遗憾那次没能访问海峡大学（Boǧaziçi）］举办一系列讲座。在这种场合下，我的演讲题目大多围绕本书的主题——人文学科。演讲了几场后，我就可以脱稿讲了。脱稿使我能够根据场内气氛随时调整，任意发挥。可是，我也发现了一个问题：当悠长哀伤却饱含激情的宣礼声（*azan*）[①] 传遍城市上空，穿越开着的门窗，滑落在演讲厅时，我也免不了有心荡神摇之感。

我该如何是好呢？是耐心等待片刻，等待这宣礼声结束，还是将这一天五次不约而至的召唤当作自然界的风声雨声等闲视之，抑或当作室外的窃窃私语并提高嗓门大声压过它？进而言之，在课堂上、商务会议或者日常生活中，我们又该如何处

---

① *azan*，阿拉伯语الأذان，本意是宣告、告知，中国穆斯林普遍称为“邦克”（来自波斯语 Bang），意为“召唤”。宣礼词又叫唤礼词，是穆斯林一天五次礼拜前所念的召唤词。——译者注

理这种情况呢？我的目光掠过观众席——黑压压一片坐在下面的数百位师生——我想从他们的反应中寻找答案。土耳其是一
2 个穆斯林占绝大多数的国家。这个国家现代而又世俗，80 年来，他们一直以此为豪。但是，2002 年，该国推选的政府将自己描述为“穆斯林民主”政府［但其他人直截了当地称之为伊斯兰教主义（Islamist）政府］。这在重视土耳其世俗传统的人中引起轩然大波，一时间焦虑顿生，也使此时站在演讲台上的我对于事态的发展趋势心存犹疑。我的听众都是世俗论者吗？如果是，他们就会期待并且希望我将宣礼声仅仅当作日常生活中的一种普通声音，无须特别注意。如果他们是穆斯林民主派呢？那么他们会期望像我这样的非穆斯林人士也暂停学术演讲（更不用说世俗或者人文主义演讲），等候宣礼声结束，以表示对其宗教的恭敬之情吗？我倍感困惑，一时间只好停止发言，与观众面面相觑；过了一会儿，我继续演讲，但思路全没了——至于讲了些什么，我已经不记得了，呼唤祈祷的宣礼声并没有停止，听众似乎还在聆听——两种声音，他们至少是在倾听其中之一。至于我，一边做着演讲，一边仍在留心倾听宣礼词。这是一种多么富有感染力的呼唤啊！即使你一点都不懂得宣告的是什么，即使你知道这声音不是针对你发出的，你也仍然会不由自主地感觉自己受到某种召告、某种呼唤，它将你从你自身中召唤出去。

这样的时刻，是受教的时刻。正是在许许多多这样的时刻，人们才真正弄懂了自己已经知道的东西。那天晚上，我坐在宾馆的阳台上，放眼远眺博斯普鲁斯海峡，静静地回想着我在演讲时产生的困惑，突然意识到，当时我在演讲中要表达的很多思想，不但在那一刻涌入脑海，甚至比原来的思考更加明确清晰，更加发人深省。这其中就包括通常情况下与人文学科密切

相关的许多观念。我们知道，人文学科能够借助文学艺术作品
培养人们感知其他思想和其他文化的能力。人文学科要求关注
作品的形式特征和文本特征，关注字面意义或指示意义，并因
此从中获益；人文学科要求个体做出阐释并进行推断；人文学
科能培养判断能力，唤醒价值观；人文学科会挑战、加深并丰
富我们对世界的理解；人文学科能为我们自身增长知识提供肥 3
沃的土壤；在适当的条件下，人文学科还可以为我们打开通往
包容之心、克制之情、谦卑之态等美好品行的道路，甚至是开
启智慧之门。我回想着，人文学科的种种教育目的都可能从我
下午演讲时的那一小会儿困惑中获得。当时，我被一种具有美
感的宣礼声——它并不仅仅来自演讲厅之外，还来自一种源远
流长的文化传统和宗教传统，并且这种传统完全“外在于”我
的文化传统和宗教传统——深深吸引，因此使我在震惊之余，
也对他者性（otherness）产生了更深刻的理解；它促使我重新
思考自己不甚确定的某些思想资源，迫使我就价值观做出判断，
挑战我的自满感，从而使我自身更加丰富，甚至最终使自己变
得更加宽容，更富智慧。就这样，乘着将宣礼声传遍城市上空
的这股清风，“人文学科”翩然而至。

如此浓厚的人文气息弥漫于整个伊斯坦布尔的空气中，想来倒也是十分合宜的。在历史上，这里本就是人文学科成长发展的一个重镇，它见证了一个重要的历史时刻：1933 年，奥地利犹太裔移民、语文学家里奥·斯皮泽（Leo Spitzer）在伊斯坦布尔大学成立了外国语学院（School of Foreign Language）。受新成立的土耳其共和国国父阿塔图尔克（Ataturk）之邀，为了使这所土耳其大学适应现代需要，斯皮泽试图开创一个项目，将这座古老的城市领向语文学（philology）和语言学领域学术研

究的前沿。此前，语文学和语言学的学术前沿阵地一直为欧洲学者所占领。3 年之后，另一位德国犹太裔移民艾里希·奥尔巴赫（Erich Auerbach）接替了斯皮泽的位置。两位学者采取了截然不同的进路：斯皮泽学习了土耳其语（他甚至曾经撰文一篇，名为《学习土耳其语》），较为顽固的奥尔巴赫则保持着一种坚定的欧洲世界主义路向。[①] 然而，正是他们做出的不懈努力，才使欧洲语文学的光辉传统在战争时期得以延续和保存。正如我在本书的第二章所言，以斯皮泽和奥尔巴赫为代表的语文学是对传统语文学的修订，摆脱了传统语文学的某些学术偏差，甚至道德偏差。在过去的一个半世纪里，这些偏差曾经腐蚀了语文学的研究传统，具体而言，就是语文学将大量的学术
4 精力投入种族理论和反犹主义的研究方面，使语文学变成一种半推半就的，或者完全有意识地为缺乏学术色彩的反犹主义做贡献的学术。而斯皮泽和奥尔巴赫正是受到这种反犹主义思想的胁迫才逃离祖国的。两位学术领袖身上放射着耀眼的英雄光芒。在伊斯坦布尔，传统的语文学正是在他们的带领下，才打出了一个新的旗号——比较文学。语文学从此洗尽昔日风尘，从原来不得示人的隐身之处闪亮登场；40 年后，通过某种重新恢复的集体性记忆，它逐渐获得了丰富的蕴涵，成为一种严谨而纯粹的人文学术典范。[②] 然而，尽管斯皮泽和奥尔巴赫的作

---

① 参见 Geoffrey Green, *Literary Criticism and the Structures of History: Erich Auerbach and Leo Spitzer* (Lincoln: University of Nebraska Press, 1983)。

② 关于"comparative literature"，参见 Emily Apter, *The Translation Zone: A New Comparative Literature* (Princeton, NJ: Princeton University Press, 2006), chapter 3, "Global Translation: The 'Invention' of Comparative Literature, Istanbul, 1933," pp. 41 - 64。对斯皮泽的更集中的研究，参见 Apter 著作的第二章 "The Human and the Humanities," pp. 25 - 40。

品可能无法完全代表语文学传统，但是这些作品却使重新理解一种学术成为可能。根据斯蒂芬·马尔库塞（Steven Marcus）的看法，奥尔巴赫的综合性巨著《模仿论》（*Mimesis*）“使得关于人文学科的现代观念成为可能”。[1] 语文学一度被迫流离失所，隐姓埋名，没想到却改头换面为“人文学科”重新现身，这让我在这座城市反复玩味当前的人文学科状况时，心头不禁别有一番深刻滋味。

当我对人文学科状况进行深度思考时，我在那天下午所感受到的短暂困惑变得真实清晰起来。当时我急切地扫视着听众的脸庞，想知道他们希望我怎么做，可我真正感受到的是陌生，说具体一点就是，（他们是他们，而）我是一个美国人，但在此之前，我从来没有这种感觉。我的东道主、听众以及那些急切地向我推销地毯的摊贩都是如此友好、热情、笑意盈盈，以致很容易让人迷失在一种幻觉中，认为土耳其和美国团结一致，汇成一个人类的大家庭。而此前几周我在该国各地巡讲“美国的人文学科”时，我有种不安的直觉：我越来越不了解我的听众，这导致我对自己的演讲越来越缺乏自信，而不是越来越有把握。我不能完全掌控局面，这种感觉在我第一次做演讲时就开始产生了。那时，为与听众建立友好的联系，我提到当时正在阅读的奥尔罕·帕慕克（Orhan Pamuk）的小说《雪》（*Snow*）。奥尔罕·帕慕克出生于伊斯坦布尔，2006 年荣获诺贝尔文学奖桂冠。随后，一位年轻女士雄赳赳气昂昂，径直向我走来，以不容商量的语气警告我，帕慕克因公开宣扬“亚美尼 5

① Steven Marcus, “Humanities from Classics to Cultural Studies: Notes Toward the History of an Idea,” *Daedalus* 135, no. 2 (Spring 2006): 15 – 21; quotation is from p. 19.

大屠杀”，已经背叛了他的人民。她刻薄地表示，帕慕克手里攥着诺贝尔奖奖金，所以此事休要再提。我也就乖乖地搁下了这个话题。

我开始意识到，原来真正的问题在于，我假设听众与我讲的是同一门语言，而实际上我们只是认识一些共同的单词，或更确切地说，只是听懂一些共同的语音而已。我一直在谈论人文学科的状况，认为大家都明白人文学科是什么。在前面进行的一系列演讲中，我看到听众的反应，使演讲内容逐渐回到更根本性的问题，最终集中于最简单的主题：人文是什么，即我如何理解这一概念。我并非有意降低话题的难度。要知道，我的听众朋友一个个可都是敏锐犀利、专心致志、见多识广的。我只是努力将注意力集中在具有启发性而非故弄玄虚的那一点上，在这一点上双方有可能展开对话。到这时我才开始感觉到，在这里，大家对我演讲的最基本论题尚不甚明确，处于一种模糊状态，我需要以某种方式进行澄清，做出解释，而在美国就不需要这么做。即使人文学科最显而易见的主题就是人性等诸如此类的内容，也并非所有人都觉得有必要根据该主题来组织研究课程和研究大纲。就在几年前，或者就在几英里之外，土耳其的教育体系中还没有“人文学科”这一类别。例如，大马士革大学设有农学院、经济学院、牙医学院、药学院、伊斯兰教法学院等各种学院，但唯独没有人文学院［有一个文学与人类科学学院（Faculty of Literature and Humanitarian Sciences），不过听名字就知道这不是一回事］。当我和别人谈到人文学科时，我感觉到，虽然他们对这个词并不陌生，但仍然存在一些在我看来根本都算不上问题的问题；人文学科对他们而言几乎是一个含有某种复杂性的外来概念，含有尚未被完全掌握的某种不确定的细微差别和意义。

因此，在这一系列讲座的最后一场演讲中，我试图回到过去的一些问题，从头开始，建立一些最基本的概念。我的策略是从解析一个句子下手：为从不同角度观察世界，使人类更好地理解自己，从而对人类记录自身历史的文献资料及其生产的人工制品展开学术性研究。我拿出绝招来，想让听众明白人文 6
学科以“文本”作为研究客体，人性作为研究主体，自我理解作为研究目标。尽管在我看来，这些观点毫无争议可言，但我仍然感到，这样做有一定的风险，因为我意识到听众可能会因我的演讲而生气。事实上，安静聆听的听众能通过各种各样的方法与演讲者进行交流、沟通。在我看来，我的听众尤为专注，就好像他们发现我的论点很有趣的样子。

现在回想起来，我认为可能让他们感兴趣的——假定他们当时确实感兴趣，而且他们是对我的演讲感兴趣，而不是对我的样子和我说话的方式感兴趣；也就是说，假设我们对所参与的这场演讲有共同的理解——不是对人文学科的普遍概述，而是组成人文学科的各个要素。例如，在人文学科以文本为客体的第一个前提下，我确定了几个子前提：第一，文本具有客观形式，这一简单事实表明，一个合格的读者能够描述并理解意义的抽象结构；第二，文本无法言明其本身的意义，这要求人们发挥想象力及理解力；第三，阅读行为使每个读者与所有其他可能的读者一起进入一个虚拟社区，除了识字，该社区不受国籍、种族、宗教、性别、年龄及任何其他因素的制约。在美国，人们对这样的表述并不太关心。但是在这里，这些子前提没有一项是不证自明的。

下面我们先讨论第一个前提条件，即文本就在你的面前，

杂乱无章地摆在你面前，供你或者其他任何人查阅使用。这种
无言的暗示——不是吗？——没有外部权威的指导也可以获取
知识。在美国及其他西方国家，识字（literacy）被理解为现代
世俗民主生活不可分割的一部分，其价值不言而喻。不过，在
穆斯林民主国家，人们可以自己决定重大问题的观念可能并没
7 有被热烈地接受过。对于创造性地去思考文本的意义，或者设
想着进入一个想象中的全球性读者社群，他们也同样缺乏热情。
在美国，所有这些子前提都是无可争议的。但是在这里，这些
似乎只是主张，而不单单是前提条件，还有，在我的听众表现
出来的专注神情中，其中有些成分是在暗示，有些主张可能不
只是好玩有趣，甚至在政治上或者文化上可能是存在争议的。
（要知道，假如听众对我的演讲不入迷的话，他们不就离开讲堂
去祈祷了吗？）

我的第二个前提条件，即人性（humanity）是人文学科的主题，看起来可能有点啰唆，更容易让人觉得枯燥无味。但它的地位也与语境相关。它在某些语境中比在另外的语境中更加真实可靠。为使这点同我设想的那般产生有益启发，听众需要和我一样，把个人理解为具有自主性的创造主体，否则，我的论点可能看起来具有误导性、空想性，甚至是彻底错误的。当然，我想避免产生这种后果，但我又怎么能认为我的穆斯林听众能像我一样去理解人性这一概念呢？考虑到这一思路，接下来我要提出的第三个前提条件是：人文学科的目标是自我理解吗？这个概念岂不是把“自我”观念推定为让人困惑不解，并悬而未决的某种东西吗？就是说，这个概念理解起来费力，难以把握，但确实值得为之付出努力，因为它所隐藏的秘密是无价之宝。如果某一种特定文化对整个现代性规划都含有敌意，

将之看作格格不入的、充满邪恶的，如果那种文化将“人文主义”和“个人主义”看作偶像崇拜的形式，如果他们认为进步这一观念带有消极性而不是积极的含义，那么无疑，在那种文化中人的概念将与我自己所处文化中的人的概念存在显著差别。如果能够用不同的方式来解析“人”——如果能够解析的话，那么人文学科就可以用不同的方式来解析。

在这样一种文化中——可能是也可能不是我曾经置身其中的某种文化；而且我猜想，坐在我面前的很多听众自己也犹豫 8
不决，或者举棋不定——人文学科缺乏美国传统的文化声望，缺乏对人类生存等基本问题的关注，因为这些基本问题确保了多年来即使人文学科“陷入危机”，也依然是公众关注的目标。在这里，人文学科似乎在教育体系和民族文化中发挥着不同的作用——一种较为次要的、分歧不那么大的、不太具有争议性的作用。因此，如果我开始就贸然假定人文学科是一项全球性的事业，在美国开展得尤其成功，那么我结束时就得深信：人文学科反映的是对人类及其繁荣的美国或者至少是西方的、现代的、世俗的看法，那么我的全部观念就只能成为一种地方性偏见。

所以，在本书中，我把那些漠视传统的文章都统统收集进来，权作论述的基础。2003 年，我就任美国国家人文中心（the National Humanities Center）主任，不久以后，我写下了这些文字，作为普遍原则加以声明。尽管我越来越认识到这些原则的感染力或者实用性存在种种局限，但是我认为没有理由全盘否定这些原则。至于本书中收录的其他文章，其写作目的则是恢复多年以来因反复使用而被庸俗化的概念的陌生感。书中的每一篇文章关注的是某一个时刻、某一个事件，以及某一个特别重要或者大众关注的议题，收录的前提条件是其具有明显的人文思想。我的审美和所受的学术训练使我将关注点放在文学研究上，因为大多数人文学科的基本前提在文学研究领域都表现得非常突出。[①] 文学研究不是一部连续的历史，也不是一幅广阔多样的地图，而是一系列旨在揭示人文学科所能揭示的盲目性和洞察力的来源的切口，其全部基础在于认识到，“人文学科”在理论上看似是对人本身的研究，在实践上则因历史复杂性和所产生语境的不同，会以令人意料不到的方式，呈现不同的变化形态。

9 就当代意义而言，人文学科这一术语只对美国人具有本土意义。而现在它已广为传播，例如土耳其人就会聚集在一起，听有关人文学科的报告。但是一经跨越空间，这一术语承载的意义也就发生了很大的改变，它已经不再像它跨越悠久的历史时间那样具有恒常性。在美国，人文学科与如下概念息息相关：“自我丰富”“个人诠释”“不信任既定看法”“传统”“文化”“生而为人的意义”，等等，而在其他国家，这一术语就不易引起如此丰富的联想。的确，有时它看似主要指称“美国”，经常是使地方高等教育制度与美国教育制度产生一致性的标志。在其他地方，还有其他一些术语具有优先使用权：法语和其他罗曼斯语（Romance languages）文化中的人的科学［science humaines，包括经济学、历史、心理学、政治学、语言学，强调实证方法，经常与社会科学（science sociales）联系在一起］；德语或

① 文学研究要求人文科学的诸多学科成为“纯粹”的研究，或者最能体现人文主义特征，因为这一学科是所有学科中最致力于人类劳动的混合研究——带着目的去做出判断、评价、诠释。但是，学科并不存在纯粹或优先之类的问题：所有人文学科不是依赖于其他学科，就是依赖于与其他科学经常产生联系的实证主义方法。

者日耳曼文化如荷兰文化中的精神科学（Geisteswissenschaften，包括哲学、神学、法学、社会学，是非艺术类学科）；英国的艺术与文学。引人注目的是，直到最近，《牛津英语词典》（*Oxford English Dictionary*）才增加了人文学科这一词条，甚至增设了互见词条，该词典将人文主义者定义为“人类事务或者人性研究者”；《大英百科全书》（*Encyclopedia Britannica*）（1910－1911）第十一版才收录了“人文学科”条目。但是，在这些国家和许多其他国家，“人文学科”这一术语最近才与那些本土术语一同出现，有时对本土术语起补充作用，有时起完善作用，有时指称文化上的成熟，有时被视为逐渐美国化的符号。在其他国家，这一术语并不具有精确概念，没有任何国家像美国一样，在概念上背负着相同的包袱，暗示着同样的目标和愿望，或对同样的恐惧或危机做出同样的反应。

当然，这并不是说，人文学科没有任何先行准备，突然从美国的土地上冒出来。人文学科达到顶点通常要经过一个被误解的复杂而又漫长的历史时期，这一点是不容忽视的。在此我
无法一一详述，那些感兴趣的人士可以参考一下弗朗西斯·奥 10
克利（Francis Oakley）所著的《知识共同体》(*Community of Learning*）一书。这是一本非常棒的指导性著作，短小精悍，高屋建瓴。[①] 该书追溯了通识教育概念的发展历史，正是在这一过程中，人文学科才逐渐成为中心要素的。奥克利是从古希腊开始论述的，他不是按照惯例从柏拉图学园（Plato's Academy）开始，而是从学园的哲学定位与伊索克拉底

---

① Francis Oakley, *Community of Learning: The American College and the Liberal Arts Tradition* (New York: Oxford University Press, 1992). 参见第39～72页。此后凡引此文，以Oakley加页码的形式随文标注。

（Isocrates，前436—前338）所支持的修辞体系的争论着手，以对教育目标的不同理解为切入点。学园派形成了一种宗教秩序，哲学框架则致力于对真理的辩证探索。相比之下，伊索克拉底的学生与今天的学生有一点很相似，那就是付费求学、为自己以后的生活做准备，具体地说，就是接受伦理道德教育。伦理道德教育将修辞专长与今天所说的管理研究学结合起来。学生沿用的课程表是文学性的，而非哲学性的。课程要求学生记住荷马作品的大量段落，因为在荷马作品中，所要求的伦理原则既在内容上有清晰明确的阐述，又在修辞形式上得到最高超的表达。对伊索克拉底来说，教育的目标不是从无知中解放思想，而是以公民义务和政治责任为基础，锻炼思想。

今天，为人文学科做出的最充满激情、最虔诚的很多辩护都打着苏格拉底、柏拉图、亚里士多德的旗号。事实上，伊索克拉底才是那个时代举足轻重的人物，并在之后的许多个世纪里一直占有举足轻重的地位。随着希腊城邦的衰落，柏拉图式的教育模式也逐渐衰退：罗马更为急需的是管理帝国的人，而不是穷究智慧的哲学家。西塞罗（Cicero）的博雅教育（artes liberales）是一个更为规范的修辞学教育计划。也正是在彼特拉克（Petrarch）的影响下，它被重新命名为人文研究（studia humanitatis）项目，并逐渐僵化为中世纪的三艺（trivium）[文法（grammar），辩证法（logic），修辞学（rhetoric）] 和四科（quadrivium）：［算术（arithmetic），几何（geometry），音乐（music），天文学（astronomy）]。正如奥克利所论述的，从罗马帝国时代到18世纪，高等教育历史上的历史规范显然是修辞－演说术，而非哲学：在漫长的1500年的时间里，修辞－演说术的教育形式占主导地位，持续的古典传统不是以科学或者哲学为基础，而是以［荷马、欧里庇得斯（Euripides）、德摩斯梯尼 11
（Demosthenes）、米南德（Menander）等］已经奠定的文学或者修辞学传统为基础，因为他们做出了一系列里程碑式的贡献，非常值得后人研究、景仰（Oakley，52）。最为有趣的是，古典传统并没有在西方拉丁语世界保存下来，而是在东方的君士坦丁堡得以保存。因为西方拉丁语世界将精力放在高度专业化的哲学、法学、医学，尤其是神学的学术训练上。在奥尔巴赫和斯皮策足迹之下的深处，是更为古老的痕迹，这些来自不同时代、不同学科层面的探索足迹沉淀在一起。当我在伊斯坦布尔各个大学巡讲时，我能够想象，我正站在人文学科的起点。此处，博雅教育已经忠实地传播了好几个世纪。换言之，就人文学科而言，我是后来者，我的听众是土著居民。

伊索克拉底的修辞学传统可能已经经历了一个漫长的时期，但是它从未成功地摆脱掉作为竞争对手的哲学，从现代对待通识教育的态度上就可见修辞学与哲学传统。在《演说家和哲学家》（*Orators and Philosophers*）[①] 中，布鲁斯·金博尔（Bruce Kimball）分别确定了与每一种类型相连的不同态度。在金博尔所称的“通识-自由”教育中，柏拉图传统以强调政治自由和智力自由的形式继续存在，以对理性不受任何束缚的固有信任形式继续存在，以批判性推理的形式继续存在，以坚持原初平等和个人诠释的反精英形式继续存在，坚信教育就是无止境地追求真理，这些形式汇聚于一处，成为一个宏大的计划，其目

---

① Bruce Kimball, *Orators and Philosophers: A History of the Idea of Higher Education* (New York: Teachers College Press, 1986).

标是个人发展，而个人发展也被看作教育的目的。在衍生于伊索克拉底的博雅教育传统中，重点不在于个人的发展，而在于通过规定道德规范、确定准则、培养文化精英、切实适应责任当局必须面对的现实，培养有道德的公民。第一个传统对习惯和身份具有批评性、破坏性和颠覆性，同时不乏探索性、不稳定性，以理性的个体为中心；第二个传统具有巩固性，值得尊敬，有贵族气派，其中心——随着宗教作为高等教育的中心组
12 织力量的逐渐衰落——集中在文化上。正如奥克利和金博尔所指出的，在今天的学院和大学中，两种传统互相渗透，互相依存，继续存在。

这两种传统并非十分确切地与我们更熟悉的科学与人文学科之间的区别一一对应，完全是思考教育本身的手段和目的的两种不同方式。显然，通识－自由教育传统是以今天我们所谓的科学为取向的。19 世纪早期，随着德国研究型大学的兴起，柏拉图开始再度走红：在新的学风下，*Wissenschaft*（科学）与 *Bildung*（通过追求知识而达致性格的养成）被放在同一个立足点上，通往哲学的大门重新开启，并迅速与科学发生了密切联系。对研究的强调鼓励怀疑或者质疑态度，从而将理性自由地应用于批判性和原创性，所有这一切共同为 19 世纪以科学为基础科学的“知识革命”做出了贡献。富兰克林·德拉诺·罗斯福（FDR）和哈里·杜鲁门（Harry Truman）的科学顾问范内瓦·布什（Vannevar Bush）将科学称为“无尽的前线”①，这一

---

① Vannevar Bush, *Science – The Endless Frontier. A Report to the President by Vannevar Bush, Director of the Office of Scientific Research and Development, July 1945*; On line at http://www.nsf.gov/about/history/vbush1945.htm (accessed April 21, 2010). 布什史诗般的报告为“无尽的前线”打下了基础，即在和平时期，联邦政府应优先资助国家科研项目，此后研究责任从军事转至大学。

著名说法就完美地抓住了通识-自由教育传统的哲学-科学定位。

几十年来，抵制“无止境探索”的主要中心在英国，马修·阿诺德（Matthew Arnold）和约翰·亨利·纽曼（John Henry Newman）坚持的是修辞学理想和人文学传统。该传统要求我们对一个确定的目标进行有限的探索，纽曼在其划时代的《大学的理念》（*The Idea of a University*）（1852）一书中把这个目标定义为培养“绅士”；阿诺德则在《文化与无政府状态》（*Culture and Anarchy*）（1869）中赞成基于文化教化的教育制度，并称其主要特征是对“完美的学习”，它与对科学的学习相反，因为学习科学是想“看透事情的纯粹本质”。[①] T. H. 赫胥黎（T. H. Huxley）为科学做出强力辩护以回应阿诺德。对此，阿诺德的回答是，科学提供的知识未能与“我们的行为意识、我们的美感”发生任何关系，也未能满足人类对圆满生活的基本愿望。“文化修养，”阿诺德声称，“可以在很多关键地 13
方上唤起人类的存在感，会使他们生活得更加充实”。[②] 对纽曼和阿诺德来说，研究这一观念似乎是德国人的崇拜偶像。《大学的理念》开篇第一句话就宣布，大学应当致力于“传播和扩展知识而非推进知识”[③]，纽曼提出，研究是一项有价值但有点专业性的活动，最好指派给学术团体、研究院或者有求知欲

---

① Matthew Arnold, *Culture and Anarchy: An Essay in Political and Social Criticism* (New York: Macmillan, 1883), chapter I, pp. 6 - 7; quoted in Oakley, *Community of Learning*, pp. 57 - 58.

② Matthew Arnold, "Literature and Science," in *Discourse in America* (New York: Macmillan, 1902), pp. 72 - 137; quotation is from p. 129.

③ John Henry Newman, *The Idea of a University*, ed. Frank M. Turner (New Haven, CT: Yale University Press, 1996), p. 3.

的个体。这种态度在英国最著名的学术机构中一直存在。直到20世纪50年代，A. L. 鲁斯（A. L. Rowse）在报告中指出，牛津大学的导师依然能够随意而傲慢地谈论“打着研究（Rezearch）的幌子而显贵，这种浑浑噩噩的状态令人厌恶”。研究这一术语声名狼藉，该措辞也因为德国口音，变得臭名昭著。①

后来，在20世纪初，两种力量——尽管这两种力量在概念上和历史上完全不同，但是在实践上息息相关——为高等教育之精神而明争暗斗。这场竞争主要在美国展开。在美国，德国教育体系的影响日益扩大，该体系包括那些持证从事专业研究的职业从业者、研究性的专业课程、选修课程、荣誉课程、对科学和研究的日益强调等；但该体系遭遇到了极力强调深度和广度的反向运动。在反向运动中，经典被当作医治浪漫主义过度和现代性混乱的一剂良方，本科生教育的顶点经常是学院院长亲自教授的神学课或者道德哲学课。有些机构专业化了。在1876年成立之时，约翰·霍普金斯大学在研究导向上秉承“通识－自由”（liberal-free）之宗旨。而其位于安纳波利斯的近邻圣约翰学院（St. John’s College）则从1937年起更进一步，为学生提供博雅教育。其他如哥伦比亚大学自1919年开始和芝加哥大学自1930年开始，既在研究生计划和本科生层次上雄心勃勃地致力于科研项目，又在西方文化和传统方面致力于道德
14 教化的浸入式强化训练，该项目要么以规范文本要么以众所周

① A. L. Rowse, *All Souls in My Time* (London: Duckworth, 1993), p. 44; quoted in Henk Wesseling, “The Idea of an Institute for Advanced Study: Reflections on Science, Art, and Education,” Uhlenbeck Lecture 20, given June 14, 2002 (Wassenaar: The Netherlands Institute for Advanced Study in the Humanities and Social Sciences, 2002), p. 14.

知的“伟大著作”（Great Books）为中心，完成两个建制目标。[①]

正是在两次世界大战的动荡不安之中，现代人文学科概念在美国的研究院中变得日渐明晰。第一个“人文学科项目”（Program in the Humanities）于 1930 年在普林斯顿大学出现；大约在同一时间，芝加哥大学用“人文学部”（Division of the Humanities）代替了“艺术与文学学院”（Faculty of Arts and Letters）。此后不久，哈佛、耶鲁、斯坦福和哥伦比亚等大学也做了类似的改变。正如一位作者在 1940 年所写的，这些改变在某些情况下，只是为了打造“一个在广度上堪比社会科学和自然科学的领域”。[②] 到 20 世纪中期，“人文学科”这一概念有规律地出现，是指集哲学、文学、艺术、历史研究为一体的学术学科。与科学、意识形态、机械化、行为主义、大众社会、过高的理性评价以及通常的现代性相反，人文学科成为与赋权、解放、培养、公民责任，以及几乎总是与伦理行为和个性发展等含义相同的概念。

人文学科貌似是一个风平浪静的研究领域；但事实上，自从研究精神兴起之后，人文主义者就处于守势，用马尔库塞的话来说，人文主义者就认为自己是“四面楚歌的文化贵族……是被外星人——如果不是星外来客，也是被生命形

① 在文学研究范围内，关于“学者”和“批评家”之间的区分的论述，参见 Gerald Graff, *Professing Literature: An Institutional History* (Chicago: University of Chicago Press, 1987), pp. 121 - 144；关于 Robert Maynard Hutchins 与 Mortimer Adler 发起的“芝加哥计划”的详细论述参见第 163 ~167 页。

② Patricia Beesley, *The Revival of the Humanities in American Education* (New York: Columbia University Press, 1940), p. 3.

式——所包围的文明托管人”。① 最广为人知的新人文主义（New Humanism）运动的捍卫者是《文学与美国的大学》（*Literature and the American College*，1908）一书的作者、以新人文主义身份而著称的哈佛大学的欧文·白璧德（Irving Babbitt），《民族报》（*The Nation*）的编辑、普林斯顿大学的保罗·埃尔默·摩尔（Paul Elmer More），以及后来《人文主义和美国》（*Humanism and America*）1930 年卷的编辑、哥伦比亚大学的诺曼·佛瑞斯特（Norman Forester）②，为新人文主义运动作了如下界定：崇尚古典性和道德说教性，秉持反浪漫主义的态度。新人文主义者总是认为人文研究被压制住了，整个高等教育机构朝着他们认为的错误方向，如专业教育、实用主义、折中主义和自我放纵的方向发展。但是在战后一段时间，随着科学在国家的重要任务中承担越来越重要的作用，消耗了可供高等教育使用的越来越多的资源，以及随着人文学科本身越来越专业化，研究投入越来越大，所有的人文主义者都有理由认为自己投入了某场战斗中。这场战斗非常令人振奋：在战后的 1/4 世纪里，正如大卫·郝林哲（David A. Hollinger）所指出的，人们第一次听到“人文学科之危机”一语，现在看来那一时期反而被誉为美国大学的黄金时代，尤其是在人文学科领域内，那段时间被誉为“一个充满自信的时代”。当时，不论是学生还是教职员工，其数量都在迅速

---

① Steven Marcus, “Humanities from Classics to Cultural Studies,” p. 17.

② Norman Foerster, ed., *Humanism and America: Essays on the Outlook of Modern Civilisation* (Port Washington, NY: Kennikat Press, 1930). 也可参见 J. David Hoeverler, *The New Humanism: A Critique of Modern America, 1900 - 1940* (Charlottesville: University of Virginia Press, 1977)。

增长。[1]

人文学科的话语具有理想化和普遍化，这掩盖了动荡的两次世界大战期间人文学科出现的戏剧性，也掩盖了它们在二战刚结束时作为危机话语的整合性。但是，正如我在第六章中指出的，战后人文学科的具体化（concretization），其背后的驱动力量几乎是不加掩饰的战略性和政治性，即渴望在现行的现代民主文化中，培养公民的自由、自信精神，并在现代民主文化的保护下，使美国强大起来。这一时期的人文学科是建立在美国对人性、人类文化以及人类繁荣的明确观念之上的，有些人士、有些国家大力推行并倡导这种观念，因为他们觉得在一个危机四伏的世界上，这些观念濒临危机。1945 年，哈佛大学出版了一本颇具影响力的红皮书，名为《自由社会中的通识教育》。它提出了一个理念，即学习体验应当在自由的精神探索下方可进行，不涉及职业实用性或者专业功利性。根据红皮书作者的观点，人文学科应当成为通识教育的重心，成为学院和大学的道德核心，其全部任务就是培养有道德、有文化、有责任感、全面发展的公民。

在上述文字中，我们只是进行了一番简略描述，其中需要强调以下三个特征。第一个特征是，通向并包括现代人文学科的这段历史，每一点上都具有内在和外在的紧张、分裂和冲突。 16

---

[1] David A. Hollinger, introduction to *The Humanities and the Dynamics of Inclusion since World War II*, ed. David A. Hollinger (Baltimore: Johns Hopkins University Press, 2006), pp. 1 - 22; quotation is from p. 5. 对人文学科在一战之后一段时间的论述，参见 Gerald Graff, *Professing Literature*, pp. 128 - 132。对二战结束后的“人文学科革命”——实际上是两种革命，一种面向客观性和学科性，另一种面向多元文化和跨学科性——的深入论述，参见 Louis Menand, *The Marketplace of Ideas: Reform and Resistance in the American University* (New York: W. W. Norton, 2010), pp. 59 - 92。

这段历史时期都可能被称为危急时刻。在人文学科范围内，“演说家”和“哲学家”的后继者从来没倡议过停火协定，定性研究方法与更科学的或以证据为基础的方法之间的争论是专业讨论的亘古不变的特征。在大学里，人文主义者如果不总是觉得自己是一个文化贵族，至少会陷入困境，而且与自然科学、社会科学，尤其是专业教育相比，往往处于明显且日益严重的劣势。[①] 而在研究院的院墙之外，人文学科不是被当作与陷入危险中的城邦斗争的一种方式，就是被指控为该危险本身。大多数不张扬的人，其初衷是负责人文学科的教学和研究，除此之外，人文学科总是卷入其中。

第二个特征不太明显，人文学科的现代机构，就像之前的教育项目一样，一直赋予自己一项任务，即阐明最优的人或全面发展的人与次等人（奴隶、妇女、非公民、野蛮人）之间的差别。柏拉图学园的核心是亚里士多德式的信念，即人类是渴望知识的生物；现代人文学科的核心观念可较为宽泛的明确表述为，人类是被赋予几种独特能力的生物。每一门现代人文学科都负有部分责任，去探讨其中的某一项能力：历史，负责探讨重要行动的能力；哲学，负责探讨反省能力；艺术研究，探讨创造性能力。尽管答案是不精确、带偏见、非直接的，但人文学科提出的问题却是精确的：人类是什么？生而为人意味着什么？什么才是有意义的、值得的、完满的生活？

---

① 早在 1938 年，就曾有评论家感叹：“人文学科处处受到攻击……每况愈下。” Gilbert Chinard, “Literature and the Humanities,” in *The Meaning of the Humanities: Five Essays*, by Ralph Barton Perry, August Charles Krey, Erwin Panofsky, Robert Lowry Calhoun, and Gilbert Chainard; edited by Theodore Meyer Greene (Princeton, NJ: Princeton University Press, 1938), pp. 151 – 170; quotation is from p. 153.

第三个特征是，这些问题虽然在形式上具有普遍性，都是在美国的土壤上成长起来的，其意义在于他们重新构成了一个 17
命题，即自美利坚共和国（the Republic）成立以来，该命题成为美国特征或者国家使命中最崇高构想的一部分：它即便不是在人类生活状态中唯一拥有的全部权利，也是美国公民拥有的、与生俱来的特权这一理念。“红皮书”中所称颂的“健全的人”，既不是在纽曼或者阿诺德意义上具有丰富文化涵养的绅士，也不完全是柏拉图学园里探索式的青年或者伊索克拉底意义上的严肃公民，更确切地讲，他是战后的典范式的美国人，就像由哈佛大学的某个委员会所决定的一样。

反思人类状况并不需要什么高级训练，但是在美国，可以说，教育系统，特别是人文学科就要求进行这种反思。其他学科提供关于事物的知识，人文学科提供的则是关于人类的知识，因此蕴含着某种期望，一种对自己作为人类物种之一员的觉醒式的理解，一种对人之成为人之种种可能性的高度警觉，而不只是信息。真正变革性的自我理解既是人文学科的最高目标，也是人文学科不断“产生”危机的原因。什么样的知识能够实现人的自我理解？为真正了解自己，我们必须明白些什么？为提供这样的知识，教室或者校园应该如何装备？演讲、研讨班、考试、研究任务、办公时间、大纲等都不能产生改变人生的智慧，而人文学科似乎能够提供这种智慧，满足人们殷切期待却又漫无目标的深切憧憬。

如果教育只把职业培训看作自己的任务，即为人们应对不确定的未来而在个体上和集体上做好准备，或教育只是传播信息，那么它在各个层面上都未能完成自己的使命。人文学科只是不加分辨地将通识－自由以及博雅教育的各种传统混合在一

起，其本身并无决断的能力，因此，它保持一种知识的开放状态，这种知识既不能与信息分离，也不能简化为信息。正如我
18 在第五章中提到的，莎士比亚的《亨利五世》放在管理学或者领导学课堂上而非放在文学课堂上来研究，就是一部完全不同的戏剧，甚至是一个不同的文本。当然，如果分别在农村高中、社区学校、精英研究型大学或者郊区起居室来研读《亨利五世》，那它也分别是不同的戏剧。但是，最有趣的差别可能是两个机构所采用的方法不同：一个是用人文学科的方法来研读，另一个则是用其他学科的术语来组织课堂。我想，就这一点来说，如果普遍语境不是人文学科的，而是精神科学（Geisteswissenschaften）、人文科学（sciences humaines），或者是文学艺术的，那么我在第七章描述的极度个人的、直接的、不可预知的课堂体验能否成为可能？

对我来说，那种体验是人文学科强大力量的一个实例，它非常令人信服。因为它能诱导学习体验、促进学习体验并验证学习体验，而这些体验远远胜过信息的获得、方法的使用，甚至胜过感觉的细化优化，它能达到对人类状况的理解。在美国的历史和文化中，是否还有什么能为这种体验提供一个让人满意的语境？或者在其他语境下可能存在其他形式的体验？如果有，它们是否被看作教育，特别是高等教育，应当提供的那种体验？这些体验的价值和意义相同吗？如果把自我理解看作为社会长期利益服务的一段漫长旅程，那么是否可把这些体验看作一个个精彩瞬间？或者可否将它们理解为偏离教育主旨的干扰事件，因其有害社会秩序，有害民族身份，因而一无是处？大概我的土耳其听众对这个问题比我理解得要更为透彻，他们在听我演讲时，也想到了这些问题。

人文学科诞生于危机中，却没有很好地应对危机。人文学
科只有失去领地或者面临领地不稳定的时候，似乎才会表现最
佳。当它们诉诸传统或者看似诉诸传统时，它们总是对文化环
境的各种变化做出回应；它们不断地回顾过去的文本史料、人
造遗迹、物质材料，标记出所发生的变化，考察历史记录，从 19
现在的角度来审视历史。随着世事变化，人文学科也发生了各
种变化：人文学科为世界的变化做出贡献，其本身也因此而发
生变化。不存在固定不变的学科，不存在界限分明的知识领域，
不存在永恒绝对的差别，甚至科学与人文学科之间的区别也不
是最基本的。因为科学和人文学科都来源于“哲学－科学”传
统，而且在漫长的孕育期，它们都包裹在语文学的黑暗的蛹中，
语文学也以幼虫形式包含社会科学。各种学科是由其基本的研
究主题来界定的。如果现代人文学科的研究主题是人本身——
作为行为者、创造者、思想家的人——那么任何阐明这一主题
的知识都应当被纳入人文学科范畴之内，而非排除在该范畴之
外。

人文学科并没有对人的自我理解进行过研究规划。它们只是通过存在已久的惯例来指导人的自我理解。人的自我理解可以通过众多途径来实现。在过去的一个时代，当人文学科从反人文主义理论的长期迷恋中逐步恢复时，科学已经接管了对人的探索。计算机科学、基因工程、进化生物学、神经科学等所取得的各种进展对我们理解人类的基本能力和潜能做出了巨大贡献，信息与理论一拥而上，呈现出排山倒海之势。这种状况不仅增加了知识总量，而且改变了各学科的性质，也改变了学科与学科之间的关系。强有力的科技武装极大地提升了我们的能动作用，一套崭新的理解方式甚至正在改变人类自身：几年

前似乎还是基础性的东西或者不可更改的东西，在今天看来已经面目全非了；曾经一度认为的绝对界限，现在逐渐被打破、被跨越。现在，人文主义者注视着他们的研究课题在眼前发生突变，前景虽令人不安，却又让人产生按捺不住的兴奋之情。他们再一次陷于不利地位，所以必须寻找一条出路，以适应这种新的危机局面。在这个特殊时刻，他们尤其要对变化了的环
20 境做出回应。如果那些拥有恰当的知识储备和知识处理能力的人士能够找到与科学合作的途径——不是作为旁观者或者评论者，也不是作为基于生物一致精神的初级合伙人，而是作为人类自我理解综合项目的合作研究者——那么他们可能就不会像过去的人文主义者那样轻率地改弦易辙，而是会奋然前行，继续去完成人文学科最初的、永恒的未竟使命。

第一章 “人文学科危机”之下与之外 21

一

在美国学界，从事人文学科的工作者对人文学科都不甚了解，这不能不说是一件很奇怪的事情。甚至对人文主义者自身来说，与学术部门不同，人文学科的划分似乎也只是为行政管理上的方便才不得已而为之，人文学科只是一种虚拟实体，而非真正意义上具有确定性的准则。如同所有的行政管理事务一样，它也受到漠视。人文学科有点像“北美洲”，它只是一种组织层级，既不处理地方上的紧急事务，也不用插手什么了不起的全球性大事件。

但在许多高校之外的人看来，高校里院系结构的设置似乎是任意的，甚至是武断的，大的学科的划分，例如人文学科、社会科学、数学以及自然科学等才具有真正实质性的内容。就此而论，人文学科各领域的区别与其共性相比，就显得不是那么重要了。对此，从事人文学科的学者要有清醒的认识，这才是明智之举。因为如果他们除了将自己看作某一学科的专家，
还把自己看作人文主义者（humanists），那么他们就能够明白自 22
己的工作如何对较大的人文学科项目做出贡献，自己工作的独特侧重点如何与其他的人文贡献和非人文贡献结合起来。这样一来，他们就会更好地理解自己实际上和潜在地对整个知识体系，甚至是普遍意义上的文化所做出的贡献以及可能会起的作

用。换言之，唯其如此，他们才能更好地解决高等教育中最顽固的困境之一，即人文学科的长期危机。

实际上，过去五十多年来，美国高等教育的每一项调查都特别提到了人文学科存在的危机。几乎是从兴登堡（Hindenburg）时代开始，学者们似乎就一直在惊呼："哦，人文学科！"有时候，衡量危机的尺度可以是该专业的在校学生数量、专业课开设情况、课程设置以及教师薪资情况等方面；在很大程度上，人文学科的危机被看作一个孤立的、由其自身造成的灾难，仅局限于几个学科而已；但有时候它又与通识教育中普遍存在的混乱状况联系在一起，有时候甚至与整个文化中的道德滑坡及知识匮乏联系在一起。人文学科的危机明显存在十分突出的规律，人文主义者深感困扰的是，他们无力向外界传达自己的观点，甚至无法向圈内人士表达自己意欲向大众传播的特定价值观。他们所遭受的困扰，就是学者兼评论家路易斯·梅南德（Louis Menand）所说的理性危机。[1]

令人奇怪也令人不安的是，梅南德作为杰出的人文主义者，他本人并没有找到走出上述危机的捷径，也无意为人文主义研究阐明他所描述的基本理性。梅南德深受"可预测但漫无目的的折中主义"的困扰。"可预测但漫无目的的折中主义"源自当代的"后学科"氛围。在这种氛围中，获得终身职位的学者为追求"用第一人称撰写的胡萝卜的历史"（梅南德假设的例子），感到自己获得了某种许可而放弃了所受的学术训练。梅南德特别指出，如果连教授们都纷纷放弃了自己的学科专长，那

---

① Louis Menand, "The Marketplace of Ideas," American Council of Learned Societies Occasional Paper, no. 49 (2001); http://www.acls.org/op49.htm (accessed April 24, 2010).

么面对并不明朗的经济前景，学生们可能会产生困惑：自己为何要认真阅读文学作品、钻研历史文献以及潜心研读哲学著作。

然而，人文主义危机这一说法已经颇有些年头了，它已经 23
简单地融进了人文主义学者理解自己、理解其工作的最为惯常的方法中。一旦被当作一种灾难来思考，人文学科的危机就成为一种生活方式。如果没有危机，人文学科将会成为什么样子呢？人文学者们已经习惯于讨论危机了，很多人满足于人文学科有危机，而不是满足于它有基本原理。事实上，有时危机似乎就是基本原理。在这一点上，有些学者似乎对使学生接触古往今来的智慧、艺术的魅力、历史的严谨等不太感兴趣，他们感兴趣的是处于一种戏剧性的被观察状态，有时则是处于一种娱乐性的自我怀疑状态。

但是，明确阐述人文主义探索的基本原理，有助于把人们的注意力从教授身上转移到他们所从事的专业领域，并把专业的注意力集中在它所寻求的社会支持和它所渴望为之服务的长期利益上。另外，人文主义者不能或者不愿对其工作情况进行某种说明，实际上会损害他们所从事的人文学科本身，因为正是他们从事的工作才使得人文主义的独特性与大文化的价值更为突出，才使得目前紧步"北美洲"地位后尘的人文学科可能看起来更像真正意义上的南美洲或者中美洲。

二

如果将传统上人文主义研究的基本原理浓缩为一句话，那应该是：对人类记录自身历史的文献资料及人类生产的人工制品进行学术研究，从不同角度观察世界，从而使人类更好地理解自己。这一陈词滥调看似削弱了我们研究的重要性，但是如

果深入探讨一下，我们便会发现，一如封存住历史传统的琥珀，上述因素也保留着某种确定的永久活力，甚至保留着某种尚未
24 被开垦过的原始生机。仔细审查，我们会发现，人文主义研究的基本原理包含三个前提条件，即人文学科包括作为客体的文本、作为主体的人性以及作为目标的人的自我理解。

1. 文本。1981 年，人文学科委员会（Commission on the Humanities）发表了一项十分具有参考价值的研究成果《美国生活中的人文学科》（*The Humanities in American Life*）。该研究称，“人文学科运用了一种特别的媒介……这个媒介就是语言”，特别是文本语言。我认为，在这里“运用”（employ）一词直接指人文主义研究；而非指正在研究的材料，这些材料可以是狭义的文本也可以是 40 年前出现的广义文本——城市风景、骨雕、土木工程甚至口头语言，在这种文本中，任何物质制品都可以视为文本。在此，关键因素是过去性（pastness），正如作者所言，人文学科特有的“气质倾向性”是“历史倾向性”。[①] 这种表述方式再次涉及人文主义学术研究的实践与目的：人文学者研究过去产生的文献资料，反过来，研究又会产生其他的文献资料，而这些文献资料注定会成为历史记录的一部分。

这种文本 - 历史定位有时会给人文学科带来一种向后看的模式，特别是与图像技术为主导的大众文化相比较时，尤其如此。在这样的语境下，人文学科的文本依赖性有时看起来像古老的残余之物，就好比灵长类动物退化的尾骨，已经没有用处了。在这一点上，人文主义者感到人文学科不堪一

① Commission on the Humanities in American Life, *The Humanities in American Life* (Berkeley and Los Angeles: University of California Press, 1980), p. 2.

击，所以他们要么不加批评地接受一切技术来做出回应，要么固执地为一切传统文本进行辩护，结果两种做法都收不到特别成效。

因为文本的概念既不是中立的也不是自然的，所以招致批评在所难免。正如理查德·兰纳姆（Richard Lanham）在1993年指出的，印刷文本自身包含特定的意识形态，互联网的出现导致了他所说的两个危险的幻象，即客观性的可能性以及思想与声音的可剥离性。他认为，相比之下，科学技术恢复了话语中原本存在的意识、流动性、娱乐性以及个性。
作为杰出的修辞学家，兰纳姆毫不掩饰地表达了自己的兴奋 25
之情，期待即将展现的信息前景：徜徉在充斥着各种庞杂信息的网络中，体会那种比两眼仅盯着书本更自发、更即兴甚至更具创造性的可能的沉醉感。兰纳姆和其他人所做的这种比较非常偏激：一方面，沉闷的印刷文本是嵌入整个错综复杂的庞大图书馆的其他无数文本中的，它需要耐得住寂寞的读者心无旁骛，振叶寻根，观澜索源；另一方面，鲜活的互联网本身通过我们自己的选择、自己的愿望、自己的一时兴起——互联网使无限沟通、即时交流、信息透明、全球通讯成为可能——成为每时每刻都在创造一切可能性的虚拟乐园。通过比较传统的印刷文本形式与网络上可获得的重要的适应性信息，兰纳姆警告说，如果人文主义者不能找到合适的出路去适应新的时代，那么他们就无法生存，或者就如他说的：“‘人文主义者’的任务可以转至其他群体，而人文学科逐渐缩减为性情乖戾的复古主义。”①

① Richard Lanham, *The Electronic Word: Democracy, Technology, and the Arts* (Chicago: University of Chicago Press, 1993), p. 228.

但是准确地说，书本并非文本。数字技术抹掉了书籍的许多特征，但是就其本身而言，文本在技术革命中保存得完好无损。事实上，有人甚至会说，电子技术并没有取代文本，而是增强了我们在各种文本之间进行切换的能力。同时，通过接受文字、图像和声音，使文本的其他特征得以扩展、补充，变得更加突出。对文本的保留和扩展是非常有益的事情，因为文本自身蕴含着许多有价值的东西，这是兰纳姆或其他人尚未意识到的，他们只知一味地歌颂技术革命，将之作为信息概念本身的基本变化。

首先，在传统环境与数字环境中，文本具有可靠的物质稳定性。物质稳定性意味着获得一定知识的可能性。既然文本代表着意图和能动性，那么其影响就会无限深远，但并非我们的
26 感官能直接感受到的。阅读文本鼓舞着我们通过观察、推论、思辨去探索真理，并在思考中坚定信念：只要探索就会有所收获。而且，文本本身的惰性以及它对我们的各种需要表现出来的实体性冷漠，有助于我们产生异样的智力愉悦感，这种愉悦感才是阅读所特有的，这种愉悦感是一种失重感，或摆脱了当下问题的自由感。即使在不受书本外在形式限制的电子环境下，我们也能意识到这种益处。尤其是对学者们来说，这种愉悦感伴随着一种鲜明的力量感。因为过去的真理在很大程度上以文本记录的形式存在，所以在现阶段它会汇集在一处并可以从不同的角度重新组合，具有不同的重点、假设和优先权。作为专注于文本的回报，读者——尤其是学者型的读者，他们被赋予了高度的综合思辨性理解能力，并且这种能力远远超越了即时性，他们怡然自得地享受这种能力，乐此不疲，这一点毋庸置疑。

既然在理论上所有读者都可获得文本，那么文本也是一种公共媒介，那些读过或可能读过该文本的人就会围绕文本本身形成一个无形的社区。所有的文本都是在某种文化传统中撰写而成的，大多数群体或者个人都将过去的档案文件当作历史遗产的关键因素，当作自己身份认同的关键因素。但是，即使文本的获得是由许多本地或偶然的因素决定的，但围绕文本而形成的社区是包容的而不是排他的，因为它是基于阅读这一特定行为而不是基于某种身份。毫无疑问，只要表示出阅读意向，人们就可以进入该文本社区。在这里，阅读行为在某种程度上毫无个性可言，因为它涉及暂时的身份搁置，甚至在某些情况下，这种身份处于危险之中，因为它受到新信息、新刺激、新问题、新压力的影响。文本尽情地表达世界，以回应训练有素的阅读兴趣。

因此，虽然阅读可能会唤醒或者改善我们个性中的某些因素，虽然我们从文本中获取的信息可能相当独特，但是在
理论上，阅读是所有人都可以从事的一项活动，这意味着我 27
们从文本中收集到的文化遗产既属于全人类的共同财产也属于地方性财产：文本就其本身而言，是跨越时空围绕着普遍性的交流原则组织起来的，包括连续的、在理论上无限的档案文件。那个非常典型的美国人梭罗（Thoreau），就是从传统中而非从自己那里吸收了大量的知识，这些知识包括古典哲学和古代历史；他的《论公民的不服从》（On Civil Disobedience）被印度人甘地推崇，甘地从梭罗（还有爱默生、罗斯金、托尔斯泰和印度哲学）那里学来了非暴力抵抗原则；该哲学思想后来又被宾夕法尼亚州彻斯特县的一位神学学生马丁·路德·金吸收并发扬光大，20 世纪 50 年代和

60 年代，在具有代表性的美国抗议运动中，马丁·路德·金以令人难忘的措辞，为呼吁民权而进行斗争；这些斗争又直接启发了南非的纳尔逊·曼德拉和其他人士，他们为种族隔离而英勇奋战。

一方面，有担当有责任的学者认为，人文主义研究不能直接造就个人美德与有责任心的公民；另一方面，大多数学者确实认为，在更为宽泛的意义上，他们所从事的人文主义研究工作是有价值的，只是他们并不确定如何才能将更大的公共的善与个人的学术活动结合起来。卡拉·黑塞（Carla Hesse）在《人文学科和数字时代的图书馆》一文中对此做了深刻的评价。黑塞率先提出传统文本提供了“自反性空间”（space of reflexivity）。自反性空间具体表现形式是图书馆，是“我们最珍视的、对人类价值观进行沉思和反省的空间”①。特别是与初次接触互联网时的那种心醉神迷相比，阅读纸质书籍时的心态具有固执的反乌托邦特征，部分原因是阅读纸质书籍可以保持气定神闲。黑塞称，这种气定神闲深深地植根于我们民主理想的历史，虽然它看似与正痴迷于加速原则的世界节奏不甚合拍。但是，作为“一种缓慢的交流形式”，她称，书“不是将大众传媒设想为行动，而是对行动的反思”（115）。书以“延缓的逻辑”为构架，这种延缓逻辑为“深入调查、高度集中、深刻反省、潜心冥想”开拓
28 出一片空间（116）。黑塞将自我反思能力、自我表征能力以

① Carla Hesse, “Humanities and the Library in the Digital Age,” in *What's Happened to the Humanities?* ed., Alvin Kernan (Princeton, NJ: Princeton University Press, 1997), pp. 107 - 121; quotation is from p. 112（之后引文皆出自该书）。

及自我建构能力联系在一起，也因此与自我管理能力联系在一起。在雄辩的论据基础上，黑塞得出结论，植根于书中几乎是触手可及的反思性延缓逻辑，人文学科即使不能保证或者保护“民主制度下有责任心的公民”的发展，也会起到加强和促进的作用（117）。

我们只能通过各种形式的文本来接近过去，这表明过去不是一个恒定不变、紧急迫切的负担，而是按照自愿原则吸引我们注意力的一个主题。如果让我们自行选择，我们既可以选择合上书页，也可以选择退出系统。更有甚者，即使不强调人文学科对个体个性或公民身份具有直接的积极影响，我们仍可以说人文学科的文本重点，在某种程度上意味着追求真理的种种可能性（以及同样令人振奋的犯错的可能性）、采取反思的行动、培养民主的公民身份，以及促进通往未知未来的自由感和力量感。

2. 人性。《美国生活中的人文学科》认为，“人文学科的本质是一种人文精神或态度……（人文学科）揭示了个体如何在语言和历史的束缚下，跨越时空，既保持独立自主，同时又受制于人类整体”（3）。一个时代过去了，通过对这些千锤百炼的华词丽句的解读，我们不难从中发现某种世界观：它既强调个人自治又强调普遍和谐，这比人文学科本身更准确地反映了里根时代之初的“美国生活”。然而，这一提法却包含永恒不变的真理萌芽，因为它的主张是，如果缺乏某种有关人的观念，人文学科便无法想象。

我认为，这种观念就是国家人文中心第一任主任、哲学家查尔斯·弗兰克尔（Charles Frankel）提出的有益主张。1978年，弗兰克尔就曾提出：“人文学科是一种知识形式，认识者在

其中得到启示。当我们不仅要去思考所提出的问题，同时要去思考是谁提出问题的时候，当我们在听到问题的同时也听到其
29 背后的声音时，所有的知识都成为人文主义的知识。”[①] 这些话同时提出了很多问题，没有强调孰先孰后，轻重缓急。首先，通过强调在任何学科中都会发现的“知识形式”，将人文学科从一套既定的学术学科中解放出来。[②] 例如，法律研究虽然不是人文学科的一部分，但是，当法学学者追踪某位叫作福尔摩斯或者马歇尔或者法兰克福的人的思想演化过程时，他们就要开始从人文主义思想着手来处理法律问题，将其看作“人的声音”的结果，更有甚者，机械装置也能照此方式加以处理。迈克尔·翁达杰（Michael Ondaatje）在其著名小说《英国病人》（*The English Patient*）中，讲述了第二次世界大战期间，一位英国军官教一位年轻人拆除哑弹，“人们认为炸弹是一个机械的物体，一个无意识的敌人”，他说，但是如果你不想死，你就要用心去研究炸弹，把它的引爆装置当作一种策略来仔细斟酌，这个策略，按其设计目的，就是迷惑那个试图拆除它引信的人，然后炸死他。你必须学会从人文主义的角度来看待炸弹，或者如那位军官所言：“你必须想到制造炸弹的是人。”[③] 如果引爆炸弹可以是人文主义的，那么文学研究就可以是机械主义的，例如，文献学、韵律学，或者文本编辑的很多形式都是人

---

① 引自 *The Humanities in American Life*, p. 2。

② 《美国生活中的人文学科》一书的作者提出，传统上，人文学科被定义为“语言文学、历史和哲学”。但是 1964 年人文学科委员会的报告增补了艺术、“历史和比较宗教及法学”，以及“具有人文主义内容和使用人文主义方法的社会科学的那些方面”。1965 年，国家人文学科捐赠基金会（National Endowment for the Humanities，NEH）成立时，在报告列出的计划中，人文学科又添加了语言学、考古学和伦理学（p. 2）。

③ Michael Ondaatje, *The English Patient* (New York: Vintage, 1992), p. 192.

文学科的范围。但是，就他们将“人的声音”置于一边不顾而言，用弗兰克尔的观点来衡量，将其看作人文主义的是不恰当的。

人们可能在这些问题上纠缠不清，没完没了。但是，更大的问题是，人文学科中的学术是通过关注人类话题得以界定的。人文主义者在人类范围内开展工作，他们不是把研究对象当作生物体、细胞或者原子，也不是把他们当作无垠宇宙中具有生命的一粒微尘——说实在的，人文主义者也不是把研究对象当作当事人、病人、顾客或者患者——而是当作有自我意识的个体，能意识到自己存在的个体。人文主义研究以文本为中心（在此文本一说是取其广义），而文本是人类在反思自己生命的过程中产生的。人文学科的核心是人的想象能力、诠释能力、表征自身经验的能力，这些能力都是人类所特有的。

关注以事实为导向的文本（即弗兰克尔命题），就是思辨 30
地参与文本的生产过程，这包括命题者的创造性行为及所有语境。强调人的创造性活动这一点并非毫无争议。事实上，在过去的一个世纪里，这是思想史上最有争议的问题之一，因为一个又一个的学科正试图通过从研究目标中排除人的声音来探索其本身的现代性或者后现代性。纵观人文学科中深奥的反人文主义理论一统天下的时代（约 1968 ~ 1990 年），最进步的思想家认为人、人性、人的声音（更不用提个体的人为主体）等各种观念只不过是思想意识上产生的某种神秘概念而已。人文学科不追问人的问题，只研究语言学无边际的技术性问题。例如，试图构建“没有人性的历史”（米歇尔·福柯），描述“非人性”的语言（保罗·德曼），或者追踪意识形态“无主体过程”的运动情况（路易斯·阿尔都塞），这些都代表这种观点所取得的某些伟大胜利，这些胜利确实导致了人文学科的危机，因为它们使人文学科变得越来越技术性、实验性、分析性，这样一来，科学领域呈现咄咄逼人的进攻之势，侵占了某些传统上属于人文学科的领域，例如，自由意志、道德判断、创造性和意识等。这不能不说非常奇怪。

1970 年，在荷兰的一个电视节目中，讲英语的应用科学语言学家诺姆·乔姆斯基（Noam Chomsky）与讲法语的哲学家、历史学家米歇尔·福柯进行了一场大辩论。辩论中，上述问题达到了白热化程度，到了非解决不可的地步。人们可能好奇最初的观众是怎么看待这一事件的，但是 1997 年之后，虽然这场辩论的翻译文字稿终于成为英语读者唾手可得的东西，但是辩论本身却被看作一个千载难逢的机会，因为两位杰出的思想家直接交锋，详细地就人文学科的基本原则问题展开辩论。乔姆斯基辩称，在任何类型的政治视野或伦理观点中具体描述人性都必不可
31 少；福柯则坚持，“人性”是一种多愁善感的幻觉，是从早期缺乏批评、不讲究科学的时代流传下来的。[①] 最终，双方的辩论集中在社会斗争的目的上。对乔姆斯基来说，公正是社会斗争的唯一目标，而对福柯来说，权力则是唯一合理的动机。争论的结果是有一句话依然萦绕在人们的脑际，让人久久不能忘怀。福柯向乔姆斯基宣布“人们发动战争是为了胜利，并非因为这场战争是正义的”（136），后者听罢惊骇万分。

在此我无法充分描述这场辩论的细微差别，但是显而易见，作为对发生在人类世界的事件的解释，福柯的理由极其苍白贫乏。他的理由似乎用来解释动物世界或者植物世界里的事件更

---

① Arnold Davidson, ed., *Foucault and His Interlocutors* (Chicago: University of Chicago Press, 1997), pp. 107 - 145（此后引文皆出自本书）。

合适些，因为动植物的行为中间没有什么高尚目标或者终极目的。至于人类世界，福柯的理论也许解释了结果，但并没有解释原因：他的理由排除了大量的原因、逻辑依据以及合理性原则，突兀地抄了探索动机这一捷径，莽撞地挥戈而来。而实际上，原因、逻辑依据与合理性原则对人类意志或者意图却起着决定性作用。乔姆斯基不仅坚持“正义”，而且在更广泛的意义上，他还坚持思想和理想是人文主义必不可少的前提，坚持人类行为并非完全盲目，而是来源于所获悉的各种证据，并且与“发动战争是为了胜利”不同，人类的行为出于各种理性，这一点不能马上在行动本身中看出来，也不能直接在行动本身中表现出来。这种对人类行为乃至人类的深度假设，构成了人文主义探究的最重要前提之一。

深度假设直接决定了人类思想的一个最显著的特征，也决定了人文主义研究所强化的“人的概念”的关键因素：人的大脑同时作用于很多层次或者形态，包括很多它尚未意识到的层次和形态，因此人类的意向性非常复杂，其复杂程度不可约简，是任何单一的诠释原则所无法企及的。很多人愿意接受这一观点来解释法国大革命、冷战或者大萧条（the Great Depression）等类似的大规模集体行为。但它同样适用于解释个体产生的行
为，它不仅适用于个体表现，甚至还适用于个体书写的文本。作 32
为人类能动性产物的文本，它记录了许许多多不同的意图和各种复杂的过程，其中有一些可以以意识的形式提供给作者，有些则是隐藏的，完全是无意识的。在文学研究中，就好像在法学理论中一样，作者的“原初意图”有时被当作解读文本的终极性的解释原则，但是作者有意识的意图不仅很难确定，也很难区分，而且还经常互不相干、乱七八糟地混杂在一起。

对大多数文本而言，我们都可以蛮有把握地推测，作者确实是打算写下某些特别的字句，但不能推测他们为什么要这么写。作者写作的原因不一而足：追名、逐利，或者成功地吸引异性眼球；向世人证明自己的才华；为国家进言献策；向母亲证明自己不是她一直认为的那个小傻瓜；挽回因上一本著作而扫地的声誉；靠写作消磨时光而非进行其他更艰难的追求；利用收工吃饭之前的时间再码一页字；等等。凡此种种写作意图都会栩栩如生地呈现在作者面前。在整个写作过程中，上述意图可能表现为其中之一，或者相互混合在一起，或者还有无数其他的可能。这些意图在很大程度上可以决定文本——但是可能从未浮现到文本表面上，可能根本就没有直接表现出来。事实上，它们可能是无法恢复的，特别是与作者的无意识意图相比，我用这个词不仅指弗洛伊德经典的创伤体验，而且指作者永远也不会充分意识到的许多其他能量。我们处在社会、历史、经济以及意识形态等错综复杂的体系中，但并没有真正意识到这一点。倘若进行一番回顾性观察，我们便会发现，比起作者写作时的有意识意图，这些各不相同的体系在揭示文本方面实际上更加清晰可辨，因此也更能真切地描述文本。认识到文本是由连作者都没有意识到的某种因素决定的，或者受多种因素的制约，那么人文主义者的工作方法便可以从一种假设开始：文本需要多种解释，每种解释都可能是针对不同问题而做出的一种回答。

多元决定论认为，决定文本的各种真正的因素超过了作者
33 所能意识到的范围——这意味着人类的行为和表达实际上具有无限的回应质疑的能力，而且也远远超过了对其所做的任何解释。如果这一说法不成立，那么我们早就会放弃阅读乔伊斯、

狄更斯、莎士比亚、歌德、奥斯汀、《圣经》或者《荷马史诗》了；我们就会用明晰确定的解释来代替这些经典，从而获得一整套知识作为我们的回报。我们满足于阅读单一的历史记录、单一的传记、单一的诠释。但是人类行为和表达在深度上是无限的，在此假设下，人文主义研究所产生的结果不是确定的知识，而是不确定的知识，知识要求在无穷无尽的证伪、争论、改进过程中修正自身，这一过程就是对话的过程。人文主义者追求述说真理，但是没有人愿意下最后的定论，因为一个圆满的定论不仅会结束对话，使某个学科终结，而且会终结再阅读、再思考、再深思、再反省等一系列的人类活动。

人文主义研究的最基本的目标，就是通过文本提供的各种资料来建构对作者意图的理解，论述某个特定的文本如何以及为何如此呈现以及文本产生的特定条件。我们并非在探索作者的心理意识，因为对此我们可能无法完全知晓。我们努力探索的只是在有意识和无意识两个层面上，详细说明作者心灵的广度和灵敏度。例如，弥尔顿认为自己是一个清教徒（Puritan）诗人，其使命就是证明上帝对待人类的诸种方式的正确性；但是，在他故去一个世纪之后，威廉·布莱克（William Black）提出，弥尔顿对撒旦含有同情之心，这表明诗人“站在魔鬼一方而不自觉”；然后，大约一个半世纪之后，批评家威廉·燕卜荪（William Empson）则辩称，弥尔顿实际上是在批评《圣经》所代表的上帝的道德品格；半个世纪之后，斯坦利·费什（Stanley Fish）又证明，阅读《失乐园》很容易使读者置身于诠释之险境，因为所作诠释随后就会被文本所质疑——换言之， 34
“堕落”与体验自身的不可靠性——如此一来，诗歌传达的神学信息便通过读者的逐行阅读体验得到强化。上述各种解读不仅构成了弥尔顿作品批评史上的重要事件，而且也构成了文化自我理解的重要历史时刻，因为在解读过程中，《失乐园》被重新设计，成为当代文献，参与当代辩论。在每次解读中，弥尔顿的精神形象便被重新构建，人们发现弥尔顿具有许许多多的新意图，而其本人尚“不自觉”。

每当权威作品遭受强烈争议，有新见解提出时，作为一个整体的人文主义学术的前提就暴露无遗。此时，过去被认为是常识的东西被推翻了，我们被迫去面对文本、面对历史以及历史观点中某种出人意料的易变性和深刻性。也就是说，我们面对的不仅是对某个文本、某个事件、某个人物的一种全新诠释，而且是一种更大的可能性，即我们曾经将很多东西贬低为过去的一种惰性，但现在看来，这些东西都可能被改变，甚至从根本上改变。

这样就引出了一个更深层的观点：人文主义研究反复向人们灌输对过去力量的高度认识。在正常情况下，渴望改变过去要么与像盖茨比（Gatsby）之流的冒牌浪漫主义者相联系，要么与极权主义的独裁政体相联系；盖茨比为自己编织了一段富有魅力的历史，独裁主义者则好似用三孔活页夹夹住的百科全书，随时可以轻易地撕掉已被宣判为叛国者的爱国者。那些学术规则如严格恪守事实、寻求确凿的证据、遵守公众辩论的常规等，都能够遏制或者调节歪曲变形的可能性（这种潜能就包含在这种改变过去的能力中），但是那些规则却不能彻底消除这种可能性。那些学术规则也不应该根除这种可能性，这种力量首先是我们对过去产生兴趣的驱动力。正如哲学家恩斯特·卡西尔很久之前提出的“象征性思想”——人文学科研究的专业领域——是治疗“人的自然惰性”的最佳药物，也是人类

“不断重塑人类宇宙能力”的基础。[1] 如果不是为了改变过去， 35
不是为了我们自己当下的目的，那么在阅读时，我们在干什么呢？在人文主义研究中，我们不仅要面对我们的列祖列宗，而且还要有判断谁是我们列祖列宗的能力，并借此来判断我们自己到底是什么样的人，或者可能成为什么样的人。我们应当像对待火一样来对待这种能力，既尊重它创造万物的能力，也尊重它毁灭一切的能力。

3. 理解自我。正如弗兰克尔所指出的，人文学科是“一种揭示理解者的知识形式”。这是人文主义研究最关键、最具区别性的特征，但这一特征也最具有神秘性，最容易被误解。当人们吹捧人文学科的道德价值时——当他们声称人文学科教诲公民原则，陶冶人的情感，或者提高人类独特的潜能时——他们实际上是在宣称人文知识在人类身上可以产生具有识别性的积极效果。弗兰克尔的提法有助于矫正这一观点，因为他并没有强调人文知识能提高认识者的水平，而只是“揭示”了关于认识者的某些情况，这完全是两码事。这个提法有点奇怪，它指的是一种阅读效果，是确保阅读的正确性，确保在理解文本时不偏不倚，中规中矩。一旦这样，我们就会不断地受到约束，并在约束中按照本来的要求去检视自我，纠正自我。诚然，如果受检视的事物是一块化石、仪表读数、棒球中的投球，那么我们也会按同样的规则行事。但是，这些事情不像解读文本那样从人文主义的角度来揭示认识者。在此观点中，最关键的另一个事实是，它是由“深度”假定来表示的，意味着文本是人类通过符号记录下来的交际意图。符号将我们引向

① Ernst Cassirer, *An Essay on Man* (New Haven, CT: Yale University Press, 1944), p. 62.

思想，带给我们的不只有能指（文本的表层意义）——这可以是一朵云彩、一颗子弹、一个脚印、一朵雪花——还有文本的深层意义。文本的深度目标是一个充满意义的目标；正是在检视目标的过程之中，通过探索目标的深度，构建目标背后的大部分意图，我们才得以揭示自身的深度和自身的意义。

阅读就是努力去理解作者的思想，这种思想是作者想方设
36 法的一种自我表达。这种共同理解是作者与读者之间能实现交流的一个基础。一旦进入与作者的无声对话中，我们就必须暂时搁置我们的既定身份，相信他或她的想法在这个方面或其他方面与我们大致相同。通常我们对文学作品或历史著作中所描述的人物并不做同样的对等设想，因此和他们之间的关系并不十分密切。阅读人物传记可以丰富我们的想象体验，但是阅读文字并探寻文字背后的人物能增强我们的想象能力，这可以使我们在自己的精神世界中像戏剧般再现其他人的精神世界，体验他们的思想感情，好像他们的思想感情就是我们自己的思想感情。虽然很多学者把对作者的情感认同看作一种原始的临界反应，但是无论阅读行为多么复杂，多么高级，缺乏情感认同，阅读行为便无法进行，最有力的批判研究都伴随着丰富的情感认同。斯蒂芬·格林布拉特（Stephen Greenblatt）对莎士比亚的批评研究、列奥·施坦伯格（Leo Steinberg）对米开朗琪罗的批评研究、爱德华·萨义德（Edward Said）对康拉德的批评研究、伊芙·科索夫斯登·塞吉维克（Eve Kosofsky Sedgwick）对亨利·詹姆斯（Henry James）的批评研究、海伦·万德勒（Helen Vendler）对济慈的批评研究，都有一个共同的特点，即他们不仅提供了文本与语境的详细信息，而且还传达出对批评对象的一种深切的个人化的亲密感，或者在智力上对批评对象

表示出深刻的同情。当人文主义者以一种挑衅姿态坚称自己所从事的“软”学科实际上比“硬”学科更加困难，需要施加更多的智力，而这是无法测量，无法直接观察的。它不一定具有自我意识或自我一致性，但仍然是可以以某种方式把握和理解的。在人文主义的文本中，哪怕是“事实”，也是经过人文化了的，也必须按照精神对精神以及精神对物质的方式来领会，这一过程充满着困难，既要运用智识力又要运用想象力。

真正的人文主义学术坚持这种双重训练，未经训练的读者会发现避开这一点易如反掌。例如，思考一下莱昂（Léon）这一个人物形象。莱昂是福楼拜著名小说中一个不成熟的年轻职员，爱玛·包法利（Emma Bovary）的情人。在一次激动人心的交谈过程中，莱昂首先赢得了爱玛的热情和信任，他们谈论 37
的是文学具有升华灵魂、触动心弦的力量。“一个人什么都不去想，”他说，“时光飞逝而过。我们甚至都足不出户，就可以游历一个个想象中的国度，你的思想与小说融合在一起，只要能够去设想一场奇遇，那你就可以在大致设定的轮廓中，去细细地把玩每一个细节。你之所思所想与各色人等混杂在一起，看起来你就是在过着他们的生活，你的心房就在他们的胸腔中跳动。”“确实如此！”爱玛惊叹道，“确实如此！”[①] 读到这里，我们会为爱玛感到惧怕，这不只是因为我们感到她被一个并非她丈夫的男人所吸引而存在危险，而且更重要的是，莱昂的一番话表明，对文本那种不受约束的理解，除了自由堕落之外，还可以使自我认识顿时倍增。我们感到莱昂只是迷失了自己，他失去的不会更多，但是，如果爱玛一旦失身于他，便会因此

① *Gustavo Flaubert*, *Madame Bovary*, ed. and trans. Paul de Man（New York: W. W. Norton, 1965）, p. 59（之后引文皆出自此）。

而失去一切。

一个人也会因为根本没有迷失自己而误入歧途。在福楼拜所描述的人物形象中，令人难忘的是爱玛的另一位情人、冷酷无情的投机分子罗多尔夫（Rodolphe）。爱玛曾经在绝望之时，告诉罗多尔夫，她爱他，她会成为他爱的奴隶——对罗多尔夫来说，如此细腻丰富的情感表达似乎完全没有什么不妥之处，这好像他从自己的那群情人口里听到的一样，对此他再熟悉不过。正如福楼拜笔下的叙述者所评论的：“他，这个混迹于风月场上的老手，辨别不出蛰伏在这些普通用词之间微妙的情感差别。”（138）爱玛绝望地向他表白的心迹，在罗多尔夫听来却像是别人嘴中千遍万遍脱口而出的套话。他接受的只是这些话语的表面价值，对激情在心中燃烧但涉情不深的爱玛来说，她用的虽然是陈词滥调，俗语套话，表达的却是内心深处最炽热的爱恋、最心酸无助的爱情。罗多尔夫对此表现得无动于衷。在罗多尔夫这个形象身上，福楼拜着意刻画的是一个无法放弃个人私利的灵魂，这个灵魂不能置自己于其他“人的声音”之中——简言之，这是一个缺乏真正的人文情感的灵魂。罗多尔夫无法将心比心，做出对等推断，他无法将自己置于与他人相同的立足点上，无法理解情感的深度，无法进行真正的交流。这可能就是罗多尔夫在阅读行为中没有被充分展示的原因——除了他细读自己写给爱玛的告别信——就是这样一封书信也是油腔滑调，通篇充斥着虚情假意。罗多尔夫欣赏的不是别的，而是自己遣词造句的文字功夫，字斟句酌的修辞能力。情场老手罗多尔夫拥有的是狡猾和精明，而如此工于心计则封住了其内心的情感。
38 在福楼拜的文字世界里，罗多尔夫这类人不会受到惩罚，而受害者却会没完没了地忍受无尽的折磨，正是这样一种观点最后导致了爱玛的致命性毁灭。

我们可以对比一下上述两种反人文主义的类型：一种缺乏智识力，另一种缺乏想象力。福楼拜在写给路易莎·古内（Louise Colet）的一封著名书信中称：“我就是包法利夫人。”他到底想表达什么意思呢？他可能是说，他，福楼拜，像爱玛那样，向莱昂和罗多尔夫都捧出一颗滚烫的心，更不用提向全世界的查尔斯·包法利（Charles Bovary）了。他还可能一直在坦白地表示，他的女主人公只是他本人戴上面具的一个翻版，因为自从波德莱尔（Baudelaire）提出爱玛是一个“男性化”的人物之后，面对读者反反复复提出的质疑，他都在刻意证明些什么。但是，最富有创造性的解释则是在福楼拜进行小说创作时，他所能达到的能引起共鸣的极端认同状态，一种使他设身处地地去体会其主人公之种种经历的状态，甚至在他写到爱玛服毒时，到了“清晰地品尝到嘴里有股砒霜的味道”的程度。福楼拜明白，当他写到爱玛服毒时，吃饭呕吐是一种幻觉体验，这种体验方式与精神错乱非常接近，无疑是非常危险的。但同时他也明白，幻觉体验与真正的创造性精神状态是不同的。“我完全明白这两种状态之间的差别，”他写道，“两者之间存在不可逾越的鸿沟。在真正的幻觉中，总是伴随着一种恐惧感，你会感到你自己的个性品质离你而去，你会认为你正在消逝远去。而相反，从诗意幻象来看，则获得了一种使人愉悦的快感。这种感觉弥漫你全身。因此，此时此刻，你也会迷失自己。”①

---

① Quoted in *De l'intelligence*, by Hippolyte Taine, 2 vols. (1870); quoted in Roger Shattuck, "Think Like a Demigod," *New York Review of Books*, June 13, 2002, p. 27.

这种“诗意幻象”的标志是，一股创造性力量突然降临，就像一个人摆脱了层层桎梏，进入了一片无穷无尽的广阔领域，充满着无限可能。这种感觉，呈现在读者面前，可能会越来越弱，距离恐惧或幻象越来越远。尽管读者没有制造有形产品，只是理解了另一个作品，但他的工作仍然具有创造性，仍然富有想象力。因为阅读行为不仅牵扯到作品中人物的种种体验，
39 而且在逐字逐句地追踪作者的创作行为中，牵扯到作者的生活和心灵。在这个方面，人文主义理解不可避免地具有双重效果：一方面，读者沉浸在他人的生活和思想中，从世俗的自我桎梏中解放出来；另一方面，读者间接体验或者间接参与作者的创造性行为，这种行为提高并加强了我们的想象力。这些效果似乎只限于读者个体，读者毫不费力就能获得愉悦感、力量感，这种自我丰富的理念确确实实是传统人文主义教育的重点，也是传统人文主义教育的结果。但是新的自我理解可以是对一个新自我的理解，也可以是对与他人之间的一种新关系的理解。这种理解并不总是局限在徜徉于书本中度过的那些温馨、静谧、愉悦的时刻。人文学术界热情高涨的时候，往往与整个社会的转型时刻同时发生，这绝非偶然。

三

人文学科通过反思人类行为和表现，迷失自我，探究无意识力量，对智力和想象力感到困惑，人文学科本身的性质就代表着致力于研究和知识的机构即学术的一场危机。人文科学领域内的每一门学科都处于危机状态中，因为更大的、能提升学科层次的人文科目高居其上，虽然能为人文学科提供决定性的正当理由，但同时也似乎使每个学科越来越碎片化。历史无法

向我们还原过去的全部真相，文学研究不能描述文学发展的全部情况，哲学不能概括真理的全部风貌。每一门学科都只是挑出人类存在状况的某一个方面来进行研究，虽然没有明确阐明，但这些学科清楚地认识到，所挑选的那些方面只代表整体的一部分。分科协作和相互依赖的概念贯穿所有人文学科，这些学 40
科原则上是相互渗透、相互影响的。

人文学科必须将这种状况理解为优势而非劣势。就解决基本问题而言，必须坚持采取跨学科或者多学科的研究方法，而且在人文学科之外也必须坚持上述观点。当前最有希望的一点是，如何应对人文学科与非人文学科结合时所产生的新的紧急问题，它们不仅要面对基因工程、环境破坏以及动物或机器的认知能力等新课题，最有趣的是，还要面对语言的起源、道德准则的基础以及人类特有的区别性特征等传统课题。任何一门单一学科都不能圆满完成上述任一领域的课题，但是所有课题又都与人文领域的基本问题相关。人文学科研究的特殊领域是意义问题、历史问题、价值问题，所以现在必须把自己看作围绕这些问题展开辩论的自然倡议者以及解决争议的自然提案人。因为每一学科的研究范围或者适切性会受到其他人的质疑，所以由此争论而引起的冲突会在一定程度上威胁到人文主义者所从事的相关学科。但是，伴随这些进步而来的知识上的真正进步和学科复兴的承诺，不仅仅是对这一威胁的补偿。

荒谬的是，只有在各学科保持强劲发展势头时，才有望取得上述进步。由于知识上存在偏颇，以及受视野范围所限，所以人文主义各学科还代表对失控的业余主义和梅南德所谓“可预测但漫无目的的折中主义”的不可或缺的警戒。显然，“后学科”不能有效地应对传统学科产生的危机，因为在今天，我们所需要的约束更多，而不是更少，学科需要强化，而非弱化。人文学科的学者万万不能把殷勤对待革新和重组与漠视严格和准确混为一谈，因为只有根据各学科制定好的原则的指导，依
41 据惯例，才能衡量知识所取得的进步。的确，只有在行动伊始便保持强劲的势头和十足的自信，才能真诚地、定期地实现内在的自我修正，学科才能取得进展。同时，只有强势学科才能以卓有成效的方式发展，并在发展中实现自我修正。

愿意与学术圈之外的读者展开对话，愿意让学科圈子之外的有识之士接近那些高深的学术思想，是这种力量与信心的标志之一。学者们不能寄希望于一般公众会痴迷于专业人士的著作，更不用说用第一人称写的胡萝卜史了。但是，对各领域工作的一项检验是看它在多大程度上以某种确定的方式做出贡献，而不仅仅是积累知识本身。我认为，人文主义者应当养成一种清晰地表达自己所从事的工作与工作目的之间的可能关系的习惯，以便使非专业人士能够更好地理解。当然，我们不能保证公众会赞成某种目的，或为达到目的而采取的手段。但是如果我们不申明理由，那就不能去责备公众所采取的冷漠甚至是怀疑的态度。学者们可能发现，将自己的学者身份仅仅看作一系列确定的嵌套式身份信息才是有用的，这样每一个身份信息都能与其他信息交流，并在独立的个体内进行调节。如果进行这种思想实验，那他们就能够扪心自问，自己的学术工作究竟如何为目的服务——让公民、教师、父母、机构工作人员、纳税公民等能够掌握的目的。因此，如果我要求人文主义者从人文学科的角度，而非从院系或者专业人士的分支学科去培养一种观点而始，那么我愿意要求他们至少以能想象出的更大的视野而终。尽管更大的视野看上去还非常遥远，远在学术本身之外。

人文学科应当既要体现对过去的保存和准确传承，又要体
现对未来的想象力培养。在人文主义研究的每一个阶段，其实
际发展都有可能产生无法预测的结果。在此意义上，“危机” 42
不是威胁，也不是灾难，而是一种可能极度戏剧化地描述人文
学科永久特征的方式，一种人文学者不仅要接受，而且要用他
们所掌握的所有资源加以促进的方式。

43 # 第二章　根源、种族与回归语文学

> 语文学的后果：傲慢的期待、庸俗化、表面性、夸大读写、疏离于人而需求于人……语文学的任务：消失。
>
> 尼采《我们语文学家》

回归语文学

爱德华·萨义德和保罗·德曼之间本没有什么共同之处，他们对学术方法和学术目的的理解大相径庭，甚至截然相反，所以很容易忽视他们之间的连接点或者连续性。然而，随着萨义德的《人文主义与民主批评》（*Humanism and Democratic Criticism*, *HDC*）在其身后出版发行，上述问题引起人们的特别关注。《人文主义与民主批评》重点章节的标题就是"回归语文学"。二十多年前，德曼在一篇具有纲领性的战斗檄文中也正好用了同样的标题"回归语文学"（The Return to Philology, *RP*）。这两篇论文都从分析批评状况开始，表现出一致性观点，如同深潜
44 的激流，静而流深。他们认为，文学研究看似失去了目标，导致文学批评充满空谈性的豪言壮语，即萨义德所称的"巨大的权力结构或者……含糊其词的有益疗救的结构"，也充满与文本无关的陈述，而是如德曼所说，指向"人类经验或历史的一般背景"。[①]

---

① Edward Said, *Humanism and Democratic Criticism* (New York: Columbia University Press, 2004), p. 61［此后引文皆出自 *HDC*，并在文 （转下页注）

两人一致认为，由于文学研究失去了目标，所以语文学在专业训练方面开始衰落。他们认为，缺乏语文学的文学批评，无非是快感原则采取了专业形式而已。只有带着忏悔之意回归语文学，才能恢复学术研究的完整性，萨义德把这种带着忏悔之意回归语文学的做法称为对文本“详细而耐心的细读和终生关注”。(*HDC 61*)

虽然萨义德和德曼实际上都没有提供具体的语文学专门知识，但两位学者都认为，深奥的学术研究会在这个最传统的、确实也是回归性的学科中找到源头。在一篇非常典型的讽刺性文章中，德曼不无挑衅性地宣称：“技术上正确的修辞性阅读单调乏味，千篇一律，乏善可陈，可能让人生厌，却无懈可击。”(*RP* 19) 对萨义德而言，他既无意于批判单调乏味，也不渴求无懈可击，而只把伟大的浪漫主义语文学家艾里希·奥尔巴哈(Erich Auerbach)、库尔提斯（E. R. Curtius)、里奥·斯皮策(Leo Spitzer) 等当作偶像来崇拜。[①] 更为巧合的是，萨义德和德曼都在过世前一年写下与回归语文学相关的论文。回归语文学似乎

(接上页注①) 中标注]; de Man, “The Return to Philology,” in *The Resistance to Theory*, *Theory and History of Literature*, vol. 33 (Minneapolis: University of Minnesota Press, 1986), pp. 3 – 26; quotation is from p. 23（此后引文皆出自 *RP*，并在文中标注）。

① 参见 Edward Said, *Beginnings*: *Intention and Method* (Baltimore: Johns Hopkins University Press, 1978), pp. 6 – 8, 68 – 70, 366 – 67。在其他场合中，特别是因其在 19 世纪的意识形态取向，萨义德攻击过语文学，参见 Edward Said, *Orientalism*, 2nd ed. (New York: Vintage Books, 1994), pp. 130 – 48, and “Islam, Philology, and French Culture: Renan and Massignon,” in *The World*, *the Text*, *and the Critic* (Cambridge, MA: Harvard University Press, 1983), pp. 268 – 89。关于艾德华与语文学的更多论述，参见 Tim Brennan, “Places of Mind, Occupied Lands: Edward Said and Philology,” in *Edward Said*: *A Critical Reader*, ed. Michael Sprinker (Oxford: Blackwell, 1992), pp. 74 – 95。

是那些即将离世的学者所亲身体验过的迫切要求。

然而，在广泛的回归语文学的一致性呼声中，仍然存在一系列刺耳的不和谐音。萨义德认为，最好把语文学对对象即文本的关注，看作镶嵌在特定历史世界里的一扇窗子。为了领悟这个世界，人们必须“将自己置身于作者的位置，因为对作者来说，写作是用语词来表达的一系列决定和选择”（*HDC* 62）。这些选择构成了美学的生成过程；由于美学的生成构建了一个逆向性的世界，所以它代表着一个“与破坏日常生活不和解的对立”，还代表着“由国旗或者当时的民族战争所给定的……身份”（*HDC* 63，80）。对萨义德来说，语文学能直接引领读者从文本走向高明的作者，深刻而直接地去体验作者所居住其中
45 的历史世界，感同身受，并有幸接触到作者对现实的英勇抵抗，尤其是对民族主义意识形态的反抗。萨义德称，许多——甚至是大多数——漠视政治的语文学家，“从根本上来说，阅读行为可能是一次谨慎有度的人类解放和启蒙”（*HDC* 66）。与此形成鲜明对比的是，德曼用机械的、明确的非人文性术语来看待语言，将学术研究看作技术性行为，而非诠释性或评价性的。他要求学者们关注语言形式本身，关注重点在于“语言结构先于它所产生的意义”（*RP* 25）。

在批评活动中，两位领军人物所持的观点虽截然不同，但他们在结束自己的职业生涯和生命时对当前批评状况的分析不谋而合，这似乎有点奇怪；更奇怪的是，两人都本该宣称自己是语文学传统的真正继承人。不过，最奇怪的还在后头，那就是萨义德和德曼都使用了相同的措辞来指称泾渭分明的事情：语文学对萨义德来说是亲密性、文化抵抗、解放以及历史知识，对德曼来说则是对人文主义幻象的严厉而明确的纠正。好像两

人都出于自己的目的悄悄挪用了语文学这一术语，而无视它原本的意义如何。

这些好奇心也促使我们去更深入地探索语文学本身，更重要的是，促使我们进一步认识到欲望、需要、渴望等的复杂性，这种复杂性给文学研究和人文主义学术研究带来了麻烦，也赋予了文学研究和人文主义学术研究以生机。

我们阅读萨义德和德曼时，会想他们两人中肯定有一个出了差错，但是，语文学实际上对两位学者的问题都做出了回答。德曼将语文学看作一种实证性科学，即一种对文本所做的技术性、系统性的调查研究，换言之，就是从建立正确的文本分析开始，并在必要的时候恢复文本，强调精确的描述和语言分析。虽然在文艺复兴时期，“语文学家”致力于保存和印刷古代手稿的权威版本，但是德曼的观点似乎更明确地参考了18世纪末沃尔夫（F. A. Wolf）所提出的“新的”或“现代”语文学；沃尔夫将为研究《圣经》而发展起来的细致的文本研 46
究方法用于分析《荷马史诗》。[①] 沃尔夫在其主要著作《荷马史诗导论》（*Prolegomena ad Homerum*）（1795）中称，根据大量的文本语言研究，《荷马史诗》是经由口头创作并传播的，在形成书面文本之前已经流传了500年，它当时的存在形式是一系列结构松散的歌谣。沃尔夫并没有把现存的《荷马史诗》当作口传的荷马史诗的复制品，而是作为对复制品的改编，沃尔夫对《荷马史诗》的研究改变了语文学的研究状况，导致语文

① 沃尔夫借鉴 J. G. Eichhorn 关于《旧约》的详细论述，参见 Anthony Grafton, Glen W. Most, and James E. G. Zetzel, Introduction to *F. A. Wolf: Prolegomena to Homer, 1795, Translated, with Introduction and Notes*, trans. Anthony Grafton, Glen W. Most, and James E. G. Zetzel (Princeton, NJ: Princeton University Press, 1985), pp. 18 - 26。

研究将质疑作为语文学的第一要义。在漫长的流传过程中，史诗混杂了许多其他成分，甚至是错误百出，所以这些个人风格需要通过艰苦的学术研究方可重现昔日风采。沃尔夫对上述文本表现出的专业怀疑可能有损荷马作为史诗作者的权威。但在批评的复杂性方面，这标志着重大进步。后来的语言学家接受如下假设：文本是一种外观组织，它的基本特征必须通过学术方法确定。在沃尔夫之后，学术界的研究局面大为改观，锐意进取、怀疑之风渐盛。

沃尔夫给语文学下的定义是，在有限的证据范围内，采用确定的方法论，为思考意义和价值问题而扫清障碍的一种实证性研究，其中，意义和价值可以通过其他手段获得。在沃尔夫之后，语文学家们纷纷致力于标记词语的首次出现或者词语的用法，以此决定特定语言形式的地域范围，并为出现的各种拼写变体作注释，确认词语和短语的语音结构，追踪词语随着时间的变迁而发生的意义改变。他们忙于计算、测量、比较；潜心记录不规则动词形式、个案、词形变化、语气等各种例证；设计比较语法以及将语言分类为语系的方法。这些工作十分烦琐，非常艰巨，是一系列微观描述，鲜有综合、判断、反思的机会。① 他们潜心研究各种古代语言——古斯堪的纳维亚
47 语（Old Norse）、古代波斯语（Zend）、古斯拉夫语（Old Slavic）、梵语（Sanskrit），特别是古希腊语——写成的文本，学者们简直无法生活在现实世界，他们潜心治学，苦行僧般的

① 正如 James Engell 和 Anthony Dangerfield 所指出的，“在德国……在 19 世纪早期，首先引入严格的实证方法的是人文学科而非科学诸学科”。*Saving Higher Education in the Age of Money*（Charlottesville：University of Virginia Press，2005），p. 97.

修炼行为成为学术传奇。语言学家罗伊·哈里斯（Roy Harris）曾不加任何渲染地评论道："有人说，学者们如此这般……他们不关注拿破仑的倒台，不关心俄罗斯革命，那时他们正潜心凝志，全神贯注地沉浸在巴黎或者圣彼得堡的图书馆里。"[①] 醉心于研究工作的学者们虽然拒绝了许许多多的世俗幸福，却从研究中找到了慰藉。他们认为，自己的辛苦工作创造了一定的知识，这些知识摆脱了抽象化，并免受利益、欲望或者外在目的的污染。他们年复一年，心无旁骛，在单调乏味的材料中追求无法化简的事实，他们坚信，这样的研究项目就是给为数不多的知识分子预留的，这样，在回首往事时，他们能够满怀着骄傲和自豪，告诉自己，一切研究成果都依赖于自己的无私奉献。正如拜占庭文化研究者伊戈尔·舍甫琴科（Ihor Sevcenko）所指出的，语文学甚至在今天还主要包括"流传下来的文本构建、文本诠释，虽然数量有限，但是缺少了它，语文学的其他一切皆无从谈起"。[②] 又如杰拉尔德·格拉夫（Gerald Graff）所提出的，语文学经过多年的学术训练，积累了深厚的知识，正是基于机械记忆、背诵、考察各种语言细节，语文学影响了最有名望的美国大学的教育实践活动，直到20世纪。[③] 语文学虽有其局限性，但

---

① Roy Harris, "History and Comparative Philology," in *Language and History: Integrationist Perspectives*, ed. Nigel Love（London: Routledge, 2006）, pp. 41–59; quotation is from p. 57. 关于强调沃尔夫学术苦修史魅力以及语文学学科历史的论述，参见 William Clark, *Academic Charisma and the Origins of the Research University*（Chicago: University of Chicago Press, 2006）。

② Ihor Sevcenko, 引自 Jan Ziolkowski, "'What is Philology?' Introduction," in *What is Philology?* ed. Jan Ziolkowski（University Park: Penn State University Press, 1990）, p. 6。

③ 参见 Gerald Graff, *Professing Literature: An Institutional History*（Chicago: University of Chicago Press, 1987）, pp. 28–41, 67–69。

是不可或缺。显然，德曼正是力争在解构理论与语文学之间建立某种可能的联系。他不仅把自己的批评实践看作传统的教学法，而且把它看成一种包含其他各种理解并能进行各种理解的第一知识。

不过，我们还可以用不同的术语来理解语文学，即它不是对一个有限领域的实证研究，而是一项面向深刻历史背景、面向广袤空间远景的思辨性事业。1874 年，尼采在其发表的《我们语文学家》中，就曾流露出对大多数语文学家的鄙薄之情，原因是语文学家们的著作给他留下的印象就是琐碎无聊与骄傲自大的荒谬结合体。但是没过几年，作为一位“不合时宜”的哲学家，他转变了观点。在《朝霞》（*Daybreak*，1881）中，他采取了一种语文学的做法，论述得有根有据，因实在难得，故抄录如下：

> 48 语文学是一门让人尊敬的艺术，要求其崇拜者最重要的一点：走到一边，闲下来，静下来，慢下来——它是词的金器制作术和金器鉴赏术，需要小心翼翼和一丝不苟地工作；如果不能缓慢地获得些什么，那就无法有所收获。但也正因为如此，它在今天比在任何其他时候都更为不可或缺；在一个“工作”的时代，在一个匆忙、烦琐和让人喘不过气来的时代，在一个想要一下子“干掉一件事情”、干掉每一本新书和旧作的时代，这样一种艺术对我们来说不啻是沙漠中的清泉，甜美异常——这种艺术并不在任何事情上立竿见影，但它教我们以好的阅读，即缓慢地、深入地、有保留和小心地，带着各种

敞开大门的隐秘思想，以灵敏的手指和眼睛阅读。[①]

德曼用心地阅读过尼采的著作，他提出解构主义时，想到的无疑就是这一令人难忘的段落。德曼认为，解构主义关注语言结构先于它所产生的定义，暂时搁置终结性解释。但是更确定地说，德曼无意把作为“在技术上正确的修辞阅读”的解构方法与尼采此处所描述的那种散乱的反思式的阅读联系起来。换言之，看来德曼所要求的只是回归语文学的某一个方面——最普通却又最值得尊敬的狭窄性——内涵丰富，包罗万象。

“包罗万象”之说在本文开头就提到过，但其形式并不是简单添加或者加以补充。我们就拿手头最近的例子，如沃尔夫的著作来说吧，它来自一场较大的“亲希腊主义”（philhellenism）运动，即对古希腊文化的热爱之情。这种热情与沃尔夫之前的著名学者约翰·温克尔曼（Johann Winckelmann）有着千丝万缕的联系。温克尔曼是最有影响力的希腊古典文化倡导者，他认为，古希腊文化是特定价值观的丰富体现，它包括人和自然的有机和谐、生机勃勃的公民文化、人的各种能力自由和谐的发展、培养美的情操等。沃尔夫与其他的新人文主义者如温克尔曼、赫尔德、莱辛、席勒、

① Freiderich Nietzsche, preface to *Daybreak*: *Thoughts on the Prejudices of Morality*, eds. Maudemarie Clark and Brian Leiter, Cambridge Texts in the History of Philosophy, no. 5 (Cambridge: Cambridge University Press, 1997), p. 5. 另见 Freiderich Nietzsche, "We Philologists," in "Nietzsche: Notes for 'We Philologists'," ed. and trans. William Arrowsmith, *Arion*, n. s., 1/2 (1973/1974): 279 - 380, quotation is from p. 281; and Freiderich Nietzsche, "Homer and Classical Philology," in *On the Future of Our Educational Institutions/ Homer and Classical Philology*, trans. J. M. Kennedy (Edinburgh: T. N. Foulis, 1909), pp. 145 - 170, online at http://www.gutenberg.org/etext/18188 (accessed April 24, 2010)。另见 William Arrowsmith, "Nietzsche on Classics and Classicists (Part II)," *Arion* 2 (1963): 5 - 27。

荷尔德林、洪堡兄弟（the Humboldts）、歌德、黑格尔等一起，认为古希腊文化和古罗马文化不仅本身值得赞赏，而且是启发当代
49 文化制度灵感的典范。在新人文主义思潮中，人们认为，希腊人给德国人树立了永葆青春活力的榜样：最重要的是，希腊人展示了整个民族拥有一个统一的灵魂，这将激励德国人在拿破仑统治被摧毁后振作起来。[①] 他们认为，希腊文化最具有创造力，其本质已经被编码进语言中，希腊语的语法形式就表征了一种基本的哲学观。在这一语境下，沃尔夫的著作显得尤其重要，因为人们认为，准确的文本分析会让希腊的天才人物在人类历史上更加显著，更加突出，更加熠熠生辉。普鲁士的思想家们就力挺沃尔夫及其学生，因为他们认识到语文学是促进文化团结和文化变革运动的有力工具，文化团结和文化变革不能只局限于哲学家，不能只以理性为基础。正如莱昂内尔·戈斯曼（Lionel Gossman）所说，亲希腊主义运动给语文学提供了原点和目的，这场运动是“浪漫主义反叛启蒙运动的最具独创性和欺骗性的伪装之一”。[②] 沃尔夫与其继承者可能认为，他们不受当代政治和意识形态领域里的各种冲突、斗争的约束，所以不需要与文化

---

① 瓦尔特·吕埃格（Walter Ruegg）详细论述了新人文主义运动对德国“人类科学”发展所做出的贡献，并指出，德国人旨在找回失落的希腊文明，部分原因是有意与具有古罗马意味的法国魅力作对比。Rhetoric and Anti-Rhetoric in the Nineteenth-and Twentieth-Century Human Sciences in Germany, in *Persuasive Discourse and Disciplinarity in the Human Sciences*, ed. R. H. Roberts and J. M. M. Good (Charlottesville: University of Virginia Press, 1993), pp. 87 – 100.

② Lionel Gossman, “Philhellenism and Antisemitism: Matthew Arnold and His German Models,” *Comparative Literature* 46, no. 1 (1994): 1 – 39; quotation is from p. 13; 另见 Suzanne L. Marchand, *Down from Olympus: Archeology and Philhellenism in German* (Princeton, NJ: Princeton University Press, 2003), and Nicholas Rand, “The Political Truth of Heidegger's ‘Logos’: Hiding in Translation,” *PMLA* 105 (1990): 437 – 447。

政治运动保持距离，原因是政治文化运动恰以一种激励后人效仿的形式表达出古代文明的蓬勃生机。

萨义德认为，在国家出资试图培养文化团结的语境下，以现代面目示人的语文学竟然成为“由此时此刻的国旗或者民族战争所给定的身份”的阻力。至少可以说，这充满着十足的讽刺意味，萨义德可能没有注意到这一点，因为像德曼那样，他希望从语文学中摘取并保留的只是其中的一部分，这一部分在沃尔夫的任务中论述得非常明确：从被破坏的现存文本中重新找回“首次从（荷马）神圣的双唇中倾吐而出的那些纯粹的、真正的文字形式”。[1] 这样的研究项目不仅仅要求学者具备渊博的知识和持久的关注——对萨义德来说至关重要的是——而且要求学者通过仔细研究文本，能根据其他的思想和文化，具备举一反三的反应能力和想象能力。这种工作需要想象力，语言 50
文字所做的一切都需要想象力。富有灵感的猜测如占卜一样，能从一个词追踪到另一个词，从同一个古老的语言源头推导出不同的语言。新语文学最显著的一个特点就是大胆设想，这也是萨义德希望重新找回并激活的一点，但是在今天的很多人眼里，这一点却缺乏专业性。

甚至连最基本的语文学研究都要求进行大胆设想，所以大胆设想也随着学科发展的日渐成熟，被应用得越来越广泛。起初，沃尔夫说他的最终目标是清楚地阐明“古希腊人性哲学史”。[2] 这的确是一项艰巨浩大的工程。但是在整个 19 世纪，语文学将发展目标树立得更大更远。沃尔夫最有成就的学生菲利普·奥古斯特·布克（Philip August Böckh）曾将语文学看作

---

① Grafton, Most, and Zetzel, F. A. Wolf, pp. 45 – 46.

② Grafton, Most, and Zetzel, F. A. Wolf, p. 233。

一门涵盖古代全部知识的主导性学科，它包括历史、地理、神话学、法律、宗教、艺术、金石学以及所谓社会历史，用（语文学家）可能熟知的一句话来说就是：“已知的知识”。语文学的范围不仅逐渐涵盖了希腊，而且包括了希腊背后的文明、消失已久的各种文化，因此，在语言学研究的基础上，这些文明文化的迁移活动甚至思维方式可能得以重建。威廉·冯·洪堡（Wilhelm von Humboldt）在《论语言》中辩称，语文学能够揭示各种神话、宗教甚至民族性格——民众（volk）的各种构成要素的不同起源。他称，每一种语言都代表着一种独特的民族“精神力量”，一种解决“语言生成所普遍承担的任务”的独特方法。[①] 在研究了大量的语言之后，语文学家可能建构出一种普遍的语言类型学，这样，人们就能明白如何历史地去看待文化发展的基本原则，如何以哲学的眼光去看待人类文化现象本身。最终，语文学家甚至可能有幸一睹原始人类语言或者原始语（Ursprache）之风采，其他语言都由原始语言演化而来，从而能
51 有幸一睹人类文明起源时兴盛的思想形态。宏阔的远景展现在语文学者面前，以至于像乔治·艾略特（George Eliot）《米德尔马契》（*Middlemarch*）中卡苏朋（Casaubon）先生那样固执呆板的人也能够畅然设想，经过几十年沉闷的辛苦工作，所有神话的答案都在自己的掌握之中。

---

① Wilhelm von Humboldt, *On Language: On the Diversity of Human Language Construction and Its Influence on the Mental Development of the Human Species*, ed. Michael Losonsky, trans. Peter Heath (Cambridge: Cambridge University Press, 1999), p. 21. 关于18、19世纪“语言与民族投射”的权威论述，旨在通过语言谱系揭示各民族的深层历史，参见 Thomas R. Trautmann, *Aryans and British India* (Berkeley and Los Angeles: University of California Press, 1997)。

当语文学发现一条途径能将有限的经验主义与根本无限的抽象推理联系在一起，当它找到一种方法能引领着它从仔细研究文本到研究文本语言，从研究文本语言到研究作者，到研究作者身居其中的文化，最后到研究人类起源以及到围绕着这些起源的种种神秘事物，那么，语文学就成为新的语文学，或者现代的语文学。在新语文学中，"金器制作术"就从文本的微观细节扩大到许多深刻的历史、哲学以及道德意义问题，因为在这个金器制作链条上不存在薄弱的环节，不存在无关的知识。

考虑到所提出问题的重要性以及它要求学者所承担的任务，语文学逐渐受到青睐，至少在德国和法国，它备受推崇，语文学作为现代学术的最高形式，是代表现代性本身的先锋学科。1848 年欧洲革命发生之后，25 岁的热血青年欧内斯特·勒南（Ernest Renan）曾在著作中预言，一个进步与科学的崭新时代即将到来，而语文学则处于新时代的主导地位。勒南称："现代精神，就是唯理主义、批判主义、自由主义，与语文学在同一时代建立。现代精神的奠基者就是语文学家。"他把以古老狭隘著称的语文学定义为"研究精神对象的精确科学"，体现了科学精神本身的主导性话语；他称，从 15 世纪以来，人文领域所取得的进步都归功于语文学精神。[①] 对于语文学的支持者来说，语文学囊括一切人和事物，几乎每一位重要人物及其思想都在其中。例如，尼采的道德谱系就在语文学的研究范围之内；他把歌德、瓦格纳、叔本华、莱欧巴迪（Leopardi）都

① Ernest Renan, *The Future of Science* (Boston: Roberts Brothers, 1891), pp. 131, 128；初版为 L'Avenir de la science: Pensees de 1848 (Paris: Calmann-Levy)。

看作最高级的语文学家。当海德格尔试图通过词语研究来恢复
52 存在的原初含义时，他就是将自己置于语文学的伟大传统中。对语言学者来说，没有什么任务过于重大。正如萨义德所指出的，在19世纪，这一术语似乎本身既包含对语言具有非凡的精神洞察力的天赋，也包括创作具有美学和历史力量的作品的能力。他谨慎地得出结论，并表达了由衷的赞赏之意：“语文学家确实被强大的能量光环所笼罩，这一点不会弄错。”①

简言之，一个半世纪以来，萨义德和德曼的担忧——批评家脱离文学，可能会沉迷于陈述巨大的权力结构或人类历史的一般背景——已经被自豪地宣布为语文学本身的决定性特征和全部观点。

无论是萨义德还是德曼，都没有强调语文学这一学科的美学生命力。语文学要致力于经验主义、博学、狭窄性和方法——以自由思辨和权威的形式转化成批评力量，以便评判伟大时代的重大问题。他们只是试图倒转学术研究历史，以建立在安全、有限、高尚基础上的批评重新开始研究工作。然而，很难想象两位如此有魅力的学者没有对笼罩在语文学家周围的权力光环做出回应，而且，他们寻求回归语文学，也不是要去夺回那种光环。毫无疑问，他们辨别得出语文学那种超凡脱俗的权威来自以下事实：在严格意义上，语文学是一个预备性程序，它与文化、政治、意识形态等议程并无任何瓜葛。因此，萨义德和德曼两人都慎重地提出了对语文学研究确定的、局部的观点，强调语文学研究需要专注、关爱和严格等无与伦比的品性。德曼直接忽视了历史维度和思辨维度，而萨义德则批评

① Said, *Orientalism*, pp. 131, 132.

勒南那样的学者，称其会被指控为东方主义，认为他们的工作是对真正的语文学的一种曲解。随后，他们的工作提出了这样的问题：回归语文学不仅是能否为学术研究提供良好服务的问题，而且是能否为必不可少的或者可靠的语文学提供无可指责的智力凭证的问题，因为在真实的历史实践中，只有智力凭证才能得到确认、获得救援。

事实上，19 世纪的语文学家已经提出了这个问题，并做出 53
了回答，他们坚持语文学学科应当被看作一门真正的科学，一门高雅的、成熟的实践学科，它不亚于生物学、物理学、化学、解剖学、电学、植物学、人类学以及最重要的地质学。马克斯·缪勒（Max Müller）曾经写道：“作为语言研究者，我们从地质学中所学到的知识是没有任何科学能与之相比拟的。”[①] 从语文学的角度看，各种各样的古代语言就像化石或者石化物，与博物馆中展出的化石能揭示地质年代一样，古代语言也能使我们以相同的方式接近人类过去的历史。1858 年，一位学者写道：“由于我们持久不变的鉴赏和教化，先辈们的思想、希望、差错、经历、愚行、欢乐和痛苦等才得以在语言中保存，就好像透明的琥珀留住了纯净的美。”[②] 诚然，岩石只是处于被观

---

① Max Müller, *Lectures on the Science of Language*, 2 vols.（1864；London：Routledge/Thoemmes Press, 1994）, 2a；p. 14. 除非另行标注，下面引文皆出自该版本。

② “The History of Modern Philology,” *New Englander and Yale Review* 10, no. 63（1858）：465 – 510；quotation is from p. 506；online at http：//memory. loc. gov/cgi – bin/query/r? ammem/ncps：@ field ［DOCID + @ lit（ABQ0722 – 0016 – 75）］（accessed April 24, 2010）. 除了科学展览，博物馆也举行帝国征服的瑰宝展览，语文学话语中有时会提到此事。萨义德在《东方学》中对勒南有引人注目的论述，指出语文学把学者放在欧洲专家的位置上，给欧洲受众讲述在国外冒险中见到的种种异域水果，“好像从特别适当的有利地形去考察被动的、重大的、女性的，甚至沉默而怠惰的东方，然后进入精心构思的东方，迫使东方交出自己的全部秘密”（138）。

察、被分析、被描述的地位，而文字优于岩石，因为它能够阐明自己要表达的真理。这位学者继续写道："在语文学的复苏之下，语言的沉默的往昔再次发出了自己的声音。"但是正如这一评论所暗示的，语文学这一学科的复苏，让人从中感受到某种控制性力量，严格来说就是不太具有科学性的控制力量，甚至带有某种神秘性的力量。事实上，它代表一种崇高的、多种才能并行不悖的非冲突状态，正如作者在该篇长文中得出的结论："在真正的语文学光环照耀下，语言研究像所有崇高的哲学一样，具有诗一般的迷人魅力。"①

因完全独立于政治目的或者意识形态目的，语文学本身成为一种"不合时宜"的知识形式，所以它有权要求超越学科性本身，要求享有与诗学、哲学、科学同等的地位。可是，19 世纪语文学的主要特点是，由于相信学科方法的科学性和目的的崇高性，它不断被
54 一些既不科学也不崇高的项目所利用，甚至成为这些项目的附庸。最能说明问题的例子是语文学对种族概念的深入研究。研究语言宗谱，并以此去揭示一个民族和民族的历史及其特征，这种高远高尚的目标必然以探究种族起源和特征为落脚点。在那些对语言感兴趣的人眼里，种族研究的魅力，在于它提供了一种强有力的手段，把语言团体看作人的类型团体，通过语言去考察各类人群的生活方式；在那些对种族感兴趣的人眼里，语言研究的吸引力，同样在于它提供了一种强有力的手段，即提供了一种既是经验主义又是客观主义的方式去描述种族团体的能力和性情。

① "The History of Modern Philology," *New Englander and Yale Review* 10, no. 63 (1858): 465 - 510; quotation is from p. 507; online at http://memory.loc.gov/cgi-bin/query/r? ammem/ncps: @ field [DOCID + @ lit (ABQ0722 - 0016 - 75)] (accessed April 24, 2010).

上述语文学的历史方法具有十分独特的一面，其起点是威廉·琼斯爵士（Sir William Jones）1786 年在加尔各答（Calcutta）为亚洲学会（Asiatick Society）所做的一次演讲。琼斯在演讲中称，希腊语、拉丁语以及梵语三者之间的相似性表明，它们存在早已灭绝的共同渊源。[①] 该线索为语言学家提出了新的任务，使他们把目光投向比荷马和古希腊更遥远的年代。通过比较语言学研究来重建人类历史，直接带来了语言学谱系中许多意料不到的重大发现，同时使得学者们重新思考欧洲文化的起源问题。正如增泽知子（Tomoko Masuzawa）所称的“欧洲历史大分裂”，这一惊人发现产生了崭新的历史谱系和世俗谱系，因为它确定了欧洲文化在世界上的部分起源，而迄今为止，对大多数欧洲人来说，这些发源地距今已经非常遥远，遥远得无法激起人们的异域想象，甚至都无法让人产生兴趣——顺便提一下，它加剧了犹太人所代表的这一分歧。[②] 随着这一研究方向的推进，语言的差别强化了人种学或者生物学上的差别：印欧人（Indo-European）和印度日耳曼语系（Indo-Germanic）两个术语既被理解为“种族”范畴，也被理解为语言范畴。德国学者弗兰茨·葆朴（Franz Bopp）曾根据琼斯的洞见，在 1833 年出版的《比较语法》（*Comparative Grammar*）中特别提出上述观点。[③]

---

① Sir William Jones, “Third Anniversary Discourse of the President of the RoyalAsiatick Society（‘On the Hindus’），” in *On Language*: *Plato to von Humboldt*, ed. E. Peter A. Salus（New York: Holt, Rinehart, and Winston, 1969）, pp. 167 – 172.

② Tomoko Masuzawa, *The Invention of World Religions*; *Or*, *How European Universalism Was Preserved in the Language of Pluralism*（Chicago: University of Chicago Press, 2005）, pp. 147 – 148.

③ Franz Bopp, *A Comparative Grammar of the Sanskrit*, *Zend*, *Greek*, *Latin*, *Lithuanian*, *Gothic*, *German and Sclavvonic Languages*, trans. Lt. Edward B. Eastwick, vol. 1（n. p.: Bopp Press, 2007）; originally published in Berlin, 1833.

语言学家发现，证明语言与其使用者存在着方法论上的区别越
55 来越困难。很多人不知道努力的重点何在，因为种族观念极其有助于使语言研究的结论具体化。

在葆朴之前的一个时代，亲希腊主义语文学已经因明确提出“反犹”观点而成为种族主义者。犹太宗教和犹太文化被认为是典型的机械主义、抽象化、二元论，枯燥无味①，因为反抗犹太宗教和犹太文化，所以亲希腊主义语文学对古希腊怀着更加强烈的狂热激情。沃尔夫在其晚期的学说中，明确地将希伯来人（连同埃及人、波斯人，还有其他东方国家）排除在古代民族小团体之外，因为后者的特征就是拥有“较高级”的精神文化。从语文学角度来探索众多语言的历史史实性，在沃尔夫之后很快取代了对语言起源——1772 年赫尔德柏林获奖论文的标题——的莫大好奇，发现梵语是比希伯来语更古老的语言，因此希伯来语不是“源初的”语言，更别说是“神圣的”语言了。学者们比较了各种语言的表达能力，几乎不约而同地得出结论：衍生现代欧洲语言的大多数语言都优于闪族（Semitic）语言。

例如，弗里德里希·施莱格尔（Friedrich Schlegel）通过明确比较梵语与来源范围有限的“黏着性”闪族语，赞叹梵语及其派生语言的“屈折”能力。他告诫不要按语言的优劣来给文化分等排序，并特别指出“阿拉伯语和希伯来语拥有崇高的力量与极高的能量”，但这一点甚至是连他那些最富经验的读者都

① Gossman, “Philhellenism and Antisemitism,” pp. 6 - 8.

没注意到。[①] 在参考施莱格尔的比较语法研究后，洪堡提出，“梵语语族”具有一种独特的语言生成能力，实际上，这就等于说存在一个最为根本的事实，即“比其他语言更有力、更加多样性的、创造性的生命原则（life-principle）”。[②] 他认为，发明这些语言的民族，自然比其他民族更强健，也更有创造力。在洪堡之后，学者们不仅越来越基于语言的差异来阐明文化的差异，而且越来越多地承认定居在欧洲的基督教群体拥有更优 56
越的地位。

人类与生物科学之间展开广泛的、相互激发且富有成效的对话过程中，语言理论和种族理论以一种矛盾的、决定性的（如果是关键性的）方式交织在一起。为了全面把握这种相互交织的维度和含义，我们必须绕道进入语言学家和查尔斯·达尔文之间引人入胜的对话。在对话过程中，语言学家和生物学家开始将自身视为一项共同事业的合作伙伴。在对话之初，语文学是更先进、更有声望的科学。达尔文在明确提出物种起源理论之前，曾对语言学研究产生浓厚兴趣，并受到深刻启发。在1831～1836年乘坐“小猎犬”（Beagle）号勘探船环球考察时所做的笔记中，达尔文这样写道：

> 至少，所有关于语言起源的推断——都必须假定它是

---

① Friedrich Schlegel, *On the Language and Wisdom of the Indians*, in *The Aesthetic and Miscellaneous Works of Friedrich von Schlegel*, ed. and trans. E. J. Millington (1808; London: Henry G. Bohn, 1849), p. 451.

② Wilhelm von Humboldt, *On Language: On the Diversity of Human Language Construction and Its Influence on the Mental Development of the Human Species*, ed. Michael Losonsky, trans. Peter Heath (Cambridge: Cambridge University Press, 1999), p. 183.

> 缓慢发生的——如果他们的推断完全没有价值——那么论据就是无效的——如果他们有效，那么语言就是逐渐发生的。
>
> 我们不能怀疑语言要素正在发生着变化，我们看到，语词被创造出来——我们以种族的名义来看待语词的起源——语词的发音——语词起源形成的论据——语词词尾的变化等经常显示出起源的轨迹——①

在写下上述文字的时候，达尔文尚未完全理解语文学对其研究工作的重要意义；因为的确，这些简短的笔记出自他早期的一本笔记本，后来他将这本笔记称为“陈旧无用的记录”。但是，此时他已经开始按照变异和自然选择观来收集血统理论的要点，对任何关于起源的可靠信息均抱有浓厚兴趣。

毫无疑问，达尔文认为，“我们不能怀疑”语言发展的两个特点：“改变性”（altering）和“渐变性”（progressive），因为这是语文科学已经令人信服地证明了的，表明语言形式如
57 何起源于各种原初形式，并通常保留着原初形式的种种痕迹。达尔文开始相信，系谱学（genealogy）为自然分类系统或者真实的分类系统打下了基础。到 1859 年最终准备出版《物种起源》（*On the Origin of Species*）时，达尔文深信，这一理论不仅会得到自己与其他博物学家研究的支持，而且会得到越来越多的类比研究的支持，因为后者将他的推断与语文学不容争辩的

① “Early Writings of Charles Darwin,” in H. E. Gruber, *Darwin on Man: A Psychological Study of Scientific Creativity; Together with Darwin's Early and Unpublished Notebooks*, ed. H. E. Gruber, 该书由 Paul H. Barrett 改编并评注，Jean Piaget 作序（London: Wildwood House, 1974）, p. 383。

事实联系在了一起。[①] 例如，在《物种起源》的关键部分，他采用了类比研究，提出“一个物种恰如语言的一种方言，无法说它拥有某种确定的起源”，或者根据类推阐明观点：自然系统“在排序方面具有谱系性，像家谱一样”，或者根据类推进行评述：“以语言为例来阐述这种分类观点可能是有价值的”。[②]

上述评论差不多属于有感而发，不能说明语言和物种之间的类比对达尔文的真正重要意义。而且，《物种起源》只论述了植物和动物，只是在结尾部分的一个单独段落说明了真正的目的。该目的在十二年后出版的《人类起源》（*The Descent of Man*）中得到揭示，“我看到将来更加重要得多的广阔研究领域……人类的起源及其历史也将由此得到大量说明”（《物种起源》，527）。极其谨慎的达尔文将研究领域从动物和植物转化

① 其他人也劝过达尔文考虑语言类比的问题。其表亲亨斯利·韦奇伍德（Hensleigh Wedgwood）在1875年写给达尔文的信中称，“我经常思考语言和谱系之间存在着其他方面的相似性。我们都认为英语是一种混合的语言，因为我们可以从中发现拉丁语、德语等语言的痕迹，但是我在拉丁语本身中也发现了同样的事情，我相信如果熟悉事物以前的状况，我们应当会发现所有的语言都是由之前支离破碎的语言构成的，就像每一个地质构造都是由之前的大陆碎裂而成一样”。“To Darwin from Hensleigh Wedgwood, before September 29, 1875,” in *The Correspondence of Charles Darwin*, vol. 6, 1856 - 1857, eds. Frederick Burckhardt and Sydney Smith (Cambridge: Cambridge University Press, 1990), p. 458.

② Charles Darwin, *On the Origin of Species by Means of Natural Selection* (New York: P. F. Collier and Son, 1909), pp. 53, 459. 关于同时期语言学（Schleicher）和生物学（Darwin）进化论思想的启蒙性论述，参见 Robert J. Richards, “The Linguistic Creation of Man: Charles Darwin, August Schleicher, Ernst Haeckl, and the Missing Link in Nineteenth-Century Evolutionary Theory,” in *Experimenting in Tongues: Studies in Science and Language*, ed. Matthew Dorries (Stanford, CA: Stanford University Press, 2002), pp. 21 - 48; and, particularly, Stephen G. Alter, *Darwinism and the Linguistic Image: Language, Race, and Natural Theology in the Nineteenth Century* (Baltimore: Johns Hopkins University Press, 1999)，对该复杂现象的讨论有力有效。

为具有更大风险的人类，有一个原因就是人类的语言被语言学证明是以“达尔文式”的方式进化发展的。在《人类起源》中，达尔文甚至承认从缪勒那里受益匪浅，那时他已经与缪勒通信多年，称“在生存竞争中，某些受偏爱的字词，其幸存或者保留均是自然选择的结果”。[①]

因此可以说，语文学为进化论提供了非常宝贵的支持。《物种起源》的思想对语文学家所产生的影响无论怎么渲染都不为过，这一影响主要表现在两种思路上。达尔文将语言纳入一种非常重要的、非常具有说服力的自然理论，这代表着他对语言
58 科学投下了信任票，这才是无比宝贵的。尽管语言科学取得了很多成就，但是它仍然在为建立自己的科学凭证而努力奋斗。语文学家也敏锐地认识到，自然选择论虽然没能解释为什么更多人偏爱某些特定变体，却为语文学提供了急需的东西。对此，语文学家心存感激，欣然接受达尔文，比达尔文接受他们时还要热烈。

从语文学角度看，达尔文在论证《物种起源》时，最引人注目的特征就是运用了一张图表，以树形图的形式代表一个大属的各个种类的发展谱系（《物种起源》，129）。这张图表与达尔文所说“伟大的生命之树”激起语文学家的强烈共鸣，使他们深受鼓舞，并采用这种表述方式阐述语言的发展历史（《物种起源》，156）。奥古斯特·施莱歇尔（August Schleicher）是第一个照此方式使用树形图的语文学家，他对达尔文的图表尤其感到兴奋。虽然施莱歇尔自己的思想充满着德国的浪漫主义，但他立刻成为最突出的达尔文式的德国语文学家，撰写了一本

---

① Charles Darwin, *The Descent of Man, and Selection in Relation to Sex*, 2nd ed. (New York: D. Appleton & Co., 1909), p. 92.

题为《达尔文理论与语言学》(*Darwinian Theory and the Science of Language*)(1863)的小册子,[①] 称语文学为达尔文天才的联想和假设方案提供了直接的实证证据，让推论变为事实。

树形图（tree diagrams）是 19 世纪语文学取得的一项伟大成就。它为理解语言变化的巨大运动提供了引人入胜、易于掌握的形式。尽管语言变化经历了若干阶段，现代语言存在着令人困惑的不同变体，但它们都来自同一个源头。还有，同样重要的是，树形图极大地促进了人类与生物科学之间的类推流的顺利进行。新语文学认为，语言是自然物。在此前提下，树形图也获得达尔文提出的更具体的论点——纯粹形式力量的支持，即包括各种语言在内的所有自然物，都受如下两个原则的支配：系统修正原则和共同起源说。虽然我们现在认为，语言谱系和 59
记录谱系的树形图这两个隐喻并不完备，具有一定的误导性，但是在 19 世纪中期很多人眼里，它们对纠缠在一起的实证性数据和涉及语言发展的思辨性推论进行了梳理，使之变得明晰简洁，所以具有相当的权威性。树形图的解释力越来越强大，似乎能够补全《圣经》叙述中人类历史缺失的一环。人类历史表明，根据科学，若非细节，伊甸园和巴比伦的故事在本质上是真实的，确实曾经存在过一种人类语言，所有人都讲这种语言。这一发现的确十分精彩。

---

① August Schleicher, *Die Darwinsche Theorie und die Sprachwissenschaft* (Weimar: Böhlau, 1863). 施莱歇尔的论述，参见 Liba Taub, "Evolutionary Ideas and Empirical Methods: The Analogy between Language and Species in Works by Lyell and Schleicher," *British Journal for the History of Science* 26 (1993): 171 - 193; Alter, *Darwinism and the Linguistic Image*, pp. 73 - 79; and Robert J. Richards, *The Meaning of Evolution: The Morphological Construction and Ideological Reconstruction of Darwin's Theory* (Chicago: University of Chicago Press, 1992)。

达尔文语文学最狂热的崇拜者和最有效的辩论者是马克斯·缪勒（Max Müller）。缪勒是出生于德国的比较语文学家和东方主义者，19 世纪 40 年代后期定居于英格兰，受东印度公司（the East India Company）之召学习梵语。缪勒最初对种族，甚至语言都毫无兴趣，他的注意力主要放在宗教起源与宗教发展的信息来源上。但是，像施莱歇尔一样，他也坚持认为生物学和语言学拥有共同的谱系，所以能彼此确证。他在备受青睐的《语言科学讲演录》（*Lectures on the Science of Language*）第一辑中，用晓畅易懂的达尔文式术语描述了语言的发展情况，称之为一个“自然淘汰”的过程，“为生存而斗争……这导致不太强势的词汇、不太喜闻乐见的词汇、内涵贫瘠的词汇的灭亡，就像每种语言中都普遍认可的、用来表示物体的专有名词，最后均以‘某一’（*one*）暂作圆满收场”。[①] 这种跨学科影响在今天仍有可能存在。与 19 世纪中期相比，我们现在生活的时代，学科分工越来越明确化，越来越专业化，所以使这种异花授粉的可能性便越来越小。当时的情况，用斯蒂芬·G. 奥特

① Max Müller, *Lectures on the Science of Language*, 1st ser. (London: Green, Longman, and Roberts, 1861), p. 368；诚然，缪勒作为一个虔诚的基督徒有他的局限性，他把达尔文思想既看作同盟又看作威胁。他以达尔文的《人类起源》为依据，于 1863 年写道：“能幸存并永久保持下来的并非偶然的变体”，只有“最接近造物主原初意图的个体，或者那些最被看好的、能为所属的种类实现创造目的的物种才能在伟大的生存斗争中战无不胜”。*Lectures on the Science of Language Delivered at the Royal Institution of Great Britain in February, March, April, and May 1863*, 2nd ser. (New York: Charles Scribner's Sons, 1890; originally published 1864), p. 323. 缪勒甚至更明确地强调，就人类进化自灵长类这一点看，使用语言也是不可能的。“语言是我们的卢比孔河，它使我们迈出了决定性的一步，”他用一个令人难忘的术语如此描述，“而粗野生灵则无力跨越这一步。”Ibid., p. 340.

(Stephen G. Alter) 的话来说就是，“19 世纪科学的隐喻精神”在各学科之间催生了许多“引人注目的概念转移”，其中，生物学与语言学之间的类比流转最为重要。[①]

类推研究方法在德国博物学家、哲学家恩斯特·海克尔
(Ernst Haeckel) 的著作中使用得很自如。海克尔是 19 世纪一 60
位非同凡响的学界泰斗。像缪勒一样，他在多个领域均颇有建树，其博学多识可以通过他杜撰的几个词语略见一斑。他不但生造了“胚胎重演律”(ontogeny recapitulatesphylogeny，即个体的发展模拟或重演了种族的发展）和“第一次世界战争”(the first world war) 等短语，而且发明了“语系”(phylum)、“生态学”(ecology) 等新词。在达尔文《人类起源》出版之前三年，海克尔曾在一本题名为《创造的历史》(*The History of Creation*) 的著作中审慎地提出了一个理论：人类是从灵长类进化而来的。[②] 这个理论从面世之始，由于缺乏足够的学术论证，很多细节颇受争议，于是海克尔需要证明自己提出的进化理论。他指出，进化理论与语文学的研究结果完全一致。海克尔利用富于想象力的树形图，阐明了物种的演化。他还提出，在“类人猿”习得“明确清晰的人类语言”蜕变为“类猿人”时，人类演化便迈出了飞跃性的一步，同时这也是最关键的一步。“类猿人”是生命之树中的次高枝。语言不仅是一种习得，而且是一种转换因素。根据海克尔的观点，“比较语文学中的最高权威”表明，语言“对人高贵的精神生活能产生转化性影

---

① Alter, *Darwinism and the Linguistic Image*, p. 7.

② Ernst Haeckel, *The History of Creation*, trans. Sir E. Ray Lankester, 2vols. (New York: Appleton, 1925; originally published 1868).

响”，能产生“人化真正的、最重要的行为”效果。[①]《人类起源》出版之后六年，海克尔又提醒人们注意，语言演化和有机物种演化之间存在着“显著的平行性”：“确实不太可能找到更好的相似性，以解释物种演化中大量复杂而又模糊的事实。物种的演化过程同样受指导语言演化进程的自然法则的支配和指导。”[②]

19 世纪中期，语文学和进化理论的飞速发展在一定程度上归因于如下事实：每一种论述都通过解决各自都无法单独解决的关键问题来相互支持。这种合作的结果是达成了有力的科学
61 共识，即语言和物种最深层的奥秘可以通过应用谱系来破解。正如我们所看到的，该共识给种族理论赋予科学权威，语文学本身已经开始认可这种研究共识。科学权威对诸多问题产生了影响：那种能产性的、寓言般的第一语言到底是什么？讲这种语言的是谁？同样重要的是，当代哪个群体可以声称代表着纯粹的人类状态的延续呢？该问题在性质上可能有些尚古意味和浪漫主义（特别是德国浪漫主义）气质，但是它是借语文学作为科学而提出来的。

从我们的观点来看，有一个问题是，海克尔信心十足地提出“高加索人（Caucasian）或者地中海人（Mediterranean）因其发展程度最高、最完美，所以从远古时代起就居于所有人种之冠”。这样的言论着实让人不安。[③] 但是海克尔的这一论述显然深深植根于马克斯·缪勒以及其他人所做出的早期定论，称

---

① “Man-like Apes,” ibid., 2: 398; “hightes authorities,” 2: 408; “real and principle,” 2: 410.

② Ernst Haeckel, *The Evolution of Creation*, 2vols. (New York: D. Appleton and Company, 1896; originally published 1874), 2: 20.

③ Ernst Haeckel, *The History of Creation*, 2: 429.

土著语言即希腊语、拉丁语、梵语的共同祖先是“印欧语”，并进一步得出结论，称讲印欧语的人为“雅利安人”（Aryans），这在当时看似并无什么过错。缪勒这样做是借用了一个部落的名称。自 18 世纪后期以来，该部落一直是德国思想进行大胆猜测和神话化的集中目标。在这个方面，缪勒尊崇的学术权威是施莱格尔。1808 年，施莱格尔根据印度（Indians）和北欧（Nordic）民族的语言证据，提出了两者之间的关联。1819 年，施莱格尔将这两个民族的祖先冠以雅利安人的称号，他把该词与荣誉（Ehre）或者光荣联系在一起。

缪勒所说的雅利安人后裔不仅包括日耳曼民族，而且也包括所有欧洲人和许多其他人。他表示，雅利安人的家园，即“原住地”（Urheimat），如果不在里海和黑海之间的高加索山脉，那就有可能在中亚（现在的塔吉克斯坦）的帕米尔高原；其他人则认为是在波斯、安纳托利亚、立陶宛、乌克兰、喜马拉雅山脉、德国南部、幼发拉底河河谷地区、瑞典南部、北极（Boreal Pole），甚至是北非等地。像大多数研究 62
雅利安人的学者一样，缪勒的假定是：有一个不安分的群体，受一种神秘力量驱动，最终定居在印度和俄罗斯的大部分地区，以及波斯、希腊和欧洲的大部分地区。作为语言学家和东方学家，缪勒确证了他的雅利安故国理论，即雅利安人是印欧人共同祖先的观点，声望日隆，这也声援了黑格尔首先提出的观点，即雅利安人存在和迁移的最佳证据在于语言学。

琼斯提出古代语言拥有共同起源，在之后的八年时间里，欧洲学者们的注意力纷纷从希伯来语和希腊语转至梵语，然后又从这些已知的“晚辈”语言转至一种未知语言，即一种印欧“原始母语”(protolanguage)。原始母语是从它在各种语言中所留下的蛛丝马迹中重建的，因为各种语言都是对原始母语的继承。学者们也试图依据严格的语言学来确认一些古代群体，尽管这些古代群体并没留下什么存在痕迹，但他们还是确定了原初的人类部落、文化特征、漫游情况以及居住区域。考虑到消失的语言和文化缺乏应有的物证，语文学家坚持的前提条件，即语文学属于实证性学科，受到了挑战。正如布鲁斯·林肯（Bruce Lincoln）所提出的，重建原始母语(ur-language)“是一场运动，这场运动需要人们去想象原始母语使用者、语言使用者组成的社群、社群的居住区域、历史上的某个时代、其区别性特征，以及与使用其他原始母语的原始社群形成的对比性关系，这一切，”林肯补充说，“都需要证明，但尚没有找到可靠的证据。”① 在整个19世纪，学者们强烈的求知欲具有高度的文化声望和方法论意义，赋予其推测以科学发现的特性，即使没有可靠的证据，各种科学发现也仍然频出。有了缪勒和其他学者的支持，语言作为丰富而可靠的证据来源便获得普遍认可，何况语文学还是一门主导性学科，所以这样一来就从整体上为人类起源和具体的种族研究提供了理论依据。

这不能不说是历史的一个反讽，因为缪勒逐渐开始鄙视
63 那些利用语言学证据来为种族差异进行辩护的人，例如，孔德·德·戈比诺（Comte de Gobineau）在其《人种不平等论》(*Essay on the Inequality of Races*, 1853－1855）中就利用

① Bruce Lincoln, *Theorizing Myth*: *Narrative*, *Ideology*, *and Scholarship* (Chicago: University of Chicago Press, 1999), p. 95.

语言证据为种族差异进行辩护。[①] 戈比诺采用了洪堡的观点，称语言是一个民族的精神力量的标志，他用“种族”一词取代了“民族”。戈比诺补充道，从总体上讲，种族是解释人种差异最有力的证据，尤其是在解释健全文明和堕落文明的差异时。他还提出另外一个受到普遍认可的观点：雅利安种族不仅是一个古老的种族，而且是最出色、最具“创造性”的种族。他指出，当雅利安人的血统被闪米特人或其他血统的人玷污或腐蚀时，无论发生在什么地方，都会造成一场种族灾难，为此，他用一个规模不大但尚可观的族群来加以证明。对像戈比诺一样信奉人种差异性原则，而非统一性原则的学者来说，雅利安种族在迁移中的关键事实是，雅利安人在所到之处征服了当地人，并与之通婚，但是从不与犹太人通婚。

缪勒拒绝上述种种论调及其背后的动机。作为一种信念，他相信人种的统一性——的确，他信仰“原始平等”，认为这才是常识和可靠的科学，并坚持语文学的前提就是人种统一。他称，事实上，雅利安（印欧）、闪族和“突雷尼”（Turanian）等语系都是从某个更早的语言源头衍生而来的，是人类存在之初中亚地区的一种语言。[②] 至少在后来的论述中，缪勒始终坚持种族理论是罪恶的，与语言学研究无丝毫瓜葛。基于历史和道德方面的考虑，他批驳了雅利安种族优越论的观点，谴责语言学就是拉来声援这一邪恶言论的

---

① Joseph Arthur Comte de Gobineau, *The Inequality of Races* (1853 - 1855; New York: Howard Fertig, 1999), p. 95.

② 参见 Müller, *Lectures*, 1: 329 - 378, 在第 327 页中特别提到“原始平等”。

壮丁。他特别对美国大加讨伐，因为美国“鼓励比较语文学家去证明语言和种族共同起源之不可能，以便利用科学言论为邪恶的奴隶制理论开脱罪责”。他还强调：“我从未看到
64 比在美国出版物扉页上看到的所谓科学更加堕落的事情。因为在美国出版物的扉页上，在不同人种的人物形象中，猿的形象制作得比黑人的形象看起来更人模人样。”[①] 但是缪勒并不总是那么仔细地去阐明自己的思想。他的有些想法，特别是关于隐喻和神话作为语言“疾病”的起源的思想，本身就十分模糊——或者，更糟糕的是，清楚是清楚，但是错误百出，甚至不可理喻。[②] 他坚持语文学是一门科学，但又试图利用这门科学来驳斥人类进化自灵长类这一观念，以证明神分散在整个大自然中，普遍临在，进而从根本上揭示基督教是所有

---

① Ibid. 1：12. 与缪勒的说法大致相同的论述，可能是他曾指的原初形象，参见 Josiah Clark Nott and George R. Gliddon, *Types of Mankind; or, Ethnological Researches, Based upon the Ancient Monuments, Paintings, Sculptures, and Crania of Races Based upon the inedited papers of Samuel George Morton*, 8th Ed.（1854; Philadelphia: Lippincott &Co., 1857), p. 459。文中，在一系列人（以及动物）的形象“分类”中，霍屯督人（Hottentot）与“猩猩”紧挨并置，让人浮想联翩。在下一页中，作者称黑人居于人类的最低边缘，刚刚位于灵长类之上。这本书引起缪勒的注意，可能是因为在论证人之初就存在着根深蒂固的种族差异这一过程中，作者称语文学家从现存语言往前追溯一种原始语言付出了艰辛的劳动，苦不堪言，并强调“语文学还不能解决语言最根本的多样性问题”（285）。对他们来说，根本差异的决定性证据在于虽然黑人可能学会多种语言，但仍然“保留着那种独特的、真真切切的黑人腔调，任何文化都无法根除”（282）。其他研究成果包括将戈比诺的论文集译成英语。

② W. D. Whitney 认为，缪勒是否具有一个语言学家的诚信该受怀疑。Whitney 的观点大获成功，且历久不衰。详细论述参见 Linda Dowling, "Victorian Oxford and the Science of Language." *PMLA* 97, no. 2 (1982): 160-178.

人类历史的无意识的目的。[①]

缪勒坚定地认为，人类拥有交响乐般的统一性，但是他对种族的理解是不确定的，也是复杂多变的。种族在他的话语中占据一个重要区域，这个区域介于字面和隐喻，生物学和语言之间。他在自己的《语言科学讲话》中写道："哪怕是连一滴异族的血都未曾流进英语语言的有机系统中去"，"作为语言血液和精魂的语法，在德国海岸上所讲的英语与在不列颠岛所讲的英语里一样，纯正完美，且无丝毫杂质"（《语言科学讲话》，1：70）。当他用几乎与戈比诺相同的论调谈及"雅利安种族"时，这种模糊性进一步加剧，这种论调就是，说英语的人是雅利安人的特权后裔。他将康德的《纯粹理性批判》译成英语，认为它代表了"完美成熟的雅利安精神"，并将之呈现给"讲

---

① 参见 Maurice Olender, *The Languages of Paradise Race*, *Religion*, *and Philology in the Nineteenth Century*, trans. Arthur Goldhammer（Cambridge, MA: Harvard University Press, 1992）；对缪勒观点的具体论述，参见第 82 ~ 105 页各处，特别是第 88 ~ 92 页。缪勒驳斥了人类进化自灵长类动物这一理论，称"语言是我们的卢比孔河，粗野生灵无力越界"（*Lectures*, 1：340）。另外，他还与达尔文通信（参见 *Darwin Correspondence Project*, online at http://www. Darwinproject. ac. uk/darwins - letters [accessed April 24, 2010]）。在 *Lectures on the Science of Language* 中，他多处引用达尔文原则来阐述语言的变化。与现代语言相比，古代语言含有丰富的同义词，例如，在缪勒看来"自然选择"或者"为生存而斗争"的证据，"……这导致不太强势的词汇、不太喜闻乐见的词汇、内涵贫瘠的词汇的灭亡，就像每种语言中都普遍认可的、用来表示物体的专有名词，最后以'某一'（*one*）暂作胜利收场"（*Lectures*, 1：368）。缪勒驳斥的不是自然选择或者生存竞争，而是如下观点：这些力量可能会导致物种的转换。此观点在后来"科学种族主义"的发展中起着重要作用。参见 Ivan Hannaford, *Race*: *The History of an Idea in the West*（Baltimore: Woodrow Wilson Center Press, 1996）, and Elazar Barkan, *The Retreat of Scientific Racism*: *Changing Concepts of Race in Britain and the United States between the World Wars*（New York: Cambridge University Press, 1992）, pp. 54 - 57, 137 - 176。

英语的种族，未来的种族……（作为）雅利安人的另一个遗产”。①

人们对缪勒观点的接受过程，使人清醒地认识到，学术研究一旦进入公共领域，无疑会存在矛盾和细微差别。根据语言所提供的不确定证据，缪勒试图对他所称的种族做出推论，尽管有点勉强。其他对种族比对语言更感兴趣的学者直接忽视了缪勒的种种顾虑，甚至将他引为权威，直接进行种族、文化甚至宗教的比较和排序，以为自己的论文提供相应的学术支持。

65 在右派学者复苏的影响之下，语言学研究被迫放弃极有诱惑力的新见解，特别是对犹太人的见解。关于犹太民族特性的学术争论所引发的共鸣已经超越了大学与学术团体的界限。缪勒的朋友欧内斯特·勒南的著作尤其具有影响力。勒南多卷本的闪族语言历史，与其多卷本的以色列民族史一样，都深信闪族人存在着深刻的局限性。作为一名希伯来语教授，勒南一生大部分的时间和精力都奉献给了闪族语言研究和历史研究，他是他那个时代最开明、最博学的有识之士。然而，剥离掉公众接受的复杂性和背景，勒南详尽复杂的历史论证和语言论证与包括犹太人和穆斯林在内的普遍反犹太主义并不矛盾。事实上，勒南就是萨义德在《东方学》（*Orientalism*）某些段落中极尽谴责之力的诱因。

---

① Max Müller, “Translator's Preface,” *Immanuel Kant's* “*Critique of Pure Reason*” (London: Macmillan, 1881), v – lxii; quotations are from pp. lxi, lxii. 尽管缪勒的观点在很多领域具有启蒙性，但他毕竟属于他的那个时代，例如他将德国反犹太主义解释为对犹太财富成功的反应，这是可以理解的。参见 Max Müller, *My Autobiography: A Fragment* (New York: Charles Scribner's Sons, 1901), pp. 69 – 70。

与缪勒相反，勒南认为，人类之初存在两个族群：闪族人和雅利安人。两个族群都对人类的进步做出了贡献。但是，根据勒南的观点，闪族人所做的贡献大多是消极的。古代闪族人的缺陷非常明显，他们缺乏科学、哲学、文明、勇气和忍耐力；他们自私、顽固、假正经；他们的文化缺乏“丰富的想象力和丰富的语言”，“思想观念之简单令人瞠目结舌”。[①] 所有这一切都体现在他们的文化实践和宗教信仰中，而在种族特征背后起决定作用的真正机制，既非文化的，也非宗教的；这个机制是语言的。

勒南秉持的是一种洪堡式的极其强硬的观点。他认为，语言一旦确定，就成为“一种模式，也可以这么说，它是一件紧身衣，甚至比宗教、法规、礼仪、习俗等更具约束力”。[②] 因此，勒南认为，对闪族文化恰当的学术理解最好从对《圣经》和其他文本的语文学研究下手。这样的研究不关注字词，而是关注由语文学发展出来的语言亚分组，即关注“词根”，词根是不能化简的词汇内核。他认为，词汇内核为了解人们的深层 66
性格提供了最有力的证据。根据勒南的观点，在雅利安语言中，几乎所有的词根“都包含着神性的萌芽”；而在闪族语言中，

① Ernest Renan, *Till the Time of King David*, vol. I of *History of the People of Israel* (Boston: Roberts Brothers, 1892), pp. 39, 13.

② Ibid., 1: 2 - 3. 至少有一次，勒南承认，如果低级物种学了第二种语言，那么语言学“模式”能够改善低级物种的思想。另外，他在反民主案头剧《卡利班》(*Caliban*) 中，曾借阿列尔 (Ariel) 之口对卡利班说：“普洛斯帕罗 (Prospero) 教给你雅利安语，掌握了这一神授语言，理性通道就与你密不可分了。” Ernest Renan, *Caliban: A Philosophical Drama Continuing "The Tempest" of William Shakespeare*, trans. Eleanor Grant Vickery (New York: Shakespeare Press, 1896), p. 18.

词根则是“枯燥的、无生机的，完全不能产生神话”。[①] 由于受语言的束缚，所以古代闪族人无法进行抽象思维，更不用说进行隐喻思维了，他们动词的词形变化表现出让人沮丧的原始风格。

勒南对古代中亚的游牧民族表示出由衷的敬佩之意，这一点是毫无疑问的。勒南称，古代中亚的游牧民族“优于当时所有的民族”，他们“占据了人类历史上最重要的地方”。对勒南来说，耶路撒冷是“人类的宗教圣都”。[②] 尽管如此，他还是坚信，他在闪族语言中发现了不完备原则的证据，证据之确凿使他只能解释闪族对人类文明所做出的最重要贡献，就是一神教的发明，勒南称之为“秘密倾向性”：一种无意识的、在某种意义上是非自愿的种族倾向性的表现。[③] 他提出，毫无疑问，世界应该特别领犹太人的情，对他们感恩戴德：崇高得让人迷狂的先知的声音，它以更高尚的权力的名义谴责了不公，这完全是犹太人的伟大创造！而各色雅利安人，他们被世界的多样性弄得眼花缭乱，被无所不在的神性弄得心烦意乱，永远不会独立地发现这个声音。但是，以色列王国虽然拥有“最高水平的创造力”，却“不知该如何为自己的高堂庙宇加冕”，因为它是只有一根“繁茂树枝”的“枯萎老树干”，是不完全的基督教，基督教继承了闪族宗教的精神要义，却突破了框定

① Renan, *History*, 1: 40.

② Ibid., Ernest Renan, *From the Time of Hezekiah till the Return from Babylon*, vol. 3 of *History of the People of Israel* (Boston: Robert Brothers, 1891), xiii; Renan, *From the Reign of David up to the Capture of Samaria*, vol. 2 of *History of the People of Israel* (Boston: Robert Brothers, 1892), p. 444.

③ Renan, *History*, 1: 7.

其精神和语言的诸多局限性。[1] 在一定意义上说，犹太人之欠基督徒一如基督徒之欠犹太人，因为直到雅利安人皈依一神论，他们才意识到一神论的无限荣耀。勒南宣称，由基督教代替征服了世界，犹太教作为一种世界 - 历史力量事实上已经行不通了。

比较语文学亦即现代性本身的科学，为勒南提供了科学论
证闪族劣等性的基础，否则，这些论点就只是传统偏见。但是， 67
勒南在使用种族这一术语时如此前后矛盾，以至于其论点论据有时与那些庸俗学者难以分辨，与它们试图去纠正的流行观点一样充满着偏见。[2] 他有时宣称，种族概念只在作为一种思考方式即思考遥远的过去时才派得上用场，在开明而理性的现代民族精神中，它越来越丧失了重要意义。他还认为，“优等种族的国家征服劣等种族的国家一点都不奇怪”，甚至信奉基督教的欧洲人形成了“主人与士兵的种族”。[3] 虽然缪勒和勒南都在种族问题上表现得模棱两可，但是勒南比缪勒更偏向戈比诺的观点。勒南与戈比诺通过信，在关于闪族语言的专题论文中，他几次引用同为语言学家的戈比诺的言论。的确，他献身于科学（集中体现为语文学），所以这使他的观点有时比戈比诺激进。在《哲学对话》（*Dialogues Philosophiques*, 1876）中，勒南萌生了一个想法：由德国人组织，在中亚建立一座“工厂”生产斯堪

---

① Renan, *History*, 3: xiii, 2: 444; Ernst Renan, *Period of Jewish Independence and Judea under Roman Rule*, vol. 5 of *History of the People of Israel* (Boston: Robert Brothers, 1892), p. 355.

② 参见 Olender, *Languages of Paradise*, pp. 57 - 63。关于勒南对雅利安语和闪族语区别性的理解，其详细论述参见第 55 ~ 81 页。

③ Ernest Renan, *Questions contemproaines*, vol. 1 of *Oeuvres completes de Ernest Renan*, ed. Henriette Psichari (Paris: Calmann-Levy, 1868), p. 390.

的纳维亚英雄。德国在当时甚至以高效而闻名。[1]

有关雅利安人的论述，它极大地启发了如何获得政治上的广泛同情，它不仅影响了戈比诺及其支持者，而且影响了许多其他学者，他们依赖科学地研究语言的发展，以支持关于文化的各种开明或温和的观点。例如，马修·阿诺德就有所保留地吸收了语言种族化的观点。他在《文化与无政府状态》一书第四章论述希伯来精神与希腊精神是两种截然相对的思想渊源时，便有效地利用了这一观点。[2] 与某些新人文主义前辈不同，阿诺德既不反对犹太人也不反对闪族人；对他来说，希伯来精神和希腊精神代表的那些品性（“良知的严格性”和“意识的自发性”），在任何健全社会中都辩证地存在。鉴于阿诺德对法国和德国语文学推崇有加，可以推断，他对这些术语的实际理解
68 很可能不是基于对人类的观察，而是基于对语言的学术研究。阿诺德论述希伯来精神的几个方面看起来是以勒南对闪族语言的解释为基础的，具体而言，就是闪族语言固定僵化，缺乏灵活性。阿诺德对希腊精神的研究唤起了亲希腊文化研究中许许多多更鼓舞人心的表述形式，它强调启蒙文化的作用，因为是启蒙文化赋予希腊语言固有的甜美和光明以形式。但是，当阿诺德用“生硬、冰冷、狭隘、偏见、无洞见、不友善”等字眼来描述希伯来精神时，或者当他将犹太文化与希腊人、基督徒和雅利安人等更高级的精神层面和更深层的人性进行鲜明对比时，很难说他

---

[1] 参见 Ernest Renan, *Dialogues philosophiques* (Paris: Calmann-Levy, 1876), pp. 117 - 120。

[2] Matthew Arnold, *Culture and Anarchy*, ed. J. Dover Wilson (Cambridge: Cambridge University Press, 1969); online at http://www. library. Utoronto. ca/utel/noficition_ u/arnoldm_ ca/ca_ all. html (accessed April 24, 2010).

完全没有参考真实的犹太文化特性。[①]

1891 年，阿诺德的《凯尔特文学研究》（*On the Study of Celtic Literature*）一书出版了，上述差别在该书中就发挥了直接作用。阿诺德在书中断定，根据语言证据，雅利安民族（更近的条顿民族和凯尔特民族）和闪米特民族之间存在着久远的、早已被淡忘了的共同性。[②] 这一论点来自缪勒。缪勒考察了"*Arya*"一词的用法，认为该词是从印度语中传入爱尔兰语（*Eire*，不是施莱格尔所说的"*Ehre*"）中的。另外，勒南在"凯尔特族诗歌"（The Poetry of the Celtic Races）一节中，从赞扬凯尔特人的种族纯洁性开始[③]，直接描述了凯尔特人的"贵族性"。勒南（他土生土长于法国布列塔尼的凯尔特）称："从来没有哪个人类家庭居住得距离世界如此之遥，也从不会有哪个人类家庭能远离混杂的外族而保持得如此纯洁。"[④]

---

① Matthew Arnold, "A Speech at Eton," in *The Complete Prose Works of Matthew Arnold*, ed. R. H. Super (Ann Arbor: University of Michigan Press, 1961), 9: 28 - 29; quotation is from p. 29. 另外参见 Gossman, "Philhellenism and Antisemitism," p. 21。

② Matthew Arnold, *On the Study of Celtic Literature and On Translating Homer* (New York: Macmillan, 1883); online at http: //www. sacred - texts. com/neu/celt/scl/index. htm (accessed April 24, 2010).

③ 参见 Müller, *Lectures*, 1: 223 - 236。

④ Ernest Renan, *The Poetry of the Celtic Races and Other Studies* (Port Washington, NY: Kennikat Press, 1986), p. 4; online at http: //www. bartleby. com/32/302. html (accessed April 24, 2010). 勒南将纯洁性与女性主义联系在一起，将凯尔特人描述为"是本质上具有女性气质的种族……细腻有余，作为女性典范，想不出还有其他什么特点，或者还有什么特点能完全主宰女性气质。这是一种陶醉，一种疯狂，一种眩晕"（8）。特别是与英国人相比，凯尔特人看起来更富女性气质，因为对一些人来说，英语本质上是男性气质的。丹麦语言学家奥托·叶斯柏（Otto Jesperson）曾说："想到英语时，我脑海中就会不断地闪现着一种表达方式"，那就是，它"积极、阳刚，又富有表现力"。*Growth and Structure of the English Language* (1905; reprint, New York: Appleton and Company, 1931), p. 3.

像勒南一样，阿诺德也认为，凯尔特的种族优越性是不乏科学性的既定事实，他声称英格兰种族中混合了凯尔特人的种族特性，就是试图为英格兰人的非凡诗性和文学性提供一种生物学上的解释。当然，雅利安人至上论如同一个骇人听闻的故事，逐渐传播，其结局令宽容、平和的阿诺德震惊。然而，雅利安神话有一个至关重要的存在前提：很久以前，一群土著居民迁移至西部，没经过巴勒斯坦而成为基督徒，因此避免了与犹太
69 人的接触；那一方寸之隅的后雅利安人的纯洁性仍在，这一弹丸之地上的文化在很多方面优于另一些地区，一定会逐条逐段与犹太文化相反。在阿诺德时代，雅利安神话的各个关键要素都已经具备了，它们牢牢地掌握在学者的手中，被当作关于语言的来之不易的科学知识。

到世纪之交，理查德·魏格纳（Richard Wagner）的女婿休斯顿·斯图尔特·张伯伦（Houston Stewart Chamberlain）编撰了《十九世纪的基础》（*Foundations of the Nineteenth Century*）一书。书中关于语言研究的各种学术传统混杂在一起，既包括之前的赫尔德、施莱格尔、洪堡，也包括近期声名显赫的缪勒和勒南等人，以某种方式支持种族观念，包括种族差异、种族比较、种族等级等概念。[①] 在血缘同一性的基础上，缪勒提到了“伟大的雅利安兄弟情谊”，包括欧洲人和印度人。他称，这一概念对英国在印度的统治而言，意味着长远而和平的未来。对此，张伯伦都表示认同，只有一点除外。他提出，在梵语中，“*Arya*”的意思是“高贵、自由或拥有娴熟技术的人”，如此一

① Houston Stewart Chamberlain, *The Foundations of the Nineteenth Century*, 2nd ed.（London: Bodley Head, 1912）; originally published as *Die Grundlagen des neuntzehnten Jahrhunderts*（Munich: F. Bruckmann A. - G., 1899）.

来，张伯伦就轻易地从兄弟情谊中抹掉了当时被殖民的印度人。他称，人类种族的自然领导者是雅利安人，雅利安种族的自然领导者是“北欧”（Nordic）民族或者“日耳曼”民族（Teutonic），他们高尚文雅的举止特征以及使用的印欧语言表明他们拥有古老高贵的血统，这个种族的独特天分就是做统治者。张伯伦将岛居的英国人当作古代雅利安人在当代的最优秀代表。如此定论未免不合时宜，此处权且一放，暂不考虑。此后的一代德国知识分子纷纷从张伯伦、戈比诺、尼采那里获得了意识形态和准科学的支持，支持种族国家主义这一新变种。第一次世界大战之后，君主主义怀旧情绪支配着德国语文学界。事实上，有名望的语言学家是“第三帝国”（the Third Reich）反犹太主义和仇外情绪的最坚定的学术支持者，他们为克里斯托夫·M. 赫顿（Christopher M. Hutton）所说的“母语法西斯主义”提供了学术支持。在缪勒的著作中，这必定被看作极端的倒行逆施和亵渎神灵，只是在人类种族统一性论调这一语境下，印欧语言使用者一厢情愿的设想而已。[①] 70

① Christopher M. Hutton, *Linguistics and the Third Reich: Mother-Tongue Fascism, Race, and the Science of Language* (London: Routledege, 1988). 赫顿称，一般来说，在语文学学术研究的光辉历史上，1933～1945 年这一阶段被看作失常阶段。在此阶段，在印欧语语文学历史领域，所说和所做的大部分以及该阶段描写性结构主义语言学早在很久之前就已经埋下了备受尊敬、早已确立的学科实践的种子（260～261）。在众多的学术学科中，语文学并不是唯一容易过分受意识形态影响的学科。但很显然，从另外的角度看，它最突出的特征就是被看作空想家。回首反思，它确实曾自甘堕落，使自己的学科性沦落为等而下之的外围学科，且包藏着深层的邪恶目的。在这方面，最深刻的论证非布鲁斯·林肯莫属。在提到自己早年受到的教育时，他写道，当他碰巧读到许多著名学者的论著时，或者在另外一些方面令人钦佩的学者的著作时，碰巧的是，他们也深深卷入纳粹运动中：然而，对他们著作中的一方面，我大都视若无睹。出现在我眼前的是才华横溢的语言学家、学识渊博的东方主义者（该词到现在也没人怀疑）、（转下页注）

19 世纪的语文学历史不是由戈比诺和张伯伦之流主宰的，而是由沃尔夫、洪堡、缪勒、布克、勒南、阿诺德等主宰的，因为前者总是言必称种族，后者则是学识渊博、心胸宽广的学者，他们认为自己是利用科学的方法来扩大人类联系的范围，是为人类起源提供一个世俗的、理性的解释，是在清晰地阐明理解文化差异和评价文化差异的方法，是在列举经得起检验的引人入胜的范例，以查验其中保存的语言的原初的纯洁性。他们孜孜以求，探索在语言、种族、物种诞生之初曾经占优势的那些清新、朴素的形式。但是语文学所及的历史范围，即有实证资料可查的历史阶段，比起进化论所开创的绵延无限的时间来，并没有那么厚重，其所及范围总是远远超出掌控。而且，语文学历史并不是人类历史的全部，那些令人钦佩的圣贤著作也只是以明晰、巧妙的方式帮助那些思想没那么缜密、知识没那么渊博的人达到目的而已，直接影响事件发展进程的不是别人，正是这些不太缜密不太渊博的人。

到 1940 年，语文学——这一狭窄、乏味但不可或缺的初步任务，这一基于丰富观察和细致分析的非意识形态的实践活

（接上页注①）开拓进取的神话研究者，而不是一个个危险的空想家。不管我遇到什么问题——这样的问题也不多——都会被灵活地转移。阅读告诉我，从根本上来说，“雅利安论文”（*Aryan thesis*）是可靠的，尽管希特勒及其党羽滥用它们。但是人们不再提“雅利安人”了，或者不再将其（假定的）原住地（Urheimat）定位在斯堪的纳维亚、德国或者北极。确切地说，战后话语讨论印欧人，省略了种族问题，并将这一被净化了的民族起源东移，放在亚洲大草原。在接下来的几页中，我希望证明事情并非那么简单，问题——道德和智力的——与这一话语或者学科相伴——也不是那么简单地能解决的。Bruce Lincoln, *Theorizing Myth: Narrative, Ideology, and Scholarship* (Chicago: University of Chicago Press, 1999), p. 48.

动——在过去一个半世纪里与许多重大思潮密切相连，这些思潮包括浪漫主义、民族主义、自由主义、达尔文主义和心理分析学。[①] 语文学与包括人类学、考古学、地理学在内的其他学科一起，为打破《圣经》的人类起源想象发挥了关键作用，使人类的历史得到之前从未有过的系统性探索。这些都是巨大的成就，语文学被推举为学问的最高形式也不是没有道理的。可是话又说回来，将学术研究转化为迂腐的学术实践，语文学也是责不可卸，而且更重要的是，语文学已经保证要赋予任何学术性学科研究界限以广度和深度。 71
语文学家援引语言学证据来支持种族主义理论，宣传反犹太主义的各种学术形式，把强者对弱者的统治描绘成自然之事，宣称从语言研究中推断出西欧文化和占统治地位的宗教即基督教具有优越性。大量的时代思想潮流和准思想潮流都贯穿其中，另外一些思潮则与之意外邂逅，去证实它或者因之得到证实。[②] 19 世纪和 20 世纪的思想潮流和意识形态运动的树形图表明，它们中有很多思潮就是从语文学扩展出去的。所以当最近某些美国批评家希望唤回语文学的

---

① 关于语文学和心理分析之间的联系，参见 John Forrester, *Language and the Origins of Psychoanalysis* (New York: Columbia University Press, 1980)。

② 借鉴缪勒著述的人中，有神智学运动的奠基者布拉瓦茨基夫人（Madame Blavatsky），她摒弃了缪勒的大部分结论，仍旧依靠语文学来界定雅利安人和闪米特人之间的关系。在她的理论体系中，闪米特人是从更古老的人类演化而来的第五人类，其秘密藏在喜马拉雅修道院的庞大档案中。雅利安人和闪米特人都同样被移出这个古老的种族，但是相互之间还有关联：闪米特语言是“早期梵语长子”的“杂种后代”，闪米特民族是雅利安血统的一个支脉，该支脉变得“在精神上堕落物质上完美”。H. P. Blavatsky, *The Secret Doctrine: The Synthesis of Science, Religion, and Philosophy* (1888), 2: 200, Theosophical University Press; online edition at http://secretdoctrine.net/ (accessed April 24, 2010).

辉煌时，他们有着非常宽广的选择领域，该领域良莠不齐，鱼龙混杂。

语文学的任务：再现

我们的确需要唤起语文学的昔日辉煌。因为在19世纪末，美国的研究性大学初具规模之时，语文学本身已经不能作为一个学术学科安身立命。我们知道是因为什么：语文学的思辨性已经将其从科学学科中排除了，其经验性特征和技术性特征则取消了他在人文学科中的资格，人文学科在当时只被松散地定义为一个学科范畴。然而，它确实是语言学和文学研究这两门学科的茧，两者都是语言学的对立面，但随着时间的推移，又回到语言学上来。

语言学一度根据语文学所取得的成就而宣称自己是一门科学。事实上，缪勒曾经预言过，语言学这门新学科虽然当时以比较语文学研究为主，但最终会在关于“自然规律”的科学中占据最高地位。其后继者试图实现这一伟大预言，但采取的行动方式却会让缪勒大为惊讶，即拒绝语文学。费尔
72 迪南·德·索绪尔（Ferdinand de Saussure）早期作为历史语文学家而成名，索绪尔称，语文学当从文本本身转至“文学史、风俗习惯、制度机构等”时，就已经偏离了其科学目的。[①] 在一篇现代语言学的奠基之作中，索绪尔主张，不要把注意力放在书面语言，而要放在符号系统亦即使交际得以顺利进行的编码上——不是关注一门语言，而是关注语言本身，或者说独立的语言，只有这样，语言学才能成为科学。因为语文

---

① Ferdinand de Saussure, *Course in General Linguistics*, trans. Wade Baskin (New York, 1959), p. 1.

学关注的是“某种语言的独特性，这一特性使它异于其他语言，该特性为具有特定起源的某个特定民族所有”[①]，语文学因此有非科学性。对索绪尔来说，语文学之于科学语言学就如对勒南来说闪族人之于雅利安人一样——具有历史上的必要的，但只是初步的，尚不完备的作用。索绪尔的《普通语言学教程》（*Course in General Linguistics*）始于对语文学的“批评”，语文学的最初历史功能是为真正的科学语言学即符号学铺平道路。索绪尔的每一项学术思想革新——从各种语言到语言本身、从单词到符号、从历史到系统，从具体描述到理论形成——都旨在通过拉大与语文学的距离而强化语言学的科学凭据。

索绪尔与其后继者把语言学描述为一种实践活动。其不足之处在于，它提出了一种更高版本的语言学来纠正自身错误。与索绪尔一样，本杰明·沃尔夫也认为，科学的语言学优于语文学，因为后者没有关注语言这个目标，而是沉浸于“读取……关于历史和文化的全面调查”。但是，本杰明·沃尔夫用了与索绪尔不同的术语来定义语言学的真正目的，即不是符号系统，而是“以作为文本的文本、确切的字词与语法的文本作为研究的第一要则”。[②] 索绪尔认为语文学在逻辑上优于语言学，而沃尔夫所想的正好相反，即语文学不应受到

① De Saussure, “Letter to Antoine Meillet,” January 4, 1894, *Cahiers Ferdinand de Saussure* 21 (1964): 93 - 96; quoted by Calvert Watkins, “What Is Philology?” in *On Philology*, ed. Jan Ziolkowski (University Park: Penn State University Press, 1990), pp. 21 - 25; quotation is from p. 23.

② Benjamin Lee Whorf, “Decipherment of the Linguistic Portion of the Maya Hieroglyphs,” in *Annual Report of the Board of Regents of the Smithsonian Institue, 1941*, ed. C. G. Abbott (Washington, DC: United States Government Printing Office, 1942), pp. 479 - 502; quotation is from p. 482.

牵制，除非语言学以合适的事实描述来保证文本。沃尔夫之后的语言学家，包括爱德华·萨丕尔（Edward Sapir）、罗曼·雅克布森（Roman Jakobson）、列昂纳多·布龙菲尔德（Leonard
73 Bloomfield）、泽里格·海里斯（Zelig Harris）等，都务求彻底忘记语文学。乔姆斯基以毋庸置疑的权威性对语言学进行了最后一击。他把语言学定义为认知心理学下的二级学科，是毫无历史维度的纯粹的科学学科。从缪勒到乔姆斯基，语言学的研究领域发生了翻天覆地的变化，从历史转移到了人的大脑。缪勒梦想着将语言学变成“研究自然规律的科学”，乔姆斯基在整个语言学中彻底肃清了语文学，从而实现了缪勒的梦想。

然而，语言学找到越来越多的方法将语文学的残留物净化出去之时，也正是语言学费尽周折绕回语文学原点之刻。乔姆斯基的语言学拒绝有关语文学的一切事情，只有一个例外：语文学的最初目标。本杰明·沃尔夫将这一目标定义为根据语言研究阐明人性的哲学。回想一下，很显然，索绪尔之后的语言学根本不排斥语文学，而是摸索各种方法，这些方法与不断发展的对科学的理解相一致，与实现语文学的最初目标相一致。

语言学对其人文根源的回归是曲折的、滞后的，文学研究在科学上的回归却更直接、更迫切，尽管开始它同语言学一样遭到强烈反对。的确，回归语文学的强烈愿望从一开始就成为文学研究的决定性特征。杰拉尔德·格拉夫在《自称文学》（*Professing Literature*）中论述到，大学开设的文学研究学科起源于一个世纪前语文学研究中的科学派与全面派式“批评家”之间的争论，后者认为文学应当从诠释的、人文主义的甚至道德的角度进行研究，这一见解十分宝贵。[1] 19世纪末叶，语文学研究仍享有崇高声望，因此，在研究型大学的典范约翰·霍普金斯大学，英语是德语系的一部分。然而，在别的大学，科学典范的适切性，连同典范所隐含的对语文学的隶属受到了学者的抵制。[2] 抵制的力量渐强，全面派式批评 74
家最终从其他学者那里赢得了独立。到1948年，雷内·韦勒克（Rene Wellek）和奥斯汀·沃伦（Austin Warren）提出，语文学一词幽灵般地徘徊在各种期刊标题中，在文学研究中不再描述任何具体概念，应当弃之不顾，学者应马上采纳这一建议为好。[3]

因此，那些思想解放的文学学者和批评家能够自由地研究文学历史、比较文学以及思想史。但是从一开始，许多批评家就被他们的行为所困扰；他们感到越来越置身于大学的专业精神中，开始向曾经弃之不顾的学科投笑示好，关注语言和文学日渐衰退的景象，试图与之讲和或者重建该学科。实际上，尽管20世纪文学批评浪潮汹涌澎湃，但仍担心文学研究实践因过于激进，与封闭文本研究对比，会处于失去立足之地的危险中，从而陷于毫无根据的判断、印象、评论、预测、归纳、异端邪说和谬误中。萨义德和德曼在很多方面是反传统的，但唯独在

---

① 参见 Gerald Graff, *Professing Literature: An Intuitional History* (Chicago: University of Chicago Press, 1987), pp. 65 - 80。在19世纪80年代格拉夫就表明，在语言形成和文学院系组建中，语文学强调种族性这一点至关重要，"按照民族界限来划分新的……院系，这一决定是在含蓄地宣称作为'讲英语的种族'而骄傲"（71）。

② Albert H. Smythe, "American Literature in the Classroom," *PMLA*3 (1887): 239; quoted in ibid., p. 72.

③ Rene Wellek and Austin Warren, *Theory of Literature*, 3rd ed. (New York: Harcourt, Brace, and World, 1956), p. 38.

这一方面，他们都是传统主义者，因为文学研究的历史就是对语文学的一次次回归。

在科学化过程中，语言学发现建构一种受排斥的语文学形象颇为有用，而文学学者则常常发现建构一种受崇敬的语文学形象更有裨益。近几年，最吸引语文学的人文学科是强调文本的形式研究或者技术研究的学科，始于对中世纪文本的研究。1990 年，斯蒂芬·G. 尼克尔斯（Stephen G. Nichols）在美国中世纪史学会主办的《知识宝鉴》（*Speculum*）上组织了一期学术专刊，将其献给“新语文学”（New Philology）。尼克尔斯预言，通过语文学回归至中世纪手抄文本，新语文学将会恢复中世纪研究的蓬勃生机。手抄文本是一个不受印刷文本的规范和精确性制约的充满变化的世界。① 作为新语文学思潮的一部分，里·帕特森（Lee Patterson）于 1994 年发表了一篇题为《回归语文学》（The Return to Philology）的论文。他在文中称，中世

① 除了编辑学术期刊专号《反射镜》［*Speculum* 65（1990）］，尼克尔斯还与他人共同编辑了书籍版本，*The New Medievalism*。参见 Kevin Brownlee, Marina S. Brownlee, and Stephen G. Nichols, eds., *The New Medievalism* (Baltimore: Johns Hopkins University Press, 1991)。对《反射镜》特别感兴趣的读者，请参见 Stephen G. Nichols, "Introduction: Philology in a Manuscript Culture," pp. 1 - 10。尼克尔斯与其他人均承认受 Bernard Cerquiglini 的影响。参见 Bernard Cerquiglini, *In Praise of the Variant: A Critical History of Philology*, trans. Besty Wing (Baltimore: Johns Hopkins University Press, 1999); originally published as *Eloge de la variante* (Paris: Éditions du Seuil, 1989)。另外参见 R. Howard Bloch and Stephen G. Nichols, eds., *Medievalism and the Modernist Temper*, Parallax: Re-visions of Culture and Society (Baltimore: Johns Hopkins University Press, 1996)。特别是在 19 世纪国家主义冲突和 20 世纪机构野心的语境下，本卷撰稿人强调中世纪研究的历史性。关于新语文学对中世纪研究影响的论述，参见 Jan Ziolkowski, "Metaphilology," *Journal of English and Germanic Philology* 104, no. 2 (2005): 239 - 272；论述内容见 pp. 243 - 247。

纪研究者应当接受如下新做法:“不因其偏好学究气难以驾驭而 75
予以拒绝”——中世纪研究的一个特点就是,在要求不高、不严的领域,批评家会出于自己利益的考虑而出手甚猛。[①] 自 1987 年起,“女权主义语文学”的呼声就不绝于耳。[②] “激进语文学”则出现在古典文学领域,宣称其目的是在理论创新精神下处理有关文本发生学的问题。[③] 研究中美洲(Mesoamerican)人种史学的年轻学者们则坚持“新语文学”按照语言学和历史学的方法,认识到土著语起源的重要性,恢复中美洲人种史学研究的活力。[④] 甚至连圣经研究也试图回到语文学,变革自身,有一本名为《后现代之路》(*On the Way to the Postmodern*)的论文集就曾收录过一篇文章,题目是《语文学和权力》(Philology and Power)。[⑤] 詹·齐奥科夫斯基(Jan Ziolkowski)编辑的《论语文学》(*On Philology*),包括 1988 年参加哈佛会议的解构主义者、其他理论家以及传统的语文学家提交的论文。其意义远不止如此。近年来,阳光灿烂的斯坦福大学成为一场伟大的语文学觉醒运动(Great Philological Awakening)的场所,

---

① Lee Patterson, “The Return to Philology,” in *The Past and Future of Medieval Studies*, ed. John van Engen (Notre Dame, IN: University of Notre Dame Press, 1994), pp. 231 - 244; quotations is from p. 241.

② 参见 Mieke Bal, “Virginity: Toward a Feminist Philology,” *Dispositio: revista hispánica de semiótica literaria* 12 (1987): 30 - 82。

③ 正如该思潮的一位参与者所说的,其“目的是评价与经典文本多种诠释相关的现实状况,以便促进文学语文学意识到诠释多元性这一事实。我称之为激进语文学”。Sean Alexander, *Iphigenias at Aulis: Textual Multiplicity, Radical Philology* (Ithaca, NY: Cornell University Press, 2005), x.

④ 参见 Matthew Restall, “A History of the New Philology and the New Philology in History,” *Latin American Research Review* 38, no. 1 (2003): 113 - 134。

⑤ 参见 David J. A. Clines, “Philology and Power,” in *On the Way to the Postmodern: Old Testament Essays, 1967 - 1998* (Sheffield, UK: Sheffield Academic Press, 1998), 2: 613 - 630。

其标志就是汉斯·乌尔里奇·贡布莱希特（Hans Ulrich Gumbrecht）2003年出版的《语文学的力量》。该书直言不讳地呼吁回归语文学，因为语文学可以成为非法的文化研究自由的一剂解药。另外，就是塞思·勒若（Seth Lerer）编辑的一卷《文学历史和语文学的挑战》（*Literary History and the Challenge of Philology*）（1996），以及勒若的专著《谬误及学术本身》（*Error and the Academic Self*）（2002）。[①] 2007年，语文学呼声很高。当时，《为什么我们不能忘记语文学》的作者迈克尔·霍奎斯特（Michael Holquist）刚刚晋升为现代语言学会（Modern Language Association）主席。[②]

在语文学中，这类运动最重要的就是所谓确定性。不管存在何种缺陷或者局限，很多人都会觉得，语文学确有自知之明：该是什么就是什么。但是翻翻保留语文学字样的学术期刊最近的文章，会发现该学科具有松散的折中主义特点，因为折中主义通常是文学研究的特点。《英语与德国语文学杂志》（*Journal of English and Germanic Philology*）曾发表过一些文章，比如《中世纪冰岛文学中的狼人》（The Werewolf in Medieval Icelandic Literature）、《重温吉塞拉传奇：性主题与英雄的往

① Hans Ulrich Gumbrecht, *The Powers of Philology: Dynamics of Textual Scholarship* (Champaign: University of Illinois Press, 2003); Seth Lerer, ed. *Literary History and the Challenge of Philology: The Legacy of Erich Auerbach* (Stanford, CA: Stanford University Press, 1996); Seth Lerer, *Error and the Academic Self: The Scholarly Imagination, Medieval to Modern* (New York: Columbia University Press, 2003). 在《元语文学》中，齐奥科夫斯基巧妙然而苛刻地评述了贡布莱希特和塞思·勒若的《谬误及学术本身》。

② Michael Holquist, "Why We should Remember Philology," *Profession* (2002): 72 - 79; 另外参见 Michael Holquist, "Forgetting Our Name, Remembering Our Mother," *PMLA* 115, NO, 7 (2000): 1975 - 1977。

昔》（Revising *Gilsa Saga*：Sexual Themes and the Heroic Past）；《现代语文学》（*Modern Philology*）腾出大量版面刊登“发明国家”（Inventing the Nation）系列文章、《威廉·福克纳的南方骑 76
士》（William Faulkner's Southern Knights）、《早期现代英语悲剧中的魅力型权威》（Charismatic Authority in Early Modern English Tragedy）等；《古典语文学》（*Classical Philology*）为五花八门的论文提供了一个欢乐大聚会的理想场所，例如，《马力和驴力：马科动物与古希腊人的想象力》（Horsepower and Donkeywork：Equids and Ancient Greek Imagination）、《身体写作：贺拉斯〈颂歌1.13节〉中的抒情话语与性别生成》［Writing（On）Bodies：Lyric Discourse and the Production of Gender in Horace Odes 1.13］。上述期刊论文缺乏语文学有别于文学批评和文学史的坚实内核，这意味着该术语现在并非在指称一个学科——事实上，美国的主要大学没有传统的语文学院系[①]——一种关于起源梦想或神话。

我们很容易看到，近来人们又对语文学的学科特征产生了兴趣。尽管该学科的研究对象、方法和目的尚未确定，但是人们试图确定其起源，即在语文学产生之初，一切都是确定的、稳定的和值得尊敬的，它以严肃的方式处理严肃问题，并且要求受到尊重。它认真地讨论了严肃的问题，令人油然而生敬意。但是如果想进行一番综合性描述，我们必须认识到，虽然近年

① 哥伦比亚大学法语系和浪漫主义语文学可能是一个例外，但是根据其网站材料，该系将自己定义为“美国与欧洲学术之间一个生机勃勃的接触点”，区别性特征不是坚持传统方法，而是促进“专业范围的扩大化”“致力于教学”。20世纪40年代，许多美国语文学院系改为语言学系。今天美国语文学主要设在古典文学系。语文学系在东方和北欧以及俄罗斯等一些大学依然存在。

来我们对文学的兴趣可能陡增，但是不能将之看作一时着迷，甚至不能看作周期性情绪，而必须将之看作人文主义学术研究永恒而独有的特征，尤其是拨动文学研究之弦而产生的深刻共鸣。语文学之于现代学术研究就如荷马的声音之于沃尔夫，雅利安人的原始语之于缪勒和勒南，是可望而不可即的海市蜃楼，诱惑无限，撩人心思，又如同幽灵一般，无所不在，是解决一切问题都避之不能的方法。

语文学持续影响现代学术，从以下三个领域可见一斑。第一，起源概念。语文学馈赠给现代学术一种信念，那就是，一旦确定源头，事情就得到圆满解释。这一假定使学术研究致力于永无止境的探索，因为起源可能需要用各种各样的方式来解释，每一个起源又各有自己的源头。沃尔夫认为《荷马史诗》起源于荷马的吟唱，因此它便是荷马精神，但是荷马本人出身于希腊文化，希腊文化又拥有自己的源头，这一源头也是源远
77 流长的，可以一路向前追溯至人性的起源。回归语文学不能解决源头问题，因为源头问题是我们从语文学本身继承来的一部分。

第二，语文学传承给当代学术的是其特有的二元性，即对语言事实的实证研究方法与对语境、意义、价值等问题更主观的研究方法这一双重承诺。这种二重性不断导致研究方法和学术任务的不确定性。对许多人来说，语文学似乎正是解决不确定性的良方。但是，我们再一次无法通过回到语文学来解决问题，因为这些问题首先表现为语文学中广泛的人文概括性与狭隘的实证科学之间的深刻矛盾。在一些人看来，回归的理由才是我们从未真正逃脱各种困难的有力证据。

第三，现代人文主义学术研究具有一个重要的假设，同时该假设也指导着语文学，即对文本语言的历史维度或者形式维

度进行学术探讨，能够阐明有关个人的、文化的或者民族身份的各种问题。最近有言论指出，当前学者对文化的兴趣，特别是文学研究者对文化的兴趣，只是对过去的种族研究重新进行解释，在这一语境下，上述言论证明当代学术已经找到了另外一种回归语文学的方法。[①]

我们难以知道如何去思考语文学，因为很难确切地弄懂语文学到底是什么。许多拥护者主张，必须明确区分语文学与其他学术研究，他们几乎总是在区分语文学研究中有价值的方面和无价值的方面，将好的语文学研究称为“根本的”“现代的”“女权主义的”，或者经常是“新的”。尼采尽管赞美了语文学的稀少而珍贵的优点，但几乎把所有在世的语文学家骂了个遍。萨义德虽然注意到大多数语文学作品中那种毫无生机的压抑感和学究气，但还是要求人们对那些特别的勇士以礼相待。德曼主张回到语文学，但他只是想回到语文学的修辞描述上，而不是语文学的思辨性或者诠释性上。从事中世纪研究的新语文学 78
的倡导者拒绝古老的语文学，因为它与“政治国家主义和科学实证主义”联系在一起。[②] 语文学因其专一不二应该受到赞扬，但其复杂性却无法化简，它强大的排斥力一如它无敌的吸引力。

即使我们难以确切地搞懂语文学是什么，但我们还是能够分清什么是正确的语文学回归，什么是错误的语文学回归。我认为语文学正确的回归，应该从一种训练有素的自我反省开始，这种反省行为支撑语文学的历史，警示、提醒我们将专业注意

---

① 关于当代文化差异使过去的种族争论复苏的论述，参见 Walter Benn Michaels, *Our America*: *Nativsim*, *Modernism*, *and Pluralism*, *Post-Contemporary Interventions*（Durham, NC: Duke University Press, 1997）。

② Nichols, “Introduciton,” p. 1.

力集中于研究客体，使我们容易受到常识、经验观念等成见的影响。对此，我们仅举两个例子。种族主义和反犹太主义理论与实践紧密地纠缠在一起，在推行该实务之前，萨义德和德曼可能已经考虑到这种可能性。[①] 然而，他们推行的回归旨在于将语文学看作一种恢复失去的根基感、自信感和职业自豪感的手段，可能是错误的。以自觉、审慎的态度看待语文学没有过错，或者如萨义德所说的“可能是一种适度的解放和教化行为”，就是让它再次从眼前消失，以礼貌的掌声恭送它远走。大概有的学科需要记取，有的却需要遗忘，像勒南著名构想中的民族一样，不论怎么说，选择性回忆在精神层面上和职业层面上总是必要的。但是，语文学清除自己的历史不会甚于当代人文主义研究摆脱语文学。语文学就是我们自己的历史，是一个延续至今的故事，对此我们必须承认。

问题是是什么成就了这一系谱关系。其中一个推论可能是，学者们应当更仔细、更谨慎、更恭敬地对待语文学的局限性，以防陷入与前辈同样错误的境地。这个建议无疑是不错的，只是语文学还带给了我们更广阔的教诲。如果我们真的承担起语文学历史的全副重担，那也必须让自己接受那些继承语文学传
79 统的伟大学者所取得的真正成就，接受他们的指导，接受他们的激励，接受他们的挑战。他们强烈的求知欲和远大的抱负是

---

① 至少萨义德对语文学所提倡的种族主义的潜在力量非常敏感，但是在语文学的反犹太主义思想中，他并没表现出相同的敏感性。例如他提到，勒南论述闪米特（犹太和穆斯林）语言和文化时流露出种族刻板印象。比起勒南对犹太人持有的偏见，他更强调勒南对穆斯林的憎恶之情。根据萨义德的观点，勒南“是在东方研究的大厦”中开展其研究工作的，在这一封闭大厦中，他的“主要项目是封闭伊斯兰教”（Islam, Philology, and French Culture, pp. 182, 288）。

我们几乎无法想象的。正是他们的雄心壮志才萌生了在今天看来他们的差错，我们不能通过让自己渺小而变得有道德；我们放弃方法论的要求，放弃对综合性知识的获得，也不一定对我们有利。语文学的历史是一面有启迪作用的镜子，它在单一的形象中结合了学者最远大的志向和最深切的担忧。我们要面临的挑战，不是选择何种回归的问题，而是如何区分何为好的回归，何为坏的回归。

80

第三章　在人文与国家之间：一个制度性概念的演进

2004 年 1 月，在密西西比州首府杰克逊（Jackson），国家人文学科捐赠基金会主席布鲁斯·科尔（Bruce Cole）在共和党人（Republican）黑里·巴伯（Haley Barbour）州长就职典礼上发表的演讲中，回忆起另一场就职典礼。科尔慷慨陈词："在其就职典礼上，布什总统号召所有的美国人都成为公民，而不是旁观者……去为我们的国家服务，去代表使我们国家得以诞生的精神。这一号召，"他称，"在 9·11 袭击后呈现一种崭新的意义。"[①] 那天，科尔还特别提到，美国公民以"勇气和同情行为"与罪恶抗衡，……当然，这一切是众所周知的；而不为人知的是人文学科在其中所发挥的重要作用。

可能有人会拿不准学者在此情此景下该如何作为，但是科
尔已经成竹在胸了。因为他深深地懂得，人文学科是美国公民
81 生活的起点。首先，他提出理由证明，消防队员、警察和普通
民众在 9·11 袭击中所体现出的公民身份本质是通过人文精神
得以揭示的。我们借助人文学科探索以下问题，并寻找答案，
"使我们成为人的是历史的遗产、激励我们的思想观念、原则以

---

① 该引文及随后引文都出自科尔 2004 年 1 月 12 日"密西西比州州长就职演讲"发言；online at http：//www. neh. gov/whoweare/speeches/01122004. html（acessed May 21，2010）。

及我们仍在深思的一些永恒的问题”。在第一批回应者做出回应之前，他们已经对人文精神做出了回应，正是人文精神帮助我们培养美感，向我们揭示过去的种种传统，赋予诸如正义和善良等抽象概念以意义。科尔指出，国家人文学科捐赠基金会“是在培养一种信念的过程中成立的，这个信念就是，对公民生活来说，培养最好的人文精神具有真正的、切实的利益”，包括加深我们对伊拉克和阿富汗地区的军事冲突的理解。因为在美国，“智慧和知识”是“民族认同所必不可少的”，人文精神尤其重要。的确，从某个角度来看，人文精神才是9·11袭击的真正目的。正如科尔所指出的：

> 我们为什么会在9·11遭到袭击，人文学科研究中所固有的价值观是其中的一部分原因。自由自在、无拘无束地交流各种思想、观点，尊重个人的良知、信仰，相信教育的力量……所有这一切我们国家的公敌都深恶痛绝。理解这些原则、承认这些原则是斗争的一部分。
>
> 今天，我们研究美国的制度、文化和历史显得尤其迫切。保卫我们的民主国家所要求的不只是在军事战争中取得的成功。
>
> 它还要求我们需要理解形塑我们国家的理想、观念和制度……
>
> 詹姆斯·麦迪逊（James Madison）总统曾说过一句非常著名的话。他说：“普及知识是自由唯一的、真正的监护人。”这就告诉我们，作为一个民族，我们的身份到底是什么，为什么我们的国家值得我们为之斗争。

明白这一点也是我们保家卫国的一部分。

任何人文主义者如果当时在听众席中，他们可能会被这些词语弄得有点不自在，因为科尔在描述他们的工作时，用了永恒的真理、美感、正义、使我们具有人性的神秘特质等这样的字眼；他们还可能感到不舒服的是，科尔的演讲从永恒的价值观顺利过渡到美国的民族认同，从民族认同再过渡到当前政府
82 部门的政治和军事计划。听到自己成为9·11袭击的目标，我们几乎敢肯定地说，他们惊恐至极。[①] 我们可以拍着胸脯说，听到自己所信奉的知识是保卫家园的一部分，他们一定惊讶极了。

但是，换个角度看，这场演讲真正值得注意的是，在共和党前任主席的州长就职典礼上，在密西西比州国家人文学科捐赠基金会的地位得到了坚决的捍卫。就在最近的1997年，国家人文学科捐赠基金会以及更具争议的国家艺术捐赠基金会的存在的合法性都受到人们的怀疑。这些机构的反对者包括纽特·金里奇（Newt Gingrich）（在他起草的《与美国的合约》中，

---

① 全国学者协会（National Association of Scholars）表达了更强烈的思想感情。该协会将袭击与自由学术对珍贵的文化遗产的可耻滥用联系起来。不少评论人因9·11袭击而谴责美国文化的许多方面——同性恋、犯罪人、女权主义者、跨国公司等，但是全国学者协会主席斯蒂芬·H. 巴尔什（Stephen H. Balch）将最终责任主要归咎到人文学科教授头上。“不幸的是，”巴尔什说，“许许多多研究院生活在一个童话世界里，他们起主导作用的假定就是行为无效。”可是，现在9·11袭击已经“袭击了我们的自满情绪”，“历数国家种种沉疴痼疾的日子”该结束了，现在需要的是拿出恭敬之态。参见 Stephen H. Balch, “The Shame of the Campuses,” *NAS... Update*12（2001）1：2－3；quotation is from p. 3；online at http：//www. nas. org/polArticles. cfm? doctype_ code = Article&doc_ id = 330 （accessed May 21, 2010）。

他明确表示其目标就是针对这些机构）、基督教右翼组织（the Christian Right）、美国传统基金会（the Heritage Foundation）、美国的自由主义卡托研究所（the Libertarian Cato Institute）、全国学者协会（the National Association of Scholars），甚至国家人文学科捐赠基金会前主席琳恩·切尼（Lynne Cheney）和威廉·班尼特（William Bennett）。他们指责说，国家人文学科捐赠基金会就是个摆设，其设置纯属浪费，它反美国，反家庭，奉行精英主义。[①] 这里，问题的出现不在于人文学科的主题，而在于教授和讨论人文学科的理论家，在于国家人文学科捐赠基金会的那些倡导者，因为是倡导者为基金会募集税金做活动经费。尽管有点勉强，但后来国家人文学科捐赠基金会还是幸存下来了。进入2001年，经切尼和班尼特批准，该机构逐渐变得更有责任感、更具响应性。以前的问题暂告一段落，根据基金会主席科尔的观点，国家陷入了危机，但是人文学科的危机解除了。因为人文学科与处于战争状态的国家团结一致，重新获得了传统上的功能：奠定基础、赋予生机、唤醒民智。听众席中的学者们听到这些话时可能再一次震惊了，因为对很多人来说，人文学科的危机存在已久，它威胁的不是人文学者的身份，而是人文学科本身。他们可能会问自己，没有危机，还需要我们干什么呢？科尔的演讲正是针对这一问题进行了回答。

---

① 极具讽刺的是，早期保守的一代攻击国家人文学科捐赠基金会缺乏精英精神。正如希尔顿·克莱默（Hilton Kramer）在1980年所作的报告中指出的，“每年花费上百万美元来资助与永久性艺术成就在任何方面都毫无关系的项目和政策，资助的项目中最好的也不过是搜集过去大众文化的标本，最坏的夸张一点说则连福利和工作计划都算不上”。克莱默要求区分清楚“严肃艺术”与“社会服务艺术”的范围。Hilton Kramer, “Reagan Aides Discuss U. S. Role in Helping Arts and Humanities,” *New York Times*, November 26, 1980.

我的观点是，随着人文学科的发展，危机这一观念确实成了人文学科的基本组成部分，但是我们对人文学科发展的充分
83 理解应当足以使我们避免我前面所说的吃惊、惊恐、震惊等。下面我力争按照真正的人文主义方式证明，能引领我们走出令人困惑的当下，迈向一无所知的未来的最好向导就是传统。

“人文学科的危机”一说之所以引人注意，是因为人文学科看似如此太平、如此温和、如此耽于沉思、如此富有启发性、如此丰富多彩，一句话，如此纯洁美好。危机这一概念看似干涉了人文学科的高尚使命，还夹杂着一股子浓重的悲剧味儿，因为人文学科的趣味与人类的趣味在本质上是相同的。但是，人文学科的历史是一部斗争史，其主要特征是现代性后果的某些模糊性或者不确定性。斗争的证据经常不得不用柔和的修辞找回来，这样的柔和修辞恰是人文学科的特征；但是，它却从未离开表层太远，即使在很多人认为的该话语的初创时期也是如此。

文艺复兴时期的人文精神，从彼特拉克到皮科·德拉·米兰多拉（Pico della Mirandola），经常被描绘为一场致力于促进个体自主性、实现自我、反对传统权威诠释的现代化运动。据说，随着人文精神的兴起，我们挣脱了传统的神职人员的权威阴影，步入现代世界的明媚阳光之中，人类成为自己命运的主宰。但是宣扬人文主义运动的理由更加具体，那就是，亚里士多德和阿威罗伊（Averroes）对基督教神学的影响应当被一种截然不同的影响所取代，包括西塞罗式的（Ciceronian）雄辩、基督教式的虔诚以及最关键的柏拉图式（Platonic）的睿智。15 世纪的“人文研究”(*studia humanitatis*) 力图使人类通过再读经典和早期基督教文本，唤回神性起源，因为经典和早期基督教文

本可以看作对伦理道德思考的延伸，而伦理道德中个人救赎的最终目标显然是成为基督徒。人文研究的直接目标就是在大学中占统治地位的专业性的哲学思辨，直接目标是统治大学的专业哲学化，一种摒弃个人美德、对世界持理性主义的个人解释的观点，一种逻辑学和自然哲学的研究方式。[1] 而文艺复兴时 84
期的人文精神正如一位学者所说是“科学发展的中断”。[2] 人类能够通过自己的努力完成其光荣使命。这种神学代表了现代性的报复，因为它强调系统而不是个例，强调观察（实际是堕落）而不是希望的幻想。简言之，文艺复兴坚持个体自主性，其特点就是具有回应性，在《为雷蒙德·塞邦德辩护》（Apology for Raymond Sebonde）一文中，蒙田（Montaigne）曾据此调侃过文艺复兴。

当代人文学科的支持者有时会参考文艺复兴，试图唤回在堕落的现代社会中已经丧失的真实性。但是，文艺复兴时期的人文主义者也认为自己生活在一个堕落的时代。当我们把人文学科的起源作为一个类似于现代大学的学术项目来研究时，我们就会看到，人文主义者为消除堕落的现代性影响，试图恢复古老的传统，同样做出了各种努力。从我们的观点来看，随着批评家马修·阿诺德提出文化——现在我们称之为人文学科的前提、精神支柱、直接基准点——与无政府状态的对立，人文学科开始成为焦点。根据阿诺德的《文化与无政府状态》，由

---

① 参见 Antony Levi, *Renaissance and Reformation*: *The Intellectual Genesis* (New Haven, CT: Yale University Press, 2002), especially pp. 71 – 79 and pp. 259 – 284。另外参见 Michael Allen Gillespie, *The Theological Origins of Modernity* (Chicago: University of Chicago Press, 2008), especially pp. 44 – 100。

② A. C. Crombie, *Augustine to Galileo* (Cambridge, MA: Harvard University Press, 1961), 3: 103.

于缺乏“基督教知识”和补充基督教知识的古典人文主义传统（*humanitas*），现代社会处于危险状态。阿诺德认为，在现代社会中，基督教知识的支撑作用可以由文化来承担，文化能“在所有与我们最息息相关的问题上，使我们通过逐渐弄懂世人所思所想的精华而唤起人们的至善至美；通过文化，给我们的全部概念和习惯注入一股新鲜自由的思想潮流，尽管现在我们也在坚定地跟随潮流，但是机械地盲从”。[①] 像文艺复兴时期的人文主义者一样，阿诺德重视基督教化了的柏拉图，轻视机械的、自然主义的亚里士多德，轻视以牺牲整体、科学和方法为代价
85 的个人自我实现。虽然文化属于累积型智慧，在原则上人人有份，但阿诺德强调，个人启蒙实际上意味着只有那些掌握适当知识、恰好有闲暇经历某些体验，即那些处于一种能够体味古典“甜美”和希伯来“光明”状态的人，才可获得文化。作为一位教育改革家，阿诺德觉得，学校就是获得文化并传播文化的最佳场所和手段。根据阿诺德的上述观点，我们看到，“人文精神”通过“文化”这一媒介形式，开始演变为学术形式的“人文学科”。

阿诺德深受语文学家和教育改革家洪堡的影响，在《文化与无政府状态》中，他将洪堡描述为“人类中最优秀的一分子”[②]，阿诺德特别称颂作为古典主义人文学者的洪堡以及他对语言和语言学历史教育价值的启蒙理解。他完全赞同洪堡对语文学的评价，即语文学为一个民族的历史提供了客观知识，比

---

① Matthew Arnold, preface to *Culture and Anarchy* (1882), no. 4; online at http: //www. libarary. utoronto. ca/utel/nonficiton _ /aronoldn _ ca/ca _ titlepage. html (accessed April 24, 2010)（其后引文在文中给出）。

② 〔英〕马修·阿诺德《文化与无政府状态》第三章注释 35。

起不关涉政治的科学知识和从事普遍性研究的哲学等枯燥的、缺乏真正乐趣和毫无紧迫性可言的学科，语文学才是更为基础性的学科。强调语文学的教育既具有道德价值也具有实用价值：有了正确的精神追求，就会产生深厚的文化知识，并自然产生教化，使品格高尚。

阿诺德与洪堡在教育与政府的关系问题上具有高度的一致性。在这两位学者看来，政府的监督是确保教育具有相同品质、避免不必要的特殊化、超越地方狭隘性或者偏见的一种有效手段。不过，更重要的是，其前提条件是只有政府才能为真正的教育提供合适的道德语境。而且，关于这个问题，阿诺德的立场甚至比洪堡的还要坚定，因为后者幻想的是在遥远的某一天，每个人都可能“具备完美的深厚根基……不再需要国家”。[①] 而阿诺德却认为，人们总是需要国家发挥引 86
导作用。他的论述从文化的甜美、光明和永恒转向以下惊世骇俗的结论：

> 无政府状态不能容忍，无论自由党的朋友们怎样想，怎样说，我们都不能放弃这个意见。他们或许认为，有时候社会上有一点动乱，出现了他们称为民主示威的举动，反而对自己、对正在进行的宝贵行动有利；他们可以拼命鼓吹英国人可以有为所欲为的权利，还认为政府的责任就是尽可能地纵容其人民为所欲为，尽量避免对之采取严厉的压制行动。有时他们很巧妙地端出取缔奴隶买卖一类的、无疑是十分宝贵的行动，并发问道，假如由于执行这样的

① 引文出自〔英〕马修·阿诺德《文化与无政府状态》第三章注释35。

> 行动而闹了点事，但考虑到目的意图之美好，克服对抗力量之困难，那出点乱子让愚顽不化的政府受点惊吓，难道不是有益的好事吗？即便如此，我们仍然要说不。在街头举行大游行，强行闯入公园等，诸如此类的行动即使打着支持美好的意图的旗号，也应该毫不手软地严禁和镇压。允许如此行动，造成的损失会大大超过收获。如果人类想要使现有的任何宝贵的、持久的事物发展和成熟起来，或者说想为未来的发展奠定宝贵的耐久的基础，那就必须有国家，国家的法律必须有至高无上的权威，必须有一套维持公共秩序之强有力的持常的程序。[①]

正如已故比尔·雷丁斯（Bill Readings）所写："只有当大学承担了解决国民和国家关系的重责时，大学才成为现代大学。"[②]在上述引文中，阿诺德明确地提出了对"现代"大学的期待：在现代大学中，民族文学系不仅承担着人文学科"精神"中心的角色，而且承担着大学整体作为精神中心的角色。文化不仅是丰富个人经验的形式，强调文化是高尚的人文素养，也是最基本的人文素养；他还强调国家是文化的先决条件；同时，他也期待一个世纪之后能成立国家人文学科捐赠基金会，为教授诗歌、戏剧和小说的教师提供研究基金。我们必须提醒自己，通过在科学中批判现代理性活力论、否定改革派政治、尊重传统和美学、默许精英教育和精神特权等，阿诺德做到了这

① 〔英〕马修·阿诺德《文化与无政府状态》，Conclusion，nos. 3 – 4。

② Bill Readings，*The University in Ruins*（Cambridge，MA：Harvard University Press，1996），p. 53. 费希特与洪堡论述过关于大学与国家之间的明确关系，费希特坚持两者之间存在直接关系，洪堡则认为大学顶多"能够与国家对话"，具有"自由的容忍度"。雷丁斯对此进行了详细区分（68）。

一点。

极具讽刺意味的是，20 世纪 50 年代文化这一概念再次在 87
英国文学中凸显出来。作为一场新马克思主义运动，它明确认同工人阶级的经验，反对社会-民主主义和共产主义政权。可以说文化应该作为国家主义的一个附属条款开始存在。[①] 那些非常成功地发起英国文化研究（British Cultural Studies）运动的人士却是怀着比对阿诺德更多的崇敬之情来引用利维斯（F. R. Leavis）的，就更别说纽曼了。尽管利维斯他们采纳的文化新概念与社会学有明显的联系，而非与文学研究甚至人文学科相关。在这一语境下，文化概念在制度方面取得的成功，是以牺牲文学的身份认同为代价，以放弃为国家提供直接服务的观念为代价的。正如斯图亚特·霍尔（Stuart Hall）所写的："真相竟是，为了完成人文学科中的严肃工作，我们大多数人不得不离开人文学科。"[②]

相比之下，美国在过去的 100 年里，明确的阿诺德式的文化概念已经渗透在人文学科的各种话语中。甚至在今天，教育界中的保守派人士（他们并非总是对"谁管理国家"的问题漠

① 根据理查德·里（Richard E. Lee）的论述，"文化转向作为一个主要的分析范畴，是由冷战中的地缘政治事件直接导致的：赫鲁晓夫揭发斯大林主义的'关于个人崇拜及其后果的秘密报告'，波兰（Poland）和解，匈牙利革命中的万人伤亡，英、法、以色列集团策划的苏伊士阴谋，这些事件都对共产主义者、斯大林主义者、东方、自由党、社会民主党、西方等的骄傲立场表示出异议"。参见 Richard E. Lee，"Cultural Studies as *Geisteswissenschaften*：Time，Objectivity，and the Future of Social Science，" 1997；online at http：//fbc. binghamton. edu/rlsc - gws. htm（accessed April 24，2010）。

② Stuart Hall，"The Emergence of Cultural Studies and the Crisis in the Humanities，" *October* 53（Summer 1990）：11 - 23；quotation is from pp. 11 - 12.

不关心）也经常提到阿诺德。[①] 20 世纪初，当哥伦比亚、芝加哥、耶鲁、哈佛等大学的管理者开始满腔热情地谈论大学教育的道德和精神利益时，“人文学科”就充当了阿诺德所设想的文化、教育和国家三者之间的联系者。[②] 尤其是在二战结束后，人文学科不仅开始反对其传统的陪衬者即科学，而且开始反对社会科学。社会科学作为一种强大的力量出现在美国学术界，其标志是 1915 年在斯坦福大学成立了行为科学高级研究中心（the Center for Advanced Study in the Behavioral Science）。对不少人来说，作为一套完整、相互支持的学科设置，社会科学的新声望或多或少标志着学术向大众社会、技术和官僚主义等各种力量低头。正如一个作者曾经写到，社会科学假定“独立事件和独立个人本身的无意义性”以及“抽象的过程或者普遍的原
88 则的”优先性，因此，它们所代表的是对人文学科的直接挑战，是“自然科学的模式入侵世界上的人类事务和人类自身”。[③] 尽管人文学科与自然科学所使用的语言和思考语境是不同的，但与鼓舞文艺复兴时期人文主义者的那些理性问题是相同的。这

---

① 参见 National Association of Scholars, “Bruce Cole Tapped for NEH Chairmanship,” *NAS... Update* 12, no. 1 (2001); online at http://www.nas.org/pdf/update/Upd_ v12ni_ 2001.pdf (accessed May 21, 2010)。在热烈的掌声中，科尔代替威廉·费里斯（William Ferris）接受任命，科尔的演讲展望未来，将恢复人文学科观念，将之作为“国别和国际文学艺术的一个实体，在意义和重要性上超越其起源环境”。显然这种概念主要归因于阿诺德，与费里斯所持的观点形成对比，据称他在“纽约州立大学新帕尔茨分校妇女研究项目”(the Women's Studies Program at SUNY New Paltz）中称“所有的人类思想都是某一个或另一个地方性洞穴的表现”。(4)

② 参见 Julie A. Reuben, *The Making of the Modern University: Intellectual Transformation and the Marginalization of Morality* (Chicago: University of Chicago Press, 1996), pp. 211 – 229。

③ Mel A. Topf, “The NEH and the Crisis in the Humanities,” *College English* 37, no. 3 (November 1975): 229 – 242; quotation is from p. 233.

些问题也极大地鼓舞了洪堡与阿诺德：柏拉图与亚里士多德相对，个体性与系统性相对，主观诠释性与客观存在性相对，直接经验与方法相对，整体与部分相对，真实与不真实相对。

在20世纪60年代中期，这些斗争被框定为人文学科的普遍危机。当时，一本题为《人文学科的危机》(*Crisis in Humanities*)的著作出版了。该书的编辑普拉姆（J. H. Plumb）称该书是为了描述并挑战“日益增长的专业化这一可怖、沉默的过程”，因为专业化过程将知识切割成无数琐碎的专门性的知识领域，阻碍了对知识的整体性理解。[①] 时至今日，书中反响最大的当属欧内斯特·葛尔纳（Ernest Gellner）的一篇论文。他不无苦恼地详细描述了近来因“知识”学科兴起而产生的种种后果，新学科的权威剥夺了人文主义知识分子的尊严，即“他的全部认知地位”。[②] 葛尔纳称，任何人都能理解科学事实，这样的知识并不会赋予理解者以高贵气质或者智慧，但是，一种全面的人文主义知识总是“比科学语言更接近我们是什么，更接近我们的生活”——事实上，人文学科与我们的关系如此密切以至于称之为知识都有点不妥当了（79）。让葛尔纳沮丧甚至厌恶的是，这种单纯积累知识的庸俗追求竟然在大学中占据支配地位，它把“那些敏感睿智、植根本土但又安稳恬静、不太高效的手艺人”挤到一边去，“人文主义者，”葛尔纳忧伤而骄傲地说，“就是认知上的手艺人”（75）。

同年即1964年，语境稍微有点变化，主要由美国学术团体协会（the American Council of Learned Societies）资助的《人文

① J. H. Plumb, ed., Crisis in the Humanities (Baltimore: Penguin Books, 1964), p. 5.

② Ernest Gellner, “The Crisis in the Humanities and the Mainstream of Philosophy,” in ibid., pp. 45 – 81; quotation is from p. 72（此后引文皆出自此）。

学科委员会报告》（*Report of the Commission on the Humanities*）出版了（该报告将在第六章予以详细论述）。该报告吸引了林登·约翰逊（Lyndon Johnson）的注意力。第二年，约翰逊利用这一报告推动了国家人文学科捐赠基金会的成立。很显然，在
89 人文学科发展的历史上，政府资助这一崭新的发展阶段是牢固地建立在阿诺德传统上的，因为《人文学科委员会报告》将人文学科描述为“最具人性的研究”，显然与阿诺德提出的文化研究概念如出一辙。报告称，“通过人的意识”，人文学科“在形成、维护以及改变每个时代、每个人的社会、道德、美感等价值观方面中起着关键作用……其主体是每一个人”。[①] 有些人认为，这种夸张的说法构成了人文学科本身的危机。但是，对那些支持国家人文学科捐赠基金会成立的人来说，人文学科是解决危机的方法之所在，不是问题之所在，特别是当人文学科与国家利益保持一致时。当时这一观点也像现在一样大获全胜，原因是人文学科针对所有人，并且也关系到所有人；在自由社会中，个人自主性和个人经验受到珍视，所以在向自由社会的公民进行宣传时，就特别强调这一点。人们经常说在此期间——民权运动、太空竞赛、猪湾事件（the Bay of Pigs）、美苏导弹危机、肯尼迪总统遇刺、冷战等——人文学科能够“把社会联合起来”，这话含有人文学科尤其擅长整合美国社会的强烈意味。一位作者曾提出，人文学科能够“充当美国精神解放者的角色”，因为“美国人正急需建设性的方式，以填充越来越多的闲暇时光”。[②] 如果

① *Report of the Commission on the Humanities*（New York：ACLS，1964），p. 4.

② Barry Bingham，“A Journalist Looks at the Humanities，” in *The Humanities and the Understanding of Reality*，ed. Thomas B. Stroup（Lexington：University of Kentucky Press，1966）：78 – 79；quoted in Topf，“The NEH and the Crisis in the Humanities，” p. 231.

此番言论是强调人文学科在解放德国、法国、索马里、意大利、英国、玻利维亚、纳瓦霍（Navajo）、埃及、老挝（Laotian）或者匈牙利人的心灵所产生的作用，那么它就会被看作令人惊恐的、可笑的、轻信的、傲慢的、可怜的。但是，在自由个体积极坚持国家认同，国家认同坚持普遍价值的公共文化中，实现人的全部本质力量被看作一种民族特征，甚至是民族赋予种族的礼物。这些主张上面均未提到，但它们都是有效的。

最有效的就是它们证明了一个论点，即维持纳税人资助的捐赠至关重要。人文学科，甚至连其支持者都经常认为原则上 90
它是百无一用的，或者在最好的意义上它是一无所用的，但它是民族的重要问题。89－209 号公法（Public Law 89－209）是国家人文学科捐赠基金会成立所依据的法案，它称人文学科包括一系列学科，如哲学、文学、历史等，但国家人文学科捐赠基金会最后所列的却根本不是一个学科："人文学科是对国民生活现状的研究和应用，多年来，这些情况保证了为改善美国的生活质量而提供大量赠款。"① 然而，学者们获准所从事的专业如果只面向学术团体的需要和兴趣，那就会强化人文学科的精

---

① National Endowment for the Humanities, "Program Announcement," 1973－1974, p. 3; quoted in Topf, "The NEH and the Crisis in the Humanities," p. 230. 托普（Topf）的论文概述了国家人文学科捐赠基金会早期的用词情况，非常宝贵。在谈到国家主义时，国家人文学科捐赠基金会的用词非常直率，这从国家人文学科捐赠基金会发表的年度报告中可见一斑。例如，第一个年度报告谈到把"城镇化的逐渐暗淡、政治和社会分裂等问题"作为人文学科的语境，目的是"使我们变得智慧……使我们能利用我们的智慧治愈我们的私人生命和公共生命……说服我们'成为人文'……这对疗救国家创伤、维护在国外的领导地位、代表人类生活应有的质量等都非常必要"。National Endowment for the Humanities, *First Annual Report*, 1966 (Washington, DC: U. S. Government Printing Office), 1967; quoted in ibdi., p. 236.

英主义倾向。国家人文学科捐赠基金会本着彻底的阿诺德精神，致力于教育，并深信通过学习可以丰富甚至使人能够充分体验人类的处境。该信念不只局限在盲目乐观的、被丰富远景搞得眼花缭乱的学者之中，甚至在颇有分量的著作中也会见到它的影子，例如汉娜·阿伦特（Hannah Arendt）在《人的境况》（*The Human Condition*）中就写道：“我们通过言说把发生在世界上和我们自身上的事情人性化，在言说这一言说的过程中我们学会成为人。”[1] 学会做人仍然是要通过学习，所以人们认为，在精英私立大学经常需要高级的学术研究。在美国，对那些赞成政府支持人文主义研究的人来说，他们所面临的挑战就是探索人文学科的研究方法。在美国，那些主张支持人文主义研究的人面临的挑战是，如何让这样的研究对一个以接触人类的特权而自豪的国家显得有用。

至于 2004 年 1 月那天，科尔主席在密西西比州首府杰克逊所面对的挑战，留待他人去作评判。在此，我只能说，他是以与人文学科的历史一脉相承的方式来应战的，保守力量和进步力量都为人文主义的历史做出贡献。科尔清晰地阐明了文化传统是充分实现我们的人性的一种方式，他阐明了这一重要性，他把传统因此也就是人性与一种特定的知识联系在一起，他旨在确保继续提供资金，以此方式确定了这种学习在目前国
91 家优先事项中的地位。——事实上，基金会的资金一直是有保障的，即使在很多服务项目被削减甚至删掉时，国家人文学科捐赠基金会的预算也一直保持稳定，甚至从 2004 年起，还略

① Hannath Arendt, *The Human Condition* (Garden City, NY: Anchor Books, 1959), p. 4.

有增长。[①]

现在，一些人文主义者学者可能会认为，科尔采取的是折中的办法，一方面将人文学科变成政策的工具，另一方面又保持了人文学科和缓的（“永恒的”）传统。有些在上课、参加院系会议、参与大学政治、写信、批改作业、参加委员会等方面已经疲于奔命的学者，可能会认为科尔强调的“永恒问题”以及“使我们成为人”的事物具有误导性，甚至令人尴尬；他们可能觉得，战争时代政府官员使用人文主义的一般概念，感兴趣的很可能是意识形态话语而不是知识话语。作为补充信息，布什执政时期，在“历史英雄人物”系列讲演中，国家人文学科捐赠基金会极力颂扬那些用优美的语言表达了崇高思想的人士，因为比起得到的，他们创造的更多。但是没有人会说科尔的评论代表了对人文学科传统的彻底偏离，更不用说背叛了，因为人文学科传统已经成为一种概念和表征。科尔所做的就是公开传统机制——的确，单单这一事实就可能解释在人文主义社区的某些区域，他的遣词造句给人带来的不悦。

下面讲一下我最近的一次经历，以免人们认为人文学科的危机仅限于我们美国人所谈到的存在问题的那些方面。最近，

---

① 确实，这一数额并不大。全国教育协会（NEA）和国家人文学科捐赠基金会的预算加在一起，也不到联邦预算的万分之一，大约相当于每年每人七十美分。在美国，对文化的全部资助，包括私人的和公共的，等于每年每人六美元多点。在英国，这一数字是二十七美元，照此计算，芬兰是全世界最有文化的国家，每人每年花在文化上的钱是九十八美元。关于最近资助的详细信息，参见 Cynthia Koch，“The Contest for American Culture; A Leadership Case Study on the NEA and NEH Funding Crisis,” *Public Talk: Online Journal of Discourse Leadership*”; online at http://www.upenn.edu/pnc/ptkoch.html（accessed April 24, 2010）。

我应邀审阅西欧国家某个调查委员会的一个资助项目。碰巧，该项目是关于马修·阿诺德教育思想中的国家概念问题，是一个独立项目，总共7000字，包括100多条参考书目。项目内容主要有研究背景、研究现状、研究述评、研究目的、研究问题以及1000字的“设计和方法”，最后一部分描述了研究过程、
92 概述了研究方法。研究过程就是建立一个阿诺德提到的集体和社区的综合数据库，研究方法是对这些数据进行修辞分析。提案称，该项目的目的是通过修辞变形模式来阐明阿诺德所代表的路向。“审美意识形态作为一种情感教育话语具有不确定性，它既渴望以国家的形式得以具体实现，同时又反对在实现过程中以利己主义的情感名义卷入非人格化。”在我看来，这更像一种研究结论，而不是一项研究计划，但是在人文学科研究范式的语境下，这无疑是非常有益的标志。

这种模式具有社会-科学性，具体结果随既定的方法论而定。毫无疑问，整个研究是预先决定的。在阿诺德的理论学校里，学生会被要求在思考过去的宝藏时，发挥他们的想象力。目前对籍籍无名的研究生还不会作此要求。如果项目得到资助，学生只需签订一份合同，便可将之作为博士论文的主题，以对待博士论文题目的态度待之。项目要求极其严格、细致，实际上表明对个性不留余地，对不确定性不留空间，对探索不存需要，对诠释不赋予价值，对有益的解释性错误不期待什么可能性，对学术代表一种自由的自我塑造也失去意义，不给讨论性反思提供任何机会（或者时间），一句话，美国人可能感到人文学科不给上述任何一项提供空间。讨论一个主题并引起反响，结果是对美育作为一种情感教育话语的不确定性有了新的认识。但学生呢——的确，如果用学生而不是雇员或者队员更合适的

话。我希望这一项目得到资助，但我无法完全压抑一种“美国人”的情感，因为整个事件很肤浅，对预定结果的价值充满信心这种乐观的态度让这个国家的人文主义者感到不快。的确，这样的研究项目使我意识到，人文学科在美国所扮演的文化角色就是，与科学认识上的乐观主义即启蒙信心唱对台戏。所谓 93
启蒙信心，就是认为运用理性和科学方法不仅能解决科学问题，还能解决世界问题。

人文学科与社会科学的研究模式相似，虽然我不能说在欧洲或其他地方这一点有多普遍，但是在美国，科尔对勇气、同情、解放以及对人类思想遗产的呼唤——尽管他对知识分子的平庸怀着深切的忧虑，对其言论背后的思想政治动机怀着深切的忧虑——却让人感到安慰，使人耳目一新。与通常的美国人文主义者一样，科尔对增长知识、提升品性与丰富文化三者之间的关系的看法与阿诺德一脉相承。在我们看来，欧洲的人文学科不完全是人文主义的，而是有点属于“人文科学”，或更确切地说，属于学科大集合，即狄尔泰（Wilhelm Dilthey）所说的 *Geisteswissenschaten*（精神科学），包括宗教、心理学、法律、政治学和经济学。

对与美国假定的另一个对比，我们可能会着眼于英国艺术与人文研究委员会（the Arts and Humanities Research Council, AHRC）的使命宣言。该委员会 2005 年于英国成立，现将其“战略目标”列举如下：

- 在艺术与人文学科方面，促进并支持世界一流的研究结果；
- 促进并支持世界一流的研究生培养，目的是使他们具备研究能力或者其他的职业能力；

- 鼓励研究者向其他重要领域宣传并传播艺术和人文学科知识，加强艺术和人文学科研究的影响；
- 提升艺术和人文学科研究的形象，成为社会、文化和经济方面重要的有效宣传手段。[1]

艺术和人文学科研究会（the Arts and Humanities Research Board）的一部分艺术与人文研究委员会（AHRC）曾经在2005年被重新划为科技办公室（Office of Science and Technology）的下属单位，科技办公室本身与其他七个研究委员会又是贸易工业部（the Department of Trade and Industry）的一部分。到2009年，艺术和人文学科研究会被重新划归商务管理和技能部
94 （Department of Business Administration and Skills），在运作过程中，研究任务逐渐加重。2005年，在由更具人文主义精神的贸易工业部主管时，艺术与人文研究委员会将以下观点纳入目标："提高艺术与人文学科研究的重要性意识，发挥理解自我、理解社会、理解我们的过去和未来、理解我们所生活的这个世界的重要作用。"四年时间里，上述内容不仅影响巨大，而且声望日隆。

在美国人眼中，就振奋人心的说辞而言，英国艺术与人文研究委员会尚存在明显不足。关于价值观、情感、想象力、人性等都没有什么华词丽句，更不用说对抗专制和恐怖的必要性了——实际上英国艺术与人文研究委员会在这方面开展的讨论更少，只是其支持的一个学科名单而已。在此处混生活的人员如此庞杂！事实上，在更大的官僚组织结构中，各个不同的职位已经充分体

---

① Arts and Humanities Research Web site; online at http://www.ahrc.ac.uk/About/Pages/default.aspx（accessed April 24, 2010）.

现出各实体的对比性信息。英国艺术与人文研究委员会是大单位下属的一个小单位，大单位的唯一目标是经济。但是美国国家人文学科捐赠基金会是独立的，其预算与美国国家科学基金会和国家卫生研究院（the National Science Foundation and the National Institutes of Health）的预算比较起来，真可谓相形见绌，而在组织结构上，它们却不相上下。就提升思想而言，美国国家人文学科捐赠基金会的网页上赫然写着："因为民主需要智慧，国家人文学科捐赠基金会通过提高人文学科的卓越性，向所有美国国民传达历史教训，以服务于我们的共和国，并巩固我们的共和国。"[①] 国家人文学科捐赠基金会在其整个历史上并非完全与政治脱离的，美国大多数的人文主义者都在思考着申请原创性、探究性、革新性、有争议或者里程碑式的研究项目。毫无疑问，他们愿意由国家人文学科捐赠基金会评议小组的同行来评判他们的申请，而非由英国艺术与人文研究委员会来评审。

当然，还有一些人可能喜欢采取一本正经的方法来对待人文学科，他们较少受危机驱动，没有表现出明确的爱国情绪。他们可能寻找不同的方法，以可以接受的复杂方式证明科尔的论点。不管愿意与否，这都符合一个学者所秉持的价值观。他们会发现这样做易如反掌。例如，他们坚持科尔的观点，即人文学科"使我们成为人"，通过讨论普遍价值原则的重要性， 95
从而提出任何对地方风俗习惯的挑战都必须以提升地方风俗这一伦理原则为依据，这些风俗习惯包括支持受害女性、少数民族、各种社会边缘群体。他们可能会说，当一个无赖或失败国家的法治已经崩溃或被权力所腐蚀，国际社会只有在证明该国

① National Endowment for the Humanities Web site, "Who We Are"; online at http://www.neh.gov/whoweare/overview.html (accessed April 24, 2010).

的人权受到威胁的情况下才能进行合法干预。接下来他们可能就会说，人文学科的传统比当地法律、习俗或流行文化更容易让人对人性获得普遍理解，从而对人类潜能有更丰富、更广泛的理解。这样，他们就会提出，在一个以事实为基础，日益派系化、集团化的世界里，即使对普遍性、人权、个人实现和个人解释的兴趣本身就是美国的狭隘主义，这种深刻的人道主义兴趣也是美国政府所共有的，美国政府支持他们的工作，我们可以理所当然地感到自豪。合法、合理的自豪感可以被当作事实来接受，即美国政府共享深层次的人类旨趣，这实际上就是在支持他们的工作。瞧！

我的真正主题并非国家人文学科捐赠基金会及其管理，而是人文学科的当代境遇和对人文学科的自我理解。我认为，人文学者必须抓牢自己的传统。具体地说，他们必须认识到一个问题，即人文学科确立了自己的地位，但被限定在保守、忧郁或仅仅对立的术语框框里。在与资本主义、科学或者现代性的强大力量斗争中，人文主义者将自己定位为失败方。人文主义者在放逐感、边缘化、生不逢时等方面表现出了非凡的智慧和毅力。这是自彼特拉克之后，伟大的人文主义者所拥有的弊病。[①] 虽然在传统上这一直是强有力的策略，但是它也产生了负面效应，其有用性可能已经告罄。如果今天人文主义者能重新调整人文学科，拔剑成王，那就必须重新考量一下近年来由颠覆性、对立性、批评性以及抵抗性之类的术语所支配的自我
96 描述。他们必须本着一个激进分子的精神，扪心自问，凭借自

① 参见 Thomas Greene, "Imitation and Anachronism," chap. 3 in *The Light in Troy: Imation and Discovery in Renaissance Poetry* (New Haven, CT: Yale University Press, 1982), pp. 28 - 53。

己受到的训练和专长，对重大问题、紧迫难题可能做出何等贡献；耗费了如许年华，一直呕心沥血孜孜耕耘于人文学科，他们也必须扪心自问，从这些学科中到底发现了哪些重大难题，又该如何做出回应。

并不是每个人都能够或者应该直接提出重大问题，但是人文学科的所有工作都与问题息息相关。这些问题不是直接或者立刻就能从所思考的材料中反映出来的，而且如果有些研究工作看起来比其他工作重要，其原因就是那些重要的研究工作本身就与深层文化思潮有某种联系。在学术领域，除了直接与之对话的少数专家群体之外，受众认为这种联系非常重要，但这种联系在某种程度上是可以获得的或可以察觉的；在那些看来最重要的评论家的作品中，这种联系多种多样，不可避免，即使是间接的或有介入的，也是必要的。今天，很多非常有趣的问题看似“属于”其他学科——经济学、生物学、神经科学、宗教、政治学、法学、国际关系，但是人文主义者并没有被排除在这些问题之外：因为这些问题都不乏哲学维度或者反思向度，很多能用叙述形式来表现。人们总是可以将其历史化。

雷丁斯在其颇有先见之明的扛鼎之作《废墟中的大学》（*The University in Ruins*）中写道，大学曾经一度致力于传播民族文化，现在却在全球性的经济浪潮中随波逐流，因为民族文化概念失去了自身的追求。在这样的经济状况下，他提出，大学不再声称自己能发挥超越性作用。[①] 大学剩下的作用包括：

① 或许，社会这一概念可以为大学而不是文化充当一个不太确定的“超验”语境——不太玄妙的，不太具有暗示国家或者种族的意味。关于文学研究能从社会导向而非文化导向获益的讨论，参见 Geoffrey Galt Harpham, *Shadows of Ethics*: *Criticism and the Just Society* (Durham, NC: Duke University Press, 1999), pp. 1 - 17。

(1) 仅仅重申民族文化特征；(2) 改造文化特征，将那些传统上被边缘化或者被排除出的因素囊括进来；(3) 彻底摒弃大学的使命就是实现民族文化身份这一理念。他极不情愿地推荐了
97 第三种选择，尽管这意味着为国家提供服务，甚至意味着大学不再承担使命（mission）（《废墟中的大学》，90）。我认为，学者们应该把这种不情愿放在一边，断言杯子是半满的。人文学科历史中令人不安的一个方面正是这种为国家服务的概念，这让学者们参与了一个并非由他们自己发起的项目，他们充其量只是断断续续地对这个项目抱有热情（这在很大程度上取决于管理国家的人)。正如我们所看到的，大学服务于国家是在强调文化的基础上兴起的，这一理念衰落使学者们获得了解放，使他们能够发现或者建立新的依附，加入新机构，构成新形态，迈向新目标。正如雷丁斯所论证的，后文化时代仍然为大学留有一席之地，而且也确实需要为大学留有一席之地，使之更灵活，更能适应环境，并灵活机智地对各种各样的市场压力做出反应，支持跨学科性对话，让学者们暂时聚在一起，解决各种具体问题，只有这样才能确保大学幸存。

依我看，这两个问题与大学最危险的部分即人文学科及其学者直接相关。目前，人类的古老问题正采取全新的形式粉墨登场，但是那些积极提出问题的人大都没有受过专业训练，不能处理意义或价值方面的问题——正如阿诺德所说的，他们不能使自己的工作与文化传统发生某种关系。在很大程度上，他们对背景或者语境漠不关心，对评价长期后果的任务漠不关心。在此，学者的工作就是克服长期以来对科学的人文主义的反感，并开始想象学科的重组。在更大的人文学科领域，学科重组包

括那些解决人类问题的科学和技术领域。当然，这有赖于与科学家在各个领域的合作情况。但是让人欣喜的是，近来，很多科学家纷纷表现出自觉自愿使用俗语的倾向，这样他们就能与更多的受众交流、沟通；要知道，这些受众也正是在很大程度上用专业术语讲话的人文主义者所错失的。人文主义者是探究 98
人的问题的自然资助者，应当充分利用这一机会。

宗教是进行人文主义反思的另一个重要机遇。因为即使连最简洁的调查也表明，人文主义的历史与宗教思想的历史并行不悖。人文主义研究从来没有离开过宗教，也就是说，前者从来不会脱离后者。[①] 如果今天从事人文学科研究的学者们认为自己宣称的理解模式与宗教没有任何实质性的联系，那他们就有可能会被指责对自己的历史无知，因此也对自己的学科无知，他们就让自己远离了当代关注的领域。即使在近几年，人文主义者确立了一个经常排斥或反对宗教思想的议程，这两种模式也从未完全不同。人文学科和宗教兴趣在很多问题上合而为一，大概其中最重要的就是在形塑知识中，价值观和态度所发挥的作用。在这一点上，学者们可能把宗教看作一种提升观念的模式，这种观念就是知识与价值观紧密相连，而价值观却并非由国家利益决定。

人文学科的历史告诉我们，传统是除其他事物外，革新和进步的出发点。毕竟，从人文主义观点来看，传统的主要特点，不是出于惯性固守过去不放，而是其韧性和反应能力。人文主义者必须尊重传统，但是并非总要站在现代性或者进步的对立面；也不要总将自己理解为顺从国家或者是全球化资本的一个

---

① 关于宗教与道德在高等教育中受自由探索和知识进步的理想所排挤的几种方式的历史论述，参见 Reuben, *The Making of the Modern University*。

粒子。如果人文主义学者能够欣然接受人文学科历史的方方面面与其中的含义，那么根据目前的后文化状况（postcultural conditions），他们尚有希望重新设计这一传统，因为，就像春天的一粒种子，它愿意有并期待着有花开满园的那天，但前提是它得深深地埋入泥土。

第四章　文学研究的未来大突破：快感 99

不言而喻，文学研究在当下正遭受各种诟病，但这并不意
味着人们已经放弃了言说的快感。的确，如今围绕着英语的衰
落而展开的各种分析评论明显增加，乃至只要涉及这一话题，
就会围绕该话题形成一个话语群体，七嘴八舌地展开与之相关
的更生动的文学研究，评论分析就数量而言远远超过所评论的
内容本身。英语衰落可能成为而且已经成为教授职位本身不可
推卸的一部分责任。教授职位被定为有以下几大罪状：过分专
业化（在专业上，尽管他们处于绝望困境中）、过分政治化
（被那些怀有政治目的的人）、过分提倡精英主义（被那些喜欢
脱离群众而追随世纪伟人的人）。至于其他一些原因，则仅仅是
更大文化的产物：过量的信息导致集中注意力时间缩短；嘈杂、
庸俗、大众文化的入侵导致耳鸣效应；高等教育普遍倾向于职
业教育和专业教育；电子产品越来越引人注目，导致人们分心；
教育经济学的研磨效果以及媒体不断制造歇斯底里气氛。所有
这些因素都有悖于人文学科的发展：这是一门以自律为基础的 100
学科，以人们脱离尘世进入长期的孤独、专注、冥想生活为基
础的学科，他们思考人工制品只是为思考而思考。但是你能控
制的只是你控制范围之内的事物，为了走出这种困境，下面我
打算论述一下文学研究者们已经做了什么以及还有什么可以去
做。

他们已经做了些什么？简短地说，他们通过采取各种行动，在本科生课程和研究生课程的文学研究领域内，加剧了原本尚不确定的结构划分，造成了意想不到的后果，在整体上削弱了这门学科。

为了看清这一切是如何发生的，我们必须回想一下，就在不久之前的20世纪40年代，除几个机构外，本科生课程几乎占据支配地位。但是二战之后，联邦政府开始给大学科学研究特别是在科学方面提供巨额资助，将重心转移至研究生课程，这产生了涟漪效应，该效应触及包括人文学科在内的所有学科。科研而不再是教学成为评估个人、院系、大学的标准。随着学生接受高等教育的机会越来越多，需要的教授也越来越多，为了跟上这一发展要求，无奈之下，研究生课程也是水涨船高。研究生课程的迅猛增长为许多学科提供了大量机会。但是在文学研究方面，这些机会却伴随着强烈的反应。

英语院系无法轻而易举地实现华丽转身，成为科研方面的火车头。究其原因，文学研究虽然在某些方面奉行精英论，却是建立在平等主义的假设之上的，即在原则上它可以不依靠任何专业训练，而文学价值对所有有能力的读者同样有效。这样一来，英语专业的本科生课程和研究生课程之间的关系与其他领域课程之间的关系就产生了巨大差别。在数学、历史、生物或者工程等专业中，本科生学的是各种简化的、最基本的知识类型，这些不同类型的知识是由教授发现或者创立的，而研究
101 生所学的则是自己如何去发现或者创立知识。特定学科中“入门”课的标准是要求本科生阅读该领域最基本或最经典的文本，并认识到这一课程的重要性，以及为什么具有重要性，并且获得一些方法论上的认识。课程以及专业设置都是试图传达一种

印象，即在理解该领域相关知识的方法方面，有一定的规则和秩序可言。文学研究的情况却完全不同。从一个刚邂逅文学的本科生到具有教授级别高深水平的专业研究者，不存在自然的进展那回事。毋庸讳言，的确存在这样一种可能性：大多数的本科生不是为了学习或研究才选修文学课程，而是为了享受文学的乐趣。就获得大量信息或者掌握一种方法而言，学习根本不是问题的关键之所在。相反，关键问题是使自己敞开心扉无拘无束地置身于对文学的体验中。另一个关键问题是作为体验文学的附属物，与方法技巧相关。学生受到鼓励去培养评价文学文本的能力，因为文学文本对他们来说充满着各种意义：有人可能会发现文本本身蕴含着无穷意义，有人则可能会发现文本中使用的措辞非常有说服力，还有人可能会认为文本的写作本身就是一种非常有价值的方法技巧。教授会告诉学生，只要能找到证据来支持自己的观点，就能对所读文本畅所欲言，各抒己见。不少社区学院和大学根本不设类似“英语初阶”那样的课程。原因是在一个目标、方法、基本概念甚至对象都定义得如此宽泛，个人主观经验在其中起着重要作用的领域里，教师们对于初阶课程的构成要素还没有达成一致意见。这种缺乏共识有时令人遗憾，但从未被当作一个严重问题。

20 世纪中期，人文主义者对科学的敌视主要集中在英语院系。要知道，1959 年，斯诺（C. P. Snow）在剑桥大学作了著名的瑞德演讲（Rede Lecture），提出了人文学科与科学两种文化之争的问题，对此，利维斯迅速做出了反应。许多英语教授对流向科学的大量支持和文化声望心怀不满，而且认为即使是在他们自己的领域里进行的研究，也最好由其他人在别处进行，而不是出于他们所珍视的目的。他们认为，编写文学史、参考文献以及其 102

他以事实为主的成果，可能会需要学术研究，所以应由教授们定下基调，确定好任务，按职业划分为精神上的业余爱好者和教育教学者，目的是使学生认识到经典文学作品的辉煌，并希望由此赋予学生一种持续一生的才能。到 1969 年，全美国有 1/3 的教授无博士学位，而这一数字在英语系比在科学系要高。[①]

起初，即使是文学批评也很难被认为是英语教授的合法活动。正如梅南德在《观念的市场》（*The Marketplace of Ideas*, 2012）一书中所指出的，[②] 说服学术研究领域内外的人士认识到如下观点并不是一件轻而易举的工作：首先，我们实际上可以像研究其他学科那样来研究文学；其次，文学批评对知识的贡献堪比其他知识在其他领域的贡献。但是，这两种观念终于被广泛接受，并最终压倒反对观念，即在现代大学文学批评毫无前途可言。当时出现的这种反对观念，在今天很多人看来可能完全是无稽之谈，因为今天的文学研究完全嵌入大学中，甚至在很大程度上只限于大学中。梅南德认为，许多人对文学批评的本质有了一定的认识之后，自然就产生了“对知识的贡献”的怀疑。很多专业人士发现，这种理解在今天仍然很有说服力。

---

① Peter M. Blau, *The Organization of Academic Work* (New York: Wiley, 19730), p. 5.

② Louis Menand, *The Marketplace of Ideas: Reform and Resistance in the American University* (New York: W. W. Norton, 2010)；引文在文本中标出。随着学者们越来越提倡科学方法，梅南德提出了文学批评的定位差别，比较了 Wellek, Wimsatt, Brooks 等人的非专业导向和非学科导向。参见 George Saintsbury, *A History of Criticism and Literary Taste in Europe, from the Earliest Texts to the Present Day* (1900 - 1904); Rene Wellek, *A History of Modern Criticism: 1750 - 1950* (1955 - 1956); William K. Wimsatt and Cleanth Brooks, *Literary Criticism: A Short History* (1957); Louis Menand, *The Marketplace of Ideas*, pp. 111 - 112。

> 文学批评被看作异质性诠释、对文学作品的欣赏，并从中推导出道德结论以及其他非审美性结论，就此而言，大学里的文学院系不是特别适合创作有趣的文学批评或培养有趣的文学批评家。但是，人们认为文学批评是通过具有哲学基础的研究方法去发现文学的性质，或者去发现文学语言的性质，这样一来，现代学院就成为一个比较适合从事文学批评的地方。（《观念的市场》，110） 103

实际上，在任何情况下，所有的奖励都流向了那些发现文学本质的人而不是那些研究特质和道德的人。实际上，英语只好采用一项议程作为主要理论基础，该议程与学校里许多教授在本科生课堂上的做法直接冲突。这样，英语被迫采纳了与其第一要务——很多教授在本科生教室里努力去做的——直接冲突的议题。那些首先把自己看作老师的教授们发现，自己所从事的文学教学实践并非那么重要，因为他们感到自己支持的活动根本不该在大学中开展。近期的发展情况是：现代语言学会直到 1951 年才将“批评”一词列入专业文学和语言研究的目标清单中。[①]

起初，因为批评与数学紧密相连，教授们可以问心无愧地进行批评。例如，新批评（the New Criticism）就是一种研究诗学的方法，为使批评集中在文学作品——主要是短诗的语言形式结构上，便将传记、作者意图以及语境等都暂且搁置一边。有些新批评家无论如何都不把自己当作学者，但是那些把自己当作学者的经常或者在小的综合性学院供职，例如阿默斯特

① Gerald Graff, *Professing Literature*: *An Institutional History* (Chicago: University of Chicago Press, 1987), 283n.

（Amherst）学院或者凯尼恩（Kenyon）学院，或者在拥有很强的人文学科的大学教书，例如范德堡大学（Vanderbilt）的克偌威·兰色姆（John Crowe Ransom）、哈佛大学的鲁本·布劳尔（Ruben Brower）、耶鲁大学的克林斯·布鲁克斯（Cleanth Brooks）。受艾略特（T. S. Eliot）早期论文的影响，新批评几乎完全站在宗教立场上。尽管它坚称文学不能取代宗教，但仍旧以探究的热情制造“异端”和“亵渎”。新批评要求学生密切关注发生在眼前的事情，不去过问历史、语境或者会混淆批评的一般性问题。新批评自打产生之日起，就是为本科生的课堂量身定制的。

但是在与科学研究的斗争过程中，新批评并非一个可靠的盟友。这是因为文学批评其他方面的内容很容易适应新的批评精神。新批评强化了如下意识，既然文学研究同其他学科一样讲求方法上的严密性、精确性和实证性，那么它就能使文学批
104 评适应科学精神（《观念的市场》，107～117）。在梅南德所描绘的高等教育的黄金时代，即二战到1975年之间，由于研究经费非常充足，人文学科的入学人数不断攀升，所以无论在数量上还是实力上，人文学科的教职员工也是逐年增长的（《观念的市场》，64）。的确，在此期间，最终是凭借新批评的成功，文学研究才得以在大学赢得一席之地。诗歌语言确实客观地展示了张力、反讽、含糊等特性，坚持新批评原则不仅本身具有准科学性，而且为随后而来的种种批评方法大开方便之门。如果没有新批评的预先警告，这些方法就很可能与文学的人文主义精神失之交臂，因为后者会遭到彻底拒绝，而不会是1/4个世纪以来一直在文学研究中占据支配地位。然而，实际情况却是，反讽和含糊不知不觉变成了更专业的术语，即不确定性和

差异。作者意图的不可接近性和无关性的前提成为更激进的论点，意图本身仅仅是语言幻觉。新批评的人文精神因此以结构主义、后结构主义、解构主义的形式为欧洲反人文思潮铺平了道路。

上述思想流派都以理论为基础，所有这些以理论为基础的思想流派之所以成为席卷文学研究的强大力量，是因为无论它们有何不同，许多重要人物都相信，我们对人的主体性和经验的基本认识是建立在一种误解的基础上的。他们称，主体这一概念——个人身份自我决定的核心内容——被一种希望相信自治的文化夸大了。实际上，他们认为，个人及其一切行为（包括其“文化行为”）就是一些副现象，在本质上都是由不同类型的强大力量决定的，并在不同个人及其组成的群体中以不同的规模运作。在理论的影响下，大批文学学者放弃了他们研究中一贯具有的人性取向和尺度——以人为本及其衡量标准，开 105
始大谈特谈比人类小得多的概念或者更大的概念，前者如字形、能指、比喻，后者如“西方形而上学”、“知识”、经济主义过程或意识形态过程——并且讨论得煞有介事，好像它们都独立存在似的，甚至好像它们是人类能动性和人类交际过程的“构成要素”似的。文学学者被理论的世界主义、新颖性和学术权威所吸引，努力重新规划自己所从事的学科，并从中删掉具有自我意识能力和自身决定能力的人类——“抹掉”“搁置”或者“在擦除状态中”。与先进理论的新生相比，文学批评和文学史的人文学科显得极不自律，并且在它严厉目光的注视下，畏首畏尾，气短一截，这着实令人悲伤。形形色色的观点篡夺了之前由文学艺术作品独占鳌头的特权地位。正如 1998 年一位批评家所写的：“英语已经成为一个包罗万象的知识场所，在该场所中，人们能够从基督教的视角来研究《高文爵士和绿衣骑士》（*Sir Gawain and the Green Knight*），从福柯式的（Foucauldian）视角来研究辛普森杀妻案的审判文本，从马克思主义观点来研究《凡尔赛条约》（*Treaty of Versailles*）。”[①] 学者们曾经讨论过狄更斯如何描写妇女，现在以狄更斯为例来谈论性别理论，就要削足适履，删掉其中使人注意力分散的部分，最终把它塞进性别理论中去。随着理论的出现，研究生课程才取得了相对于本科生课程的优势。

继后结构主义理论之后，文学批评范式稳健平和，除了人们创造的人工制品，并没有逆转对事物理论的关注。新历史主义以及尤为重要的文化研究主要是受非文学思想模式，特别是政治经济学、社会学、人类学以及马克思主义批评理论等信息启发的。虽然这些方法中经常宣扬能动特别是“抵抗”的概念，但真正的能动被认为是存在于社会的各个部分，或在社会中循环的能量模式，而不是存在于个人；甚至艺术品也被视为
106 在整个文化中流通的力量表达或工具。换言之，文学批评的重心在人文学科之外，也理所当然地在文学领域之外，因为那些更科学的领域为实证研究和诸如此类的抽象理论的形成提供了更多机遇，而只有实证研究和抽象理论基础才能为研究计划提供支持。很多人认为，传统文学研究概念的基本原理会阻碍对批评道路的理解，因为在这些道路上，真正发挥作用的其实是文化因素。在英国，人文学科被认为是与文化研究相对立的，文化研究的领军理论家斯图亚特·霍尔写道：“真相是，为了完

① Michael Berube, *The Employment of English: Theory, Jobs, and the Future of Literary Studies* (New York: NYU Press, 1998), p. 4.

成人文学科中的严肃工作，我们大多数人不得不离开人文学科。"[1]

教授们创立理论而不做阐释，著书立说而不从事实际教学，偏爱社会科学而远离人文学科，他们秉持的自我观念通常带有强烈的专业性和学科性。从19世纪末起，几乎各个学科的教授例如化学家、心理分析学家、物理学家、法学家以及其他专业人士等，都拥有他们自己的专业组织、期刊、奖项、惯例以及专业活动的其他外部标志，而且这些外部标志都是自发的、自我合法化的。学术生活中的专业化一直是一个被忽视的因素，特别是在文学研究中，大多数学者很少把自己看成雇工，更不用说是看作行业中的一员了。但是受斯坦利·费什一系列有影响的文章所激励，在20世纪80年代，学者们纷纷开始重视起自己的专业地位。[2] 此举意味着他们开始重视专业地位本身。权威和等级制度不仅仅是基本事实，而且成为需要辩论的难题和公开追求的目标。由于工作产生了危机，且该危机持续发展，受此刺激，现代语言学会年会不再是附庸风雅的欢宴仪式，而是成为真正讨论一系列问题的具体场所，例如讨论政治叛乱、理论论战、跨代仇恨以及对市场经济更深刻的认识而激起的动荡不安。在这一高度紧张、反复无常的语境下，教授们想到如果不是收入水平的话，拥有其他领域的专业人士所享有的结构和

---

① Stuart Hall, "The Emergence of Cultural Studies and the Crisis of the Humanities," *October* 52 (Summer 1990): 11 - 23; quotation is from pp. 11 - 12.

② See Stanley Fish, "Profession Despise Thyself: Fear and Loathing in Literary Studies," and "Anti-Professionalism," both in *Doing What Comes Naturally: Change, Rhetoric, and the Practice of Theory in Literary and Legal Studies* (Durham, NC: Duke University Press, 1999), pp. 197 - 214, 215 - 236.

107 自我肯定，学术生涯可不仅是在几十年的平静生活中例行公事，默默坚守，而且是一份真正的职业，这既令人兴奋又令人安心。在学者们这种视工作如生命的崭新观念影响下，文学研究这一自称越来越有信心的职业，也发现了自身前景的崭新意义。

这些前景集中体现在研究成果和出版物上。但是专业精神不仅使这些活动更加紧迫，它还支持文学本身的一个新概念，用斯坦利·费什的话说，是一种约定俗成的叙述。在这种叙述中，制度实践和词汇不仅符合文学批评的规则，而且通过规则确定有关文学对象的方式，也符合文学研究本身的情况。[1] 费什受到左右两翼的围攻，双方都指责他违背了文学研究精神，原因是管理学院比英语院系更熟悉他所倡导的观念。[2] 举一个左翼的例子，萨义德就坚持“业余论”，毫不妥协。他认为：“业余论不为利益或回报所动，而是为热爱所动，为不可抑制的兴趣所动，为跨越界限和障碍而建立联系的兴趣所动，为拒绝被束缚在某一专业上的兴趣所动，为对不受职业限制而关心思想、关心价值观的兴趣所动。”[3] 在萨义德和其他人看来，费什想赞扬的专业化似乎是一种自我封闭、自我保护的思想状态，倾全力于服从和结构，而不是开放性、新鲜感、回应性，打破旧习，自由地发挥在文学研究中所看到的最佳历史想象力。他

---

① 梅南德在论述职业化时，语势并没有那么咄咄逼人，他认为职业化有很多益处，加强了标准，使职业民主化。但是“既然使项目阶层化的是体制……那么体制最重要的功能不是生产知识，而是体制的再生产”(*The Marketplace of Ideas*，105)。

② 使用该形象的是 Donald Dave，“*Criticism and the Academy*,” in *Criticism in the University*, ed. Gerald Graff and Reginald Gibbons (Evanston, IL: Northwestern University Press, 1985), p. 175。

③ Edward Said, *Representations of the Intellectual: The 1993 Reith Lectures* (New York: Vintage, 1996), p. 76.

们提出，在培养团体自我认可和支持结构方面，无论专业化具有多高的价值，都带有不可避免的倾向性：一致性、集体思考、世俗的成功。他们感到，教师的业务是帮助学生，但是专业人士的业务却是帮助他们自己。[①]

但是，在对职业化的这种新型抱怨背后，是我一直在讨论的另一种紧张状态。许多人认为，职业化未能激发，甚至主动压制了大学生的积极性，而这种积极性是本科英语专业的重点，是论证英语是一门重要学科的基础。在职业化的院系环境中，研究兴趣和态度高于教学的兴趣和态度。它们确实占主导地位，取代了研究生课程，甚至是本科生课程，这就变成了职业教育，也就是说，低年级的文学教学很大程度上受到了高年级的影响。许多本科课程包括大量的次要作品，像懒洋洋的蜂王周围的雄蜂一样，嗡闹着围绕着主要文本。这些通常是理论上的。课堂讨论和写作作业通常集中在理论观点上。对于教师来说，作为
一项有价值的活动，推广本科生“研究”的理论已经成为一种 108
时尚，它会深入理论层面。此外，许多终身教职的学者说服自

① 过去十年，专业化随着博士市场急剧萎缩而恶化，经济困境导致助教——教授本科生课程的没有终身教职者减少。大量助教教学任务重，薪酬低，在高等院校中半数讲授英语课程的助教经常无福利。参见 Neill Gross and Solon Simmons, “The Social and Political Views of American Professors”（2007）, working paper, at http://www.wjh.harvard.edu/~ngross/lounsbery_9-25.pdf（accessed April 24, 2010）; cited in Menand, *The Marketplace of Ideas*, p. 134。“劳动力随意化”这种广泛使用的话语并没有抓住问题的根本。1997 年出版的一本书描述了这一状况，题目为 *Will Teach for Food*。参见 Cary Nelson, ed., *Will Teach for Food: Academic Labor in Crisis*（Minneapolis: University of Minnesota Press, 1997）；另见 Bérubé, *The Employment of English*。不待业，等待学位的时间延至九年，研究生课程对学术生活的影响可以预测：意志消沉，因循守旧，焦虑不已，恐惧不安。参见 Menand, “Why do Professors All Think Alike?” in *The Marketplace of Ideas*, pp. 129-155。

己，希望确立一种能够与科学家相媲美的职业身份，最好的教学工作是那些教学投入最少或最不费力的工作。

在某些意义上，战斗已经结束，研究大获全胜。在高等教育的使命中，英文全面参与了创造新知识、发现新知识的活动。但是在现实生活中，这一状况却远没有这么简单。研究生课程的导向决定了很多教授自我理解的方式和教学风格、本科生学习文学的方法，是一种作为特定经历的场合而不是一个被动地去学习事实或者掌握方法论的实体，它保留了以前的诉求，甚至对教职员工的要求。结果就是一种微妙的，近乎完美的非连贯性。既有理论又有研究，就像实际要求的那样，英语削弱自己的理性甚至道德基础，疏远了最可靠的消费者，即本科生；但是因为必须保持曾经使他们兴奋并继续使他们兴奋的那种文字体验——英语终于使自己在现代大学的研究环境中成为局外者。

怎么办？威廉姆·M. 柴斯（William M. Chace）提出了一个建
109 议。柴斯是一名英语教授，曾担任卫斯理大学和埃默里大学的校长。2009 年在一篇题为《英文系的衰落》（The Decline of the English Department）[①] 的文章中，柴斯提出了一个反复出现的——其实，是传统中已经产生过的——疑问，即英语作为一种学术追求的可行性。他根据自己作为一名学者兼管理者的长期经验，表示完全有理由提出这一疑问。不说别的，单单他用的形容词就足以说明一切了：不连贯、混乱、空洞、自我中心、麻木怠惰、完全丧失、落魄等，不一而足。他说，

① William M. Chace, "The Decline of the English Department," *American Scholar* (Autumn 2009); online at http: //www. theamericanscholar. org/the - decline - of - the - engligsh - department/ (accessed April 24, 2010).

如果不采取什么措施来阻止这一下滑状态，英语院系会使经典作品跌落到“中等的高贵”（moderate dignity）。为避免这种凄惨的命运，柴斯提出了一个“两步计划”：第一步，回到“文学的美学源泉，坚如磐石般的事实……因为事实确实能够使人欢乐、使人愉快、使人受到教育”；第二步，重新调整教师任期标准，开始强调课堂表现，并将课堂表现的重点放在“书本上，而不是他们创立的用以支撑的理论上”。让大多数终身教授研究议程雪上加霜的是，柴斯还补充说，英语院系应当优先安排好写作和修辞课程，即英语资源的“坚实生命线”——其他那些失业研究生眼中的长期饭票。他对研究或学术只字未提。英语本来就属于本科阶段的教学计划，在本科阶段，学生无须做什么最新研究，最主要的教学任务就是使学生意识到存在许多伟大的文学作品。柴斯的观点几乎已经阐述得非常明确了。[①]

柴斯的计划代表的意义是，它不仅决定性地扭转了研究生课程，而且是对英语在现代研究型大学中作为一门学科之

---

① 柴斯认为，能够普遍参与的研究很多。参见马克·鲍尔莱因（Mark Bauerlein），“Professors on the Production Line, Students on Their Own”（2009），以及保守的美国企业研究所（American Enterprise Institute）为公共政策研究（Public Policy Research）所作的报告。鲍尔莱因称文学研究已经达到知识的饱和点了，已经没有进行更多持续研究的正当理由。他建议致力于学术研究的一些学者可以转而支持教学——说得好像研究项目所获资助很充足似的！Online at http://www. aei. org/docLib/Bauderlein. pdf（accessed April 24, 2010）。鲍尔莱因的观点阐述，参见“Diminishing Returns in Humanities Research,” *Chronicle Review*（July 20, 2009）; online at http://chronicle. com/article/Diminishing - Returns - in/47107/（accessed April 24, 2010）。另外参见 Elizabeth Redden, “Unread Monographs, Uninspired Undergrads,” *Inside Higher Education*, March 18, 2009; online at http://www. insidehighered. com/news/2009/03/18/produciton（accessed April 24, 2010）。

可行性的一次沉重打击。英语会被降低到这种地位：满脸堆笑地向学生们发出邀请函，腆着脸邀请他们去体验娱乐、逗笑、接受熏陶，证实伟大作品的伟大之处，纠正标点符号的错误。事实被摒弃，取而代之的是价值观，被视为常识的东西胜过创造力和创新。柴斯的提议要求英语——在这些学科中也唯有英语——让时光倒流，回到过去那些神话般的时刻，那时教授们可以自信地为文化传承说话，那时美就是真，真就是美。

110 比较妥善的解决办法是，从最末流的大学新生到最高贵的教授，我们不能使院系中的某一课程放下姿态低眉顺眼地去迎合另一课程，尽管该课程可以使本科生的课程和研究生的课程统一起来，从而找到整个学科的意义所在。但是，这样的课程看上去会是什么样子？它依据的原则是什么？它又是如何来定义研究对象和研究目的的呢？

思考上述问题，首先是要问一问文学吸引人们的到底是什么？我认为，在本科阶段，文学满足了年轻人，至少是许多年轻人对知识的特殊渴望。文学能直接但并非强制性地关注读者的需求，文学靠自己独特的话语邀约读者，文学吸引了大学适龄学生的浓厚兴趣，诱发他们旺盛的精力，或者给迷失的心灵提供各种能量，总之，文学能激发他们的潜能，为他们提供思考生命的方式，这也是他们的生命本身不能为他们提供的。对他们来说，英文系是大学里能把各种美好愿望密切地编织在一起的理想乐土：对知识的渴望、对经历的热望、对自我理解的期望、对将自我与更高尚的事物或自身之外的事物联系起来的希望。所有这些迫切要求层层叠叠地交织在一起，使他们能够从文学体验中去感受某个非凡时刻的深度和广度。正如安德鲁·德尔班科（Andrew Delbanco）所写的：“对英文真正产生兴趣的学生学习英文，差不多总是因为他们拥有某种神秘的、不能遏止的个人体验，或者至少对这种体验的特定暗示，这种体验来自文学作品‘不可言传的印象秩序’所导致的‘完美时刻’，此刻，思想和情感水乳交融，完全升华至一个崭新的高度。”[①]

在近年来的专业话语中，完美时刻并不太受待见。它们往往被粉饰过度，不能化简为知识；杂乱无序，不能适应严格的理论性；从文化角度来看，又因个人主义浓厚，显得乏味无趣。但是它们从来没有从教学现场彻底消失，因为它们代表的是端坐于教室虔诚地聆听文学课的本科生的共同体验。虽然现在在 111
技术上进步了，但是，用罗伯特·路易斯·史蒂文森（Robert Louis Stevenson）的话来说，很多本科生仍然认为文学作品能“引人入胜，让人如饥似渴；让人为一本书而欣喜若狂”，史蒂文森称，“全神贯注，忘却自我，因阅读而飘飘欲仙，脑中满是纷飞的思绪，光怪陆离，如同无数的身影跳着轻盈的舞蹈，使我欲罢不能，安眠不得”。[②] 这一段华丽的描述后来被巴瑞·韦勒（Barry Weller）引用过。1991 年，韦勒在一篇引起广泛关注的论文中，试图为当时的阅读情况提供一个矫正良方。他将当时的读者描述为“意志和欲望之所在，即使任何自我概念——至少是一个统一的自我——已经消失”。[③] 在文学批评中韦勒指

① Andrew Delbanco, “The Decline and Fall of Literature,” *New York Review of Books* 46, No. 17 (November 4, 1999): 32 – 39; quotation is from p. 34. The quoted phrases are from Walter Pater.

② Robert Louis Stevenson, “A Gossip on Romantic,” in Memories and Portraits, Vol. 13 of *The Works of Robert Louis Stevenson* (New York: Scribner's, 1896), 327 – 43; quotation is from p. 327. Quoted in Barry Weller, “Pleasure and Self-Loss in Reading,” *ADE Bulletin* 99 (Fall 1991): 8 – 12.

③ Weller, “Pleasure and Self-Loss in Reading,” p. 8（此后引文皆出自此）。

出，读者被描述为“坚强的”“有抵抗力的人”，或者以其他方式参与到一个充满力量的场景中。在此场景中，读者要么在文本中认识自己，得到满足，被赋予力量，要么在文本中看不到自己，感到厌烦、泄气或气恼。韦勒称：“课程调整和学院的多元论说辞（pluralist rhetoric of the academy），看起来是采取了如下假设，即没有直接的自我认知或者共享的体验基础，读者无法从中获得乐趣和知识。”（Weller，8）该假设似乎是文学的乐趣建立在自我反省和自我确证的基础上。例如，如果一个人是亚洲人、女性、同性恋、非裔美籍，总之，上面所描述的任一情况，那么他只能从这个角度写的文章中得到快感，所有其他文本都变成了“智力和情感战争的基础，外来主体对读者主体性的设计一定会引起争议”（Weller，9）。韦勒提到与此相反的另一种模式，他认为，另一种模式与斯蒂文森的观点一致，与读者的共同体验一致。

韦勒指出，那种体验本质上是被动的，即文学给予的快感与我们所领略的快感在性质上是不同的，例如，把握我们的宿命或者控制我们的命运，或者任何一种能动性。对教授来说，“对形式结构、符号密度、文化征候、诗歌或者小说的历史决定因素等表现出聪明才智”确实非常愉快，或者分析得头头是道，或者对一个发现做出了新的诠释，这些快感对文学的重要性并
112 不像他颇带煽动意味地描述的“令人心醉神迷的事情，让人颇多尴尬，可能因此而理解了什么是高尚，或者也可能在我们自
己不在场时自我抹除”（Weller，10）。读这类“几乎前意识的”东西并非能像我们接受自己那样使我们确定自己已经知道什么，或者是真实地反映了什么，而是摆脱掉自我，卸掉自我的沉重包袱，在另一个可能的宇宙中，使我们重获自由。

至于被动阅读，我们吸取了关于人类物种的一个最基本的经验教训，那就是，凭借我们的智力和想象力，我们的命运并不是由我们的起点位置或周围环境来决定的。韦勒引用了学者尼娜·奥尔巴赫（Nina Auerbach）的一次经历作为例证。在其早年的职业生涯中，奥尔巴赫在长滩市（Long Beach）的加利福尼亚州立大学讲授狄更斯的《远大前程》。该大学"连绵不绝地往四下延伸，位于两个市区的边缘之间，是来往车辆随时会被堵在两条高速公路上的一所学校"[①]，学生是"蓝领工人、黑人、墨西哥裔人、外国人、家庭主妇"。对他们很多人来说，上大学就是一场陌生而疏离的体验。在这一语境下，狄更斯反倒意外地鲜活生动起来。"这个可怜的孩子渴望得到荣耀，受尽了欺凌，而他正是我现在的中产阶级学生（在宾夕法尼亚大学）道貌岸然地谴责过的，他讲述的是他自己的故事。"你无须为了读出以某种方式编码在故事中的自己的命运，与皮普对比。奥尔巴赫得出结论，"无论你要成为什么都会让人生厌"。让奥尔巴赫惊讶的是，她那些籍籍无名的城市学生能对一个虚构的英国小男孩产生如此强烈的共鸣。对此，韦勒推测，"悬置……迫切要求直接体验……是欣然接受《远大前程》的重要条件，因为只有这样，他们才能成功地参与到作品中去，换言之，只有在自己与小说隔开一段距离时才能真正有所体会，才能自由自在地栖息于一个不断变化的身份网络，无论对自己选择什么都能做出回应"。（Weller，11）

① Nina Auerbach, "Engorging the Patriarchy," in *Historical Studies and Literary Criticism*, ed. Jerome J. McGann (Madison: University of Wisconsin Press, 1985), pp. 229 – 239; all quotations taken from pp. 232 – 233.

本科教学最深刻的一件乐事是它给教授提供了机会，即促使文学体验得以顺利进行。因为只有在体验中，自我发现与发现的自由才会融合在一起，有时对自我的占有恰恰会产生阻碍
113 作用。文学教学比任何其他学科更具潜能，它能深入学生日渐增长的理解自我、理解世界的内心之处，帮助他们想象看待生命的其他方式，这拓展了他们的生活范围，开辟了无数可能的未来领域。老师必须明白要诱导学生阅读文学作品，体验那种特别的快感，并要展开讨论，这是最复杂也是最关键的事情。

文学快感是一个值得探究的主题，它可能是一种质朴的天赋，但是文学快感和美学快感本身一点都不简单。如果简单，我们就无法领略人类苦难、烦恼、痛苦的各种表现。那一个又一个的文学场景，例如，哈姆雷特沦落为疯子，陀思妥耶夫斯基的地下人的备受煎熬和自我消耗，卡夫卡的主人公虽言语风趣机智，却要一忍再忍种种不堪的绝望，甚至安妮·弗兰克（Anne Frank）深刻得让人无法忍受的自我发现，等等，所有这一切，都给予我们一种强烈却无法解释的快感，甚至是令人不安的快感。在阅读那些苦难时，我们自己的反应看似莫名其妙地影响到了我们自己，使我们深深地跌落进这个分裂我们却将审美表现与所表现的事物也因此将神秘的艺术特性联系在一起的鸿沟，而其他形式的分裂却缺乏这样的神秘性。阅读某些人类苦难的悲惨情景，我们有时会发现自己不知不觉地陷入一种冷漠的状态：精力不集中，冷静地欣赏着遣词造句，嫉妒着作者的写作才华，为书卷的冗长烦琐抓狂。文学将我们从我们自身中剥离出来，或者让我们领略各种痛苦，或者将超然物外的能力带至我们面前，它也会使我们对自己作为一个有道德的人的形象产生焦虑。即使在我们阅读令人愉快的作品时，我们的

阅读快感也是各不相同的，事件表现出来的差异以及我们对它们产生的兴趣表明，除了事物本身看起来所要求的，需要我们具备从其他不同的意义去看待事物的能力，一种逆自己的意愿去理解事物的能力，需要我们能根据自己的兴趣去进行分析，或置之不理。从文学中，我们学到想学到的内容，以及知道何时想学这些内容。阅读时拥有的自由感的确是非常关键的，它 114
不具有明确的或者确定的道德地位，这表明我们自身也不具有这种道德地位。

引导文学快感对任何老师来说都是分内之事，而对研究生和教授来说，对此进行解释将会是一项十分有益的消遣。他们不需要虚构一个主题。1983 年出版过一本叫作《快感的形成》(*Formations of Pleasure*)[①] 的书，其中收录了杰出的马克思主义批评家弗雷德里克·詹明信（Fredric Jameson，又译弗雷德里克·詹姆逊）的一篇重要论文。文中，詹明信将快感描述为“在身体上表示出对生活的赞同”，并宣称，“快感合理的政治功用”是“富有寓意的”。[②] 最近，齐泽克（Slavoj Zizek）将“享乐”提升为拉康式（Lacanian）的政治理论奠基石。[③] 但是在 1975 年之前，未曾产生过真正的文学快感理论家（除了韦勒）。这一年，罗兰·巴特（Roland Barthes）出版了他颇具颠覆性的小书《文本的愉悦》(*The Pleasure of the Text*)。合适的文学快感理

① *Formations of Pleasure* (London: Routledge and Kegan Paul, 1983).

② Fredric Jameson, “Pleasure: A Political Issue,” in ibid., pp. 1 – 14; quotations are from pp. 10, 13.

③ Slavoj Zizek, *Enjoy Your Symptom!: Jacques Lacon in Hollywood and Out* (New York: Routledge, 2001); *For They Know Not What They Do: Enjoyment as a Political Factor* (London: Verso, 1991); and *The Metastases of Enjoyment: Six Essays on Woman and Causality* (London: Verso, 1994).

论不仅能解释非专业人士和本科生读者在干些什么，而且有助于将本科生课程和研究生课程统一起来，同时，这样的理论也能充当通向其他学科甚至是科学学科的桥梁。事实上，文学研究现在似乎正在两个领域——认知神经科学和进化理论——里探索确切的跨学科合作形式。这里我仅仅是概略地叙述一下一些探索的路径而已。

很多人文主义者反对对如下假设进行意义还原：人脑的功能可以定位。他们认为，这一前景意味着这是一种对意识的平庸化甚至是理想化的理解，它忽略了大脑的四维复杂性和动态性。不过，在最近的一篇文章中，英国学者菲利普·戴维斯（Philip Davis）声称，他已经发现了一种把文学语言的人文主义理解与成像技术提供的信息结合起来的方法，该方法用来探索“由文学语言特别是句法如何锁定、转换、修改大脑已经确定的路径，从而形成不同的心理图形的可能性”。[1] 这里，快感是关键。借助于脑电图描记器（EEG）和功能磁共振成像（fMRI），戴维斯和两位从事科学研究的同事验证了这一假设，即文学语
115 言对人脑具有可识别性影响。他们给受试者接通电源，让他们朗读选自莎士比亚作品的段落，因为莎士比亚作品中的语言是创造性用法。例如，阿尔巴尼公爵（Duke of Albany）问他的妻子、李尔王（Lear）冷酷的女儿贡纳莉（Goneril）：“你们干下了些什么事情？你们是猛虎，不是女儿，你们干了些什么事啦？这样一位父亲，这样一位仁慈的老人家，一头野熊见了他也会俯首贴耳，你们这些蛮横下贱的女儿却把他逼成了疯狂！”戴维斯指出，莎士比亚使用了一种仍旧处于“富有融合性的过渡状

① Philip Davis, “Syntax and Pathways,” *Interdisciplinary Science Reviews* 33, No. 4 (2008): 265 - 277; quotation is from p. 265.（其他引文在文中标出）

态”的语言，莎士比亚经常制造这类“功能性转换”，即在转换中改变了单词的词性。戴维斯发现，当受试者遇到这种转换时，“就会在脑电图上记下强大的 P600 强震荡冲击波（在说出扰乱句法完整性的单词之后，顶叶调制大约 600 毫秒达到峰值）”。这里的关键是，没有产生 N400 效应，即“在说出关键词之后，产生 400 毫秒负向波调制”。戴维斯由此推断，“可以看出，功能性转换具有使人脑向新的联系延伸的作用，使语言本身充满活力，在神经兴奋水平上，它从来不会被随之而来的概念化彻底消除掉”（269）。

在戴维斯的记录中，功能性转换给大脑发出警告，并供给大脑能量，此时产生一种明显的快感，大脑以它自己的探索能力为赏心乐事。就像有些神经科学家认为的那样，如果名词和动词的处理分别位于大脑的不同区域，那么戴维斯的实验将会鼓励这一推理，即大脑一遇到莎士比亚的“逼成了疯狂”这样的词，就被迫摆脱常规套路，将单词重新定位到另一个不同的区域，如上所做，开辟新的路径。简言之，上面的 P600 强波可能代表大脑对自身结构的兴奋体验，以及重新排列结构的能力，即大脑的一种自我意识。正如戴维斯指出的，“一旦简单的自动性受到阻碍时，便会产生意识”（269）。既然文学语言实际上是由自动性受阻产生的，那就可以说，在有效沟通铺设各种常规通道之前，文学代表着人脑的状态。这一可能性给人文主义
实验者本人提供了各种快感，因而戴维斯宣称，文学不仅是语 116
言的一种高级复杂形式，还是认知本身的原初形式。最后，他不无得意地宣布，文学语言“是从事脑科学研究的最好模式，如果要捕捉人脑自发的、活生生的复杂性，那就不能只将其限制在让受试者辨认红颜色上”（272）。

当然，我们不需要功能磁共振成像来弄清莎士比亚是如何与我们的精神搞在一起的。在我看来，同戴维斯的结论一样有趣的是，在这个实验中，提出问题和解释结论都使用了日常语言，技术手段的使用是为人文学科服务的。科技做出了巨大的贡献，因为成像技术为人文主义者提供了新型证据、新型讨论路向，例如，思想的“具体化”、文学在读者身上所激发的“自我意识”、因使用而变得顺理成章的各种概念。但是技术的作用不仅仅是次要的，通过文学假设服从于实验验证，神经科学为推断提供了实证性基础，让人文主义者看到了振奋人心的发展前景。

不过，为了能站在实证科学的立场上，人文主义者只好离开自己的人文阵地，冒险闯进了自己并没接受过训练的陌生领域，不是为诠释文本，而是去解读计数器读数或者解释大脑活动的伪彩色显示。有些人文主义者被展现在眼前的景象弄得眼花缭乱，他们可能会失去理智，从而放弃实验结果中原本值得去关注的那些观念。例如，在大脑受监控的情况下，毫无疑问事情一定会大不相同——如果是理解完整的《李尔王》而不是其中的一个单独段落，结果一定也会大不相同。但是如果考虑戴维斯的实验目的，那人脑就是人脑。在更大的意义上，人们可能质疑文学脑电图的基本相关性。比如，如果之前头脑里从来没碰到过某个单词，那么它现身“伊始”可能就会被识别出来。但是倘若是头脑的旧识那该怎样？如果剧本里其他单词已
117 经让读者做好准备把一个形容词当作动词来用又该如何呢？难道这些因素不会引起强电震荡吗？我们该如何将大脑对句式的反应与它对语义的反应区分开来呢？也就是说，如果强电震荡不是由戴维斯所描述的功能性转换导致的，而在于李尔王被其

亲生女儿逼疯，那会怎样呢？倘若涉及比单独词汇的编码更复杂的各种经历，比如考虑到考狄利娅（Cordelia）死亡的情景，那会怎么样呢？因为考狄利娅死亡的场景带给人们的几乎是难以言传的壮美的悲剧快感。再或者，随着阅读时间的延长，会同时持续不断地发生回忆、体验、期待吗？“大脑”是如何处置不确定性、混淆或者含糊性的？如果我们不能概括大脑对任何比戴维斯的实验更复杂的情况做出的反应——即使这个实验也会受到方法问题的影响，那么实验有何意义呢？

尽管有上述种种顾虑，我还是鼓励在这一领域展开进一步的研究，因为虽然有些探索失败了，但是它可能会刺激另外一些研究，还因为文学研究应当向神经科学开放，就像它过去向其他形式的科学开放一样。路路相连，才会绵延无尽。就人脑来说，不管功能磁共振成像技术有多么先进或者实验有多么精确，接近文学的真正益处可能根本无法通过技术研究而获得。因为在神经科学的独特技术之外，还有其他与文学和认知科学有关的研究计划，而文学和认知科学都旨在解释“认知渴望”如何得到满足，甚至如何由虚构所创造，这些研究项目的前景都非常乐观。[①] 这种项目背后甚至还有一个目标更加远大的计划，即力图在实证基础上进行文学研究。

对文学研究采取达尔文式的方法已经非常领先了。达尔文式的文学研究已经越过将简·奥斯汀或者查尔斯·狄更斯的小

---

① See Lisa Zunshine, “Fiction and Theory of Mind: An Exchange,” *Philosophy and Literature* 31, no. 1 (April 2007): 189 - 196; quotation is from p. 189. See also Zunshine, *Why We Read Fiction: Theory of Mind and the Novel* (Columbus: Ohio State University Press, 2006); and Blakey Vermeule, *Why Do We Care about Literary Character* (Baltimore: Johns Hopkins University Press, 2009).

说诠释为戏剧的适应性、适合性试验以及择偶配对的阶段，现在呈现更加综合的研究特征，其前提和研究基础是，它希望艺术创造和艺术消费本身是一种适应性，并把文学作为进化心理学的一个分支来研究。像之前的马克思学派、弗洛伊德学派、索绪尔学派一样，达尔文学派以彻底地重新描写人物性格、文
118 学目的、文学研究等为己任，以便使之成为诸科学中的女王。最杰出的达尔文式文学研究倡导者约瑟夫·卡罗尔（Joseph Carroll）曾语出惊人：“文学上的达尔文主义者……根本目的是改变当前的文学研究范式，他们期待在各个学科之间建立一个新的联盟，并最终把其他一切可能的方法统统纳入文学研究中去。”①

如果他们如愿以偿，那么将针对一位达尔文式领军理论家的异议做出辩解。史蒂芬·平克（Steven Pinker）在《心智探奇》（*How the Mind Works*）中指出，艺术本身不是适应，而是适应的副产品，它完全服务于其他目的。他没有必要采用以下方式来阐述自己的观点，但是他确实这样论述道：

> 我们喜欢吃草莓奶酪蛋糕，但并不是因此而能使我们的味觉得到进化；我们设计出电路，电路让我们享受到来自成熟水果甜美芬芳的果汁，来自肥美的坚果和醇厚的肉类那种

---

① Joseph Carroll, “An Evolutionary Paradigm for Literary Study,” *Style* 42, no. 2 – 3 (2008): 103 – 107; quotation is from p. 105. 两期合刊包括达尔文文学研究在 2008 年的现状和宗旨的综述。卡罗尔论文作为一个回复的场合和目标，做出回复的多达 35 人，重要讨论在第 104 页之后，收录在“Rejoinder to Critics” (308 – 411)。Online at http: //www. umsl. edu/ ~ carrolljc/ Documents% 201inked% 20to% indiex/Target% 20Piece/I_ Target_ article. htm (accessed April 24, 2010)。卡罗尔还合作编辑了 *The Evolutionary Review*。该期刊旨在促进达尔文式的文学批评。

> 浓郁的脂香与滑腻的口感，来自纯净水的那种凉爽与清新。与自然世界的其他任何事物不同，奶酪蛋糕充满着肉欲的快感，因为它由大量宜人的刺激物酝酿而成，我们精心调制，就是为了启动快感按钮，达到这个明确的目的。色情是另一种快感技术……我认为艺术属于第三种快感。[①]

上述文字中活脱脱的挑衅意味被表达得淋漓尽致。这一论点着实激怒了卡罗尔，他以为平克写书评的方式做出回应（题为《斯蒂芬·平克的奶酪蛋糕大脑》）。开头卡罗尔以类似的锐气，将平克描绘为“一位异乎寻常的高阶普及者”。[②]

在某个意义上，这一分歧尖锐而又深刻。达尔文式文学研究最基本的前提是，文学艺术的创作和欣赏能力是根据心智发展的内在规律而产生和理解的，心智发展的内在规律不仅仅如平克所称的那样，是在进化过程中偶然产生的副产品，而且是
能赋予某种特别优势的适应性。世上低等生物只是进食、繁殖， 119
再进食、再繁殖，而我们人类却拥有能够进行反事实分析和做出假设的高智力和独特能力，考虑到这一点，我们也极有可能永远迷失在一大堆选择中，被各种可能性所麻痹。我们有可能遭受威尔逊（E. O. Wilson）所称的“心灵流亡”的各种劣势，[③]不占任何优势。此情此景下，文学前来救驾：它创造出一种能再现世上连续行动的表征方式——形形色色有因有果的事

---

① Steven Pinker, *How the Mind Works* (New York: W. W. Norton & Co., 1997), p. 525. See chap. 20, "The Arts," 400 - 420 passim.

② Joseph Carroll, "Steven Pinker's Cheesecake for the Mind," *Philosophy and Literarue* 22, no. 2 (1998): 478 - 485; quotation is from p. 478.

③ E. O. Wilson, *Consilience: The Unity of Knowledge* (New York: Knopf, 1998), pp. 224 - 225.

件——文学学科，并鼓舞我们的想象力，将我们拽回正常轨道。文学赋予我们敏锐、高雅、能感受他人思想微妙之处的感觉，在进化意义上这是非常有益的，因此可以说文学为我们提供了与生存技能不可分割的快感。正如卡罗尔得出的结论："因此，艺术是对高智能的适应能力所产生的适应性问题的一种适应性反应。"①

但是，在另一层——或许更深一层的意义上来说，两者之间根本就不存在分歧。文学达尔文主义者和平克一致认为，真正的基本前提是，人性因进化而定型，这是由基于快乐的选择所驱动的。诚然，丹尼斯·达顿（Denis Dutton）在 2009 年为进化文学理论做出了贡献，他的《艺术本能》（*The Art Instinct*）一书的副标题是"美、娱乐和人类进化"（*Beauty*, *Pleasure*, *and Human Evolution*）。② 在试图准确地解释为什么人们要在艺术创作和消费中体验快感时，达顿探讨了现实主义风景画的普遍吸引力，比如从一定的高度观察树木、缓坡、流水——渴望一处宁静的风景，这反映的不是缺乏艺术修养，而是对富含各种滋养成分的环境的古老兴趣。平克举了一个与此类似的例子，描述了 1993 年两位艺术家表演的一场特技。表演

① 参见 Joseph Carroll, "An Evolutionary Paradigm for Literary Study," *Style* 42, no. 4 (Winter 2008): 103 - 135; quotation is from p. 122。达尔文式文学批评的活力给平克留下了深刻的印象，他对文学的一致性理论的前景感到由衷的喜悦，他认为，这有可能挽救文学研究于当前的"批评状况——政治化、僵硬化，缺乏进步纲领"——尽管受超级明星的支配，而且"需要拉向正路也已有几个世纪"。但是他漠视文学达尔文主义者的科学潜能，认为坚持文学的适应性功能，他们是在回应感知到的小问题而不是提出真正的问题。参见 Steven Pinker, "Toward a Consilient Study of Literature," *Philosophy and Literature* 31, no, 1 (April 2007): 161 - 177; quotation is from p. 163。

② Denis Dutton, *The Art Instinct*: *Beauty*, *Pleasure*, *and Human Evolution* (New York: Bloomsbury Press, 2009).

者利用市场调研来调查民意，评估美国人的艺术偏好。调查结果证实，人们强烈偏爱非常现实的绿蓝构图，这些构图中有儿童、妇女、动物、英雄人物。该结果在当时的乌克兰、土耳其、中国、肯尼亚被复制（Pinker, 408）。达顿的很多例子来自精英艺术世界，一般来说，那是有“难度”的（Glenn
Gould）。但是平克关注的是大多数人喜爱的艺术形式，他称， 120
这为艺术在人类进化认知中的地位提供了更好的指标。平克认为，事实上，在一个世纪以前，当现代主义艺术家开始创作那些并不令人愉悦的艺术作品时，现代主义的艺术批评家就产生了，后者称赞艺术家所付出的努力取得了非凡的成就。在这场背离了人性的艺术堕落中，艺术家与批评家沆瀣一气。如此规划为从业者（稀有之故）制造了浮华一时的地位，对观众来说，则仅仅是失望、故弄玄虚、无动于衷。总而言之，我们人类喜欢的是通俗的挂历艺术，而非康定斯基（Kandinsky）的抽象艺术。平克称，喜欢与不喜欢，这具有充分的进化论方面的理由。

进化批评论的一个试验是如何处理文学价值的问题。也就是说，文学价值关系到复杂性问题而非简单的快感问题。该问题一直吸引着批评家对一位作家的热切关注。似乎每一位批评家，包括达顿、平克、卡罗尔、韦勒——都感到对他——查尔斯·狄更斯有必要展开一番讨论。富有经验的读者一致认为，狄更斯虽然是一位伟大的作家，但有时也免不了庸俗的说教和感伤的陈词滥调。例如，天使般的小保罗·董贝（Paul Dombey）逝去时，实际上就有天使们陪伴着。他们认为这代表着无耻地利用感伤情绪，此举低劣、庸俗。诉诸强烈而简单的情绪几乎是通俗文学的惯用伎俩。一方面，他们将盘结在董贝父子与伊迪丝·格兰杰（Edith Granger）之间的受虐、恐惧、羞耻、傲慢、自我憎恨等，一刀一刃地进行无情解剖，逐一剥开；另一方面，文学精英又称这代表着狄更斯的上乘之作。如何描述这一差别？是狄更斯屈从于大众品味之标准，还是他坚持了艺术的高水准？是他想制造一个悦人心意的奶酪蛋糕，又倔强地克制住了，还是达尔文式的批评找到了区别两种快感形式的其他方法？可能其“最差”的一面将狄更斯与一种自然的或许本能的欲望联系起来——不管是适应还是适应的副产品，对直接快感来说，都无甚重大差别；可能其“最好”的一面将
121 狄更斯与人类进化更有用的、超越动物本能的能力联系在一起，从而去面对智力上、情感上更深层的复杂性或者生存的不协调性。这样的论调具有驳斥平克论点的效果，即知识分子精英把对文学价值的判断与更深层的进化需求结合起来，否认进化利益。

这样的论证将为价值判断提供科学依据，因为从进化论来看，通过幻想愉悦来否定不和谐，不仅是拙劣的艺术，而且是对我们生存环境的适应不良。如果人人都追求逃避现实，那将意味着人类作为一个物种的终结。产生全部负极性波动调制，“深层”真相就很难揭示或者会产生不和谐，因为我们人类怪异的存在自身就代表着不和谐。以快感为特征的艺术是复杂的，也正是具有这一复杂特性，我们才认为艺术是伟大的，复杂的艺术快感是一种适应性反应，这种反应标志并帮助我们理解复杂的自我以及世界上的复杂状况。实际上，在进化的语境下，正是最短暂、最无意义的私人性感觉，即快感之路才直接通向对文学和人类状况的理解。关于这一点，可以讨论的问题还有更多，这也是文学教授要着力去解决的问题。

＊＊＊＊＊＊＊＊

快感是文学体验中最显而易见的事实，同时，它还是一盏闪耀的明灯，其光芒照亮了文学领域中那些尚未探明的事实，照射进人类已进化的大脑深处。因此，各级各类教师和学者如果只将关注点集中在快感上可能会做得更糟。快感既是文学的深刻特征，又是文学研究和其他学科之间的联系——坚强的生命力——的特征，因为其他学科拥有雄厚的崭新科技力量和随意支配的大量概念工具。关注快感有助于拯救人文学科这一研究人的学科，这一直是许多学科中科学研究的目的，而文学理论起先一直致力于反对人文主义，后来则反对强调将人划为范 122
畴的社会结构的科学主义。快感也将本科生与教授的兴趣联系在一起。在快感的庇护下，文学研究突然变得非常有意义。一门将任务集中在诱导快感、探索快感并分析快感的学科不会衰落和消亡，大脑、种族及其中的一切都会为之加油、喝彩！这门学科将会因此而昂扬崛起、永远屹立不倒。

123 第五章　帕纳萨斯山上的金矿：通识教育和职业教育的融合*

有些观念一旦形成，便似乎是根深蒂固的客观事实，如世间造化，不受主观意志的操控，忘记了其实它们也曾经只是一些备受争议的观点、想法。人们往往容易忽视一个重要事实：在任何一个观念形成之前，它都曾面临过敌对和阻挠，只是最后，它幸运地胜出了，将曾经的对手远远地甩在身后。胜利似乎是必然的，直至世事变迁，新的对手出现了，曾经的对手复活了，而那个原先的胜利者，此时却进退两难，毫无招架之力。有一个观念，它就遭遇了此般命运。这个观念，用一
124 句话概括便是，通识教育的终极目的在于培养、拓展个性，而非为某一专门的职业或技能铺路。在 19 世纪中叶至 20 世纪中后期的通识教育中，这个观念是不言自明的。然而，20 世纪中后期，急速膨胀的工商管理项目（MBA）对此观念造成了毁灭性的冲击。无论是名声地位、校友支持，还是每年的入学人数，工商管理项目都占据了绝对优势。如今，每 5 个本科生中，就有 1 个或 1 个以上的人在主攻商业课程。这

---

* 本章整理自 2008 年 10 月在里士满大学的一次演讲，主题为如何最佳地融合人文教育与职业教育项目。这也是在场的听众——该校的教员、行政人员和学生——思考与探讨的话题。听众包括杰普森领导学学院（Jepson School of Leadership Studies）的师生。

个数字是任何其他课程人数的两倍以上。人文学科已然衰落，昔日辉煌不再。[1]

许多高等专科学校/文理学院和大学，包括里士满大学，都在力图寻求一种统一的原则或一致的目标，将课程中的人文要素和职业要素有效地融合在一起。换一种说法，这些学校都在竭力防止通识教育被商业教育吞噬。我想我在此的主要任务是激发大家对此话题的思考与讨论。首先我想谈谈我如何看待这一问题。作为一个人文学者，我似乎无法做到绝对的公正与客观。同时，大家也知道，人文学者总是倾向于提出问题，对答案总持怀疑的态度。一个精妙的问题所带来的成就感和愉悦感远远大于任何可能的答案。当人文学者聚在一起探讨一个议题时，第一步总是陈述问题，阐明第一原则和终极缘由，然后逐一问题化。然而，当讨论现场充斥着各种问题、缘由、条件、原则，以及各种选择、疑点以及议事程序时（请大家想象抛接球的杂耍表演），会议结束了，一种极大的满足感笼罩全场。当然，在这个过程中，有一些人可能被冒犯了，而这有可能是在场的每一个人。真正意义上的工作在我们眼中大概就是如此，也只有在这种时候，我们才会享受工作。发散性的思维、怀疑和批判的精神——这些在人文学者眼中备受推崇的“人文”品质在职业教育中却黯然失色，甚至被取而代之。换句话说，我们的使

① 曾担任卫斯理大学和埃默里大学校长的威廉姆·柴斯（William M. Chace）在其《英文系的衰落》一文中曾惊讶地指出，1970~2004 年，英文、外文和历史专业流失了近 50% 的本科生，与此相反，商学专业的学生则增长了几乎 1/3。参见 *The American Scholar*（Autumn 2009），online at http://www.theamericanscholar.org/the-decline-of-the-english-department/（accessed April 24, 2010）。该数据或许会在人文学科方面给人以误导，因为在 1970 年前后，人文学科的招生猛然增高，并在过去的数十年间一直保持稳定状态。当然，商学专业火爆的趋势是毫无疑问的。

命也就是我们所面临的问题：如何将通识教育中思辨、探索、阐发和批判的精神融入更注重实际的、以结果为导向的职业教
125 育中。当然，我们还需要努力证明一点：我们所提出的解决方案不但不会损害这两种教育各自的完整性和优越性，而且能最大限度地激发它们的潜力，将无法单独发挥的优势发挥到极致。

作为一个人文主义者，我认为我们首先要确定并探讨既定使命背后所蕴含的前提条件。我们之所以需要创造性地融合通识教育与职业教育是基于以下三点：第一，虽然这两种教育对教育本身的理解和切入方式大相径庭，但它们有着相同的目标、相同的受众；第二，我们所期待的融合还未发生；第三，两种教育无法融合对我们的教育不利，并且威胁到了大学内部的团结。大学为何不能再以如今的模式运行下去？我们的创造性解决方案到底致力于解决什么问题？我们的解决方案为何必须具有创造性？为何不能寻求更直接、更显而易见的方式？我们为何不能凑合着过，而非得如此折腾？

造成现今两种教育彼此分离、脱离的原因得追溯到一个久远的对立传统。一个值得注意的有趣现象是，对通识教育的反对和挑衅甚至在通识教育正式出现前就已经有了。洛克（John Locke）在《关于教育的几点思考》（*Some Thoughts Concerning Education*，1693）中坦承，他很惊讶“所谓通才型的人会被传统和未言的信仰所误导”，以致没将大量时间用在“对他们踏入社会后有帮助的事情上”，而是“一味地用垃圾充斥自己的头脑，学一些有生之年不会用到亦不会再想起的知识。至于他们未曾忘记的那部分知识，只会令他们变得更糟”。言辞很激烈，但洛克只是在热身呢。他随后又说：“牛津的教育会让一个学术人踏上一条不归路，他们会逐渐失去斗志，潦倒消沉。都知道年轻人易

受周遭人事的影响，如若他发现自己已是天才，我们可以想见日后他的发展轨迹，因为我们很少发现有人在帕纳萨斯[①]山上发现金矿或银矿。”说得没错，不过对牛津的形象似乎不利。随 126
后，洛克出错了，犯了一个历史性错误，将实用性这一概念与父亲对孩子人生的决定权这一问题联系到了一起。他说：“一个父亲，既然已经设计好了儿子将来从事的职业，还把他送去学拉丁语，学孩子一生中永远用不到的语言知识，既花自己的钱又浪费孩子的时间，与此同时却忽视了孩子将来职业所需要的技能训练，如写一手好字，记账理财之类的必要技能。还有比这更可笑的事情吗?”[②]

在相对开明的时代里，洛克的这一陈述成为他整个论述中的薄弱一环。到了19世纪中叶，洛克的实用性概念，如同他关于儿童大脑的理论（儿童大脑犹如空白的写字板或空柜子），已经失宠。取而代之的是“通识教育”这一概念。人们相信，人有天赋的理智，并不完全受现状的束缚或父母观念的牵制；每个人都应以自己的方式探索世界，在自己的领域发挥最大的潜能。在某种意义上，洛克在争论中败下阵来对他而言是一件好事，他现在之所以被人们记得，就是因为他曾经参与过这场争论并且最后失败了。而如今的人们，也像他本人一样，用无用的垃圾充塞着头脑，而不是去学写一手好字。

这场争论的胜利者中最有力的倡导者无疑是纽曼。他于

---

① 帕纳萨斯意为诗坛、文坛、诗人们或文学界。——译者注

② John Locke, *Some Thoughts Concerning Education*, ed. John W. Yolton and Jean S. Yolton (New York: Oxford University Press, 1989), pp. 157, 230, 217.

1852 年创作的《大学的理想》（*The Idea of a University*）[①] 一书于之后的 100 年间为英语世界的通识教育设定了许多条条框框（terms）。在纽曼看来，通识教育的目的是培养“绅士”。这些绅士具备自由、独立思考的习惯，能够自信而游刃有余地应对生活里的种种，同时心怀感恩。在《大学的理想》一书中，纽曼在阐明自身观点的同时批判了与之相对的观点，如他认为所谓的“职业技能”实质上是真知的对立面，甚至是真知的滥用和颠倒，因为它受制于不纯的动机，只能在有限的程度上服务
127 个人，却无从服务大团体。纽曼更进一步指出，即使在个人层面上，职业技能也没有太多真正的意义：它们虽然能令个人的手艺得到改进，工作得到晋升，却扼杀了发散性思考的习惯和能力，使得人生无法圆满，这在某种程度上是对人格的侮辱。

那么，大学通识教育究竟能培养出怎样的人呢？在纽曼眼里，这样的年轻人“心胸开阔，富于同情心和观察力，而年轻人本应如此”；他“身处任何一个阶层都能收放自如，在每一个阶层都能找到共通之处；他知道何时开口，何时沉默；他能言善道，懂得聆听；他能提出贴切、中肯的问题，能时刻汲取教训，受到启迪；他时刻准备着前行，却从不挡后来者之道”（《大学的理想》105，126）。在这样的段落里，我们似乎看到了祖父的身影，也看到了一个世纪以后哈佛“红皮书”上所倡导的“完整的人”（参见本书第六章）。不过，这两者之间还是有区别的。“完整的人”代表的是冷战中的民主观念，而纽曼

---

① John Henry Newman, *The Idea of the University*, ed. Frank M. Turner (New Haven, CT: Yale University Press, 1996)；引文即出自此版本并在文中注出。对于反复出现的有关实用性（utility）的新讨论，请参见 Michael Bérubé, “The Utility of the Arts and Humanities,” in *Rhetorical Occasions* (Chapel Hill, NC: University of North Carolina Press, 2006), pp. 71 - 90。

眼中讨人喜爱的“绅士”则带着不可泯灭的贵族气息，他是属于19世纪的。此外，致力于培养纽曼式绅士的机构与今日的高等教育机构相去甚远。纽曼眼里的大学既不重视综合知识，也不重视专业知识；在那里教学的教授们并不从事研究工作——这是纽曼开篇陈述的观点，是他坚定的信仰。与此形成对比的是，如今的教授们则要为研究奔命，无暇享受圆满的人生。这倒不是说纽曼相信教授应倾其全力从事教学，相反，他认为教授不应太过在意教学，并在书中多处表达了对教学法的不满。纽曼认为，教学法远不如教师通过独立探索得出的自发式教学方式。由于种种原因，纽曼如今也很少被人提起。只是，人们还是常常能从不同的言辞中依稀辨认出他曾经倡导过的非功利性通识教育，就像一颗有愧的良心萦绕在美国的心 128
头，有效地抵御着洛克一派的重新崛起，保全着人文学者的最后一片净土。

不过，在他所处的时代，纽曼始终明白，对通识教育的真正威胁并非来自洛克，而是源自当时德国日益崇尚的研究精神。19世纪末，美国开始“德国化”（Germanize）自己的学术界。大学开始分系，授予学位，资历证书授予逐渐形成。随着资历证书授予的正规化，教师的职业化（professionalism）被提上日程，随之而来的是规模的扩大。哈佛大学校长劳伦斯·洛威尔（Lawrence Lowell，任期1909～1933年）鼓励哈佛教员将自己看成职业人士，此举为今后哈佛研究型大学的声名奠定了基础。[①] 职业化意味着在每个学科内设立非个人化的标准，以此来评估学术能力，注重方法论，培养实证能力，同时就如何衡量相应

① Bruce Kuklick, *The Rise of American Philosophy: Cambridge, Massachussetts, 1860–1930* (New Haven, CT: Yale University Press, 1977), p. 453.

的成就达成一致的意见。

职业化另辟了一个有着自身标准的学术界，将大学从学术以外的压力中解放了出来。但与职业化相伴而生的是分派与竞争。教员被划入不同的院系，每个院系拥有较大的自主性，独立负责招聘与晋升事宜。各个院系之间存在激烈的竞争——薪资、生源、办公空间以及名誉和地位。这样的竞争无疑会影响学校内部的和谐气氛。所以，虽然本科生们的四年象牙塔时光颇为轻松，他们的老师却始终剑拔弩张、锱铢必较，甚至一生都不得安宁。

在一所职业化的美国大学里，最基础的划分出现在人文学
129 科和自然科学之间。最初，人文学科似乎更占上风：文学、历史、宗教、哲学等学科无一不是高等教育传统使命的接班者，而数学与科学毕竟只是后来者，社会科学更是姗姗来迟。只要所有这些学科都属于人文学科，都属于通识教育的组成部分，系别之间的激烈竞争便不可避免。当它们共同的敌人（也许如此措辞有些夸大，但并非没有依据）——职业教育——出现时，通识教育再也不是全部。最初，职业教育项目主要集中于研究生教学，但很快，此类项目的触角伸向了本科生教学。

有意思的是，很多教学机构的教员薪资水平与学科的传统地位并不相符，且呈现相反的情况。在人文学科中，人文学者的薪资水平是最低的，科学家相对高一些，经济学家如果不是最高，也绝对列于高位。但若与新近职业教育的教员相比，经济学家的薪资便逊色了，如商业、法律、医药学科等。在短短几十年中，现代大学里资源的分配似乎已成不可更改的既定事实，以致我们很少听到反对之声，更别提任何形式的非暴力反抗了。不过话又说回来，这一现象也引起了一些关注，而它对

高等教育教学环境的影响也受到过一些评论。

对于通识教育中的教员来说，尊重度的下降，薪资的不如意，犹如一粒苦涩的药丸，难吞难咽，尤其是因为他们有着传统作后盾，深信自己代表着教学的本质、教学的灵魂。招生委员会的官方说辞（学生会有“充足的时间进行智力探索”，有“大量的机会锻炼批判性思维以及思辨和自我表达的能力”）以及开学典礼上的讲话（不要急于定下专业！永远怀着一颗好奇的心！同情不幸的人！敢于失败！）无一不让人文学科教员们坚 130
信，无论现今高等教育中财富如何分配，许多学生以及他们的家长仍然相信教育的目的是心灵的锻造与提升，而只有通识教育涉及的学科，尤其是人文学科，才能满足这样的期待。

19 世纪初期德国出现的研究型大学有着双重目标——帮助学生系统地获取知识（Wissenschaft），提升学生的道德素养和品格。通过大学学习，学生的个性得到充分的发展和锻炼，或者用一个描写美国本科生经历的常用词：磨炼。哲学、文学、数学、自然科学和历史——这些课程的学习能最佳地磨炼学生的个性。这一点似乎也是整个大学教育中至关重要的。你上大学并不是为了获取知识，知识的获取可以通过各种途径实现。上大学的目的是通过与教授、书本和其他学生的接触，培养能力与技能，养成优良的习惯。换句话说，你花钱是为了扩大见识，增强感知力，加深对世界万物的认识，同时掌握鉴别的艺术。当有学生在读了洛克等人的著作后问道“我什么时候才会用到 X 呢”，他们将会得到一个坚定的、不容辩驳的答案：“这个并不是关键——你已经受到了磨炼。”

但凡讲述大学故事的小说或电影总是选择英文教师作为主角，对于这一点，我作为一名英文教师深感自豪与欣慰。英文教师的放荡不羁、不尽如人意的事业、他们与学生或彼此之间的不正当关系、欠佳的个人卫生、讨人喜爱的品质特点——所有这些，都成了此类小说和电影关注的焦点。这其实也是有原因的。当毕业多年的校友回忆起他们本科阶段的经历时，想起
131 的往往不是微分方程、有机化学、社会学导论、计算金融等课程的老师，而是那些薪资微薄、多姿多色却难以自持的英语课程的老师。虽然这些老师的个人生活达到了不可理喻的地步，但他们解读并传递了不朽之作恒久的人文精神：莎士比亚、弥尔顿、狄更斯、乔叟、勃朗特（Brontë）和马克·吐温。这些名字，连同英文老师反功利、反实际、反职业的精神，让学生们记忆犹新。毕业多年后，学生们猛然悟到，当初的英文老师向他们展现的是与伟大艺术相伴的生活，而非油盐酱醋的俗世生活。他们似乎总与现实脱节，而这之间的距离实则是万物本真面目与人类想象力之间的距离。在昔日学生的眼里，英语老师并非人生楷模，记忆中的他们犹如稀世标本，风格独特、匠心独运。一言以蔽之，他们令人难忘、催人奋进。

小说或电影里虚构的英文教师总带着一种怀旧的情愫，似乎他们都是奇普先生（Mr. Chips）的化身①，从遥远的时空走来。即使在 20 世纪 90 年代中期的一部电影《双面镜》（*The Mirror Has Two Faces*）里面，英文教师的形象仍然如此。哥伦比亚大学比较文学系的史翠珊（Streisand）教授从来都是不慌不忙、不紧不慢，不为责任所累，对待研究、论文也似乎总是心不在焉。就连给学生的试卷判分这一最基本的职责也是马马虎虎、三心二意。她生活在虚幻的时空里，自得其乐、逍遥自

---

① *Goodbye*, *Mr. Chips* 是 1939 年出品的电影，中文译名为《万世师表》。——译者注

在。她的智慧和魅力令学生倾倒。她还会给自己化浓妆（试图勾引数学教授）。电影传递的信息似乎是，大学里的教师，尤其是英文教师，都是些自我主宰的个体。他们并非受雇于某一个机构，受雇于某个院系，总之，他们似乎并不是职业人士。他们的自由羡煞旁人，但也似乎限制了自己的发展。他们的自我实现之路并不顺畅，需要浓妆艳抹才能去竞争。在普通人眼里，他们有花不完的时间，却没有有意义的事可做。我们或许可以说，他们是通识教育精神的缩影：享受批判性思考与自我表达，敢于失败，也经常失败。事实上，他们大多没有太大的能耐， 132
只是一批稀奇的古董。如果把这群老师与约翰·豪斯曼（John Houseman）参演的电影《力争上游》（*The Paper Chase*）中教法律的金斯利教授对比一下，我们便很容易分辨出两者的区别。后者严厉苛刻，甚至有些残酷；强硬、不屈不挠，冷漠中透着强大的威慑力。不过，学生们喜欢的是史翠珊教授，对金斯利教授则有一种莫名的惧怕——其实他们喜欢所有的英文教师，尤其是电影里刻画的那些。像金斯利教授这样的老师拒人以千里之外，他们追名逐利，在俗世生活中左右逢源、如鱼得水。

我认为如今的大众文化在某种程度上已被烙上了通识教育知性文化的重要特征——请允许我这么说，虽然我本人亦持些许保留意见。在这一文化里，信息的传递并不仅仅是为了信息本身，而且是作为思维锻炼的一种方式，让年轻人逐步适应某种思维模式，用于应对毕业后的生活。在某种意义上，通识教育面向的是非现实的世界。从积极的角度看，这些学科指向的并非现存的世界或客观的事实，而是可能的、潜在的世界——那些尚未实现的、尚不明确的、尚不确凿的事物。通识教育的精髓在于让人的想象力服务于尚未存在的世界的建构，这个世界尚未与我们相遇。它最基础的思维活动包括批评、调查、求证、推测——所有这些都源自一种对“显而易见”或者不证自明之物的质疑精神。在这个意义上，通识教育折射的又是本科生的独特生活状态：对未知生活的探索、对自我身份的求证，在一种默默的、看不见的、无法察觉的成熟进程中逐渐形成自我的认知，比如兴趣点和专长（我的一个孩子目前正在读本科）。通识教育的本质要求我们不去想当然，不妄作推断，不匆忙下结论，更不狂妄自大或自以为是，因为真理与真相就如本科阶段的年轻人，尚未成型，尚无定论。

在名校的官方说辞中，本科生活是一段令人陶醉的时光，远离现实世界的纷扰。在美国，高等教育，尤其是通识教育，
133 是对未来生活的准备，无论这个学生将来往哪个方向发展，无论他或她将来想成为怎样的人。在这一点上，注重解读、阐释、评估和判断的人文学科尤其如此。在人文学科以外的通识教育学科中，情况又有所不同。社会科学始终致力于获取实实在在的数据，用以引导公共政策的走向；自然科学注重从现有知识架构中导出积极的、良性的结论，尽管在某些情况下这些学科本身并不乐意那样去做。在整个科学领域里，研究工作已经与技术、工业、生产、经济增长、财富、民生与福利紧紧地联系在一起，也正因此，科学研究才有了最为正当的理由。不过，一旦我们将社会科学与公共政策脱离，将科学研究与财富健康脱钩，只是单纯地将它们看成通识教育的组成部分，那么，这些学科便也同样涉及包括质疑、提问、发现破绽、推翻结论、发掘新方法、开拓新思路、开创新空间等在内的一系列思维活动。在人文学科的词典中，所谓终止、决断、定局和确定性均是愚蠢和专横的代名词。

这样一种精神，不得不说是遵循道义的，同时又是反职业性的。之所以说它是遵循道义的，是因为它崇尚自由，而自由正是道义的先决条件。这里所说的自由，即可以脱离现存的世界，脱离需求和欲望，可以海阔天空、无所顾忌地翱翔和探索。由于有了通识教育这一核心，本科阶段如同一方自由的天地，所有的常规都不再适用，学生能获得最大限度的自由发展，形成独特的自我。这方天地里似乎没有压力，没有惩罚，也没有限制。尽管本科学生的社会存在感中并无太多涉及道德约束的因素，这一阶段仍然被认为是性格形成的关键时期，只不过并不是在责任的桎梏之下。从通识教育的角度来看，职业训练是属于研究生阶段的。届时，学生的个性已发展成熟，浮躁和污 134
秽也已经褪去，正是接受职业熏陶的绝佳时机。难怪传统主义者对人文学科以外的课程入侵本科课表感到愤愤不平，比如商业管理。学生不但可以修课，还能以此为专业，并获得学位证书，这一新趋势在有些人眼中如同进入毒蛇园一般危险四伏。

然而，通识教育与职业教育的区别，除了道德因素之外，也涉及政治金融等方面的因素。职业教育项目更容易吸引慈善，这一点委实比英文系强多了。原因大概是发家致富的人多数靠的是弥尔顿·弗里德曼（Milton Friedman）而不是约翰·弥尔顿（John Milton）。大到教学设施、薪资水平、雇佣划分、讲座系列、研究支持，小到接待处的点心质量，无不体现着这一区别。政治上，从事职业教育的老师往往比人文学科的老师更偏右，尤其是如果后者中有“婴儿潮一代”的人，这或许也是经济状况的反映——职业教育的老师们手头更宽裕，生活更富足。然而，两者间最深层、最顽固的区别在于“教员”这一理念。在人文学科领域里，奖励基于三方面的表现——研究、教学与服务。倘若职业项目的教员不受同一奖励体系的约束，倘若他们对启迪学生丧失兴趣，而对学校以外的一系列商业活动情有独钟（如商业咨询、业务经营和周末研讨班），倘若确定两者终身教席、职称评比、奖励及目标的标准不同一，价值理念不统一，那么，大学的团结与和睦将会受到严重的威胁。

职业项目的教员也许尚未做好和解的准备。经济繁荣时，他们为自己传授的促增长技能感到骄傲；经济萧条时，他们又因能帮助人们避免灾难而自豪。在这些教员看来，除了他们自己，再也找不到其他现实主义者了，再也没有人像他们那样紧扼时代的脉搏。这个世界并非由一系列的可能性组成，相反，
135 世界是确凿无疑而又坚不可摧的系统。他们也许会认为，人生的首要使命并不是培养感受力，也不是磨炼个性和意志。人生的真谛在于迎头而上，发掘自身的竞争优势，提升竞争力。他们向学生传授的价值观是实实在在的，而非抽象无用的。他们眼中的通识教育只是清闲一族的崇拜物，是纽曼牛津时代的遗留物，而现如今，它已明显与时代的步伐不一致了，如同多人策略图版游戏“大富翁”中那顶闪亮的高帽，它已成为一个累赘，一个包袱。职业教员们也许会问，我们怎么可以将学生囚禁四年，向他们隐瞒世界的真相，然后，突然在某一天，将他们推向社会？而此时的他们，对世界仍然一无所知，头脑里装的只是些永远也用不到的知识，与此相伴的还有懒散草率的工作习惯。通识教育怎会保持今日的地位？英文教师应该退居边缘，他们应该成为大树的装饰！

当我们眼里只剩下矛盾、误解和猜忌时，创造性的合作将举步维艰。在这种情况下，倘若我们能后退一步，纵观全局，便会发现，实际情况并没有我们想象得那样简单，也没有那么

悲观。换言之，我们所面临的处境也许更复杂，但也更有希望。

首先，职业教育与通识教育之间的区别并不是如此绝对的。我们前面也谈到，通识教育各个系别的出现在某种程度上也源自一种专业化、职业化的诉求。这一点与研究生阶段的职业教育并无二致。此外，在过去的半个世纪里，对职业培训的需求也或多或少地影响了本科阶段的课程设置。与理论和方法论相关的课程极大地鼓励了一部分本科生加入研究的队伍。再者，通识教育的教员们如今也已成为职业化的坚定拥护者。他们以职业人士自居，频繁出入各类组织团体，参加各类国际会议。他们的名字也频频见诸各大出版物。这在一定程度上弥补了他们在“公司化”了的大学校园里地位与声望的缺失。如今的通识教员已不再以唤醒了多少年轻的头脑为衡量成功的标准。能出版多少书，蒙住多少非专业人士；能获得多少荣誉，夺得多少奖项；能激怒多少中产阶级人士，报销多少机票——这些才是衡量成功的重要标志。然而，象牙塔里职业意识的觉醒似乎 136
并未赢得外界的好感。事实上，关于高等教育最多的抱怨便是老师们——尤其是通识教育学科的老师，人文学科的老师，最常指的便是英文老师——这些人不但更政治化，而且更世俗化了。他们的研究领域太细太专，太过实际，太有野心，成天沉浸在自我狭小的那方天地里，一言以蔽之，即太过职业化了。

对于此种现象，我极力主张大家往好的方面看。要知道，这是一个半满的杯子。既然传统通识教育的老师们已经被职业化了，那么，职业教育的侵入就不能说是构成教师们的“第二次堕落”。由此，双方都无须全盘退让，便有可能进行卓有成效的合作。以下我提供几种合作的可能性，大家或许能以之为出发点开展思考。

我们可以如著名的杜克大学的文学学者詹明信所言，将各个学科“历史化”。他的原话是，“要不停地历史化”，用的是祈使语气。有一层意思他未完全点明：通过历史化，你可以将任何学科变成历史。正如实用主义哲学家威廉·詹姆斯（William James）所言，如果想把一个学科变得“人文”，你只需加上“历史”即可，如“土木工程的历史”“水资源管理政策的历史”，诸如此类。最近，一位世界上最负盛名的哲学家对我说：“垃圾只能是垃圾，但垃圾的历史就是学术了。”可谓务实至极！同样地，我们可以说一门行业只能是行业，但行业的历史就属于“通识”的范畴了。有了法律知识，你可以教授法律，可以从事法律，而法律的历史知识呢？它可以“磨炼”你！

除了“历史化”，我们还可以“哲学化”。医学是一门职业课程，但有关身体疾病和康复的论述便属于人文领域了。以我的“人文学者”的耳朵听来，这类题材也可以像上述历史项目一样，成为非常精彩的合作内容。多个领域的学者都可以参与
137 进来，如哲学家、历史学家、心理学家、生物学家和物理学家。

此外，我们可以研究各个行业是如何被描述、被定义的，即它们是如何自我表征的，又是如何被外界表征的。此类研究，采取怎样的形式都行：可以是一门课程、一场专题讨论会，或一个多维度的项目。某行业的人士如何理解并看待自己的职业？他们如何表征自我？业外人士如何看待他们？如何表现他们的职业？职业人士之间是如何区分的？怎样将某行业的人与其他行业的人区别开来？此类表征性的问题是否随着时间而变？如何变？其中是否有意识形态和文化因素的影响？此类问题可以让我们的职业教育染上人文的色彩。

在这一关于“表征”的领域里，有很多有意义的工作可做。在30年的教学生涯中，我教过的最受欢迎同时也是反响最好的课程，便是从这一角度出发研究传统意义上的大学。此课程名为“虚构的大学”。它最初只是一个玩笑，但后来得以贯彻实施。我让我的学生研究大学是如何进行自我表述的，他们将一系列的官方说辞（如学生生活办公室和咨询服务中心的官方描述）与老师、学生的实际经历进行比照，得出的结论有引人发笑的，也有令人忧虑的，不一而足。我的学生为了做好这个项目，四处跟踪。被跟踪的对象有系主任、院长、教务长，还有校长。他们把这些大人物的日常所为与相应的官方报道进行对比，发现办公室发布的备忘录和公告往往有夸大的嫌疑。学生们还由此了解到补助金是如何确定、如何发放的，犯罪率是如何波动的，为何有那么多学生曾有自杀的念头，饮食不适是如何被报道又是如何应对的。他们还尽可能地了解运动项目的财务状况，虽然无法深入调查，但也算明白了个中原因。他们还研究招生册子，正是这些册子，最初吸引他们来到了这所大学。除此之外，读小说、看电影——一样也不能少。很容易想见，多数这类故事是关于英文教师的，当然，也有例外的，
如《力争上游》等同类影片。① 138

类似的课程也可以在法学院开设。教师可以让学生研究法学院和律师事务所是如何描绘、如何表述法律这个职业的；格里森姆（Grisham）、狄更斯、梅尔维尔（Melville）、契诃夫以及卡夫

① 电影《力争上游》（*The Paper Chase*）根据小约翰·杰奥斯本的原著改编，描述一名哈佛大学法学院的学生，爱上了他指导教授的女儿，几经奋斗才通过这名教授的严格考验，取得了毕业文凭。本片题材具有现实性，对美国大学的教育制度进行讽刺和反省。——译者注

卡等人的小说是如何描述法律职业的；《四季之人》（*A Man for All Seasons*）、《杀死一只知更鸟》（*To Kill a Mockingbird*）、《凯恩舰事变》（*The Caine Mutiny*）、《十二怒汉》（*Twelve Angry Men*）、《双重赔偿》（*Double Indemnity*）、《桃色血案》（*Anatomy of a Murder*）以及《向上帝挑战》（*Inherit the Wind*）等电影是如何刻画法律工作的。"虚构的法律"这一项目有一个前提基础，即一个律师若想做好他的工作，首先必须了解他所从事的职业从业内和业外人士的角度分别是如何被理解、被看待的。就法律本身而言，我们还可以开设法律史学、法律哲学以及法律心理学等相关的人文类课程。

近些年，一个新的合作领域在"领导力"（leadership）这个概念下初步显现。无论是教学还是学术研究，都可以围绕这一话题开展合作。文学、心理学、历史学和电影学也为这一话题心醉。也许你们之前已经听说过这一新的发展趋势。在我看来，领导力绝对不是通识教育和职业教育的分水岭。也许很多人认为领导力属于职业教育中的概念，因为每一个职业学院都将培养所在领域的领导者作为重要的教学目标。但传统意义上的领导力也是通识教育的目标，这一点被很多人忽视了。事实上，传统通识教育的首要目标之一便是培养领导力。劳伦斯·维赛（Lawrence Veysey）说，应该帮助未来的领导者形成一种"超越功利主义的道德观"。[①] 一度，想掌握领导力精髓的人会去研究丘吉尔和林肯，而只有在通识教育的课程里，更具体地

① Laurence Veysey, "The Plural Organized World of the Humanities," in *The Organization of Knowledge in Modern American, 1860 - 1920*, ed. Alexandra Oleson and John Voss (Baltimore: Johns Hopkins University Press, 1979), pp. 51 - 106; 引文来自第 53 页。

说是人文学科中，学生们才能接触到这类领导力的楷模。超越功利主义的领导力，扎根于想象力的实用主义——通识教育和职业教育的交叉点便在于此。

与人文学科领域一样，此类领导力关注的是尚未实现的、尚不明确的、尚不确凿的事物，它的核心在于探究、查证和推测。无论是什么性质的组织，其领导者的首要任务都是一样的：展望未来，并为之做好准备。领导力具有反周期性，总是反其 139
道而行之：顺境之时，领导者需要居安思危，唤起下属的忧患意识，为可能出现的逆境做好充分的准备；逆境之时，领导者需要鼓舞士气，振作精神，用美好的愿景激励下属奋发图强。可以说，领导力的本质便是愿景。老布什总统曾经对愿景的重要性未给予足够的重视，为此被指责为对领导力的理解不到位，此事令他追悔莫及。领导者因愿景和梦想才成为领导者。肯尼迪（Bobby Kennedy）总统曾经说过的最有名的一句话是，“有些人只会在看到事物的现状后问一句：为什么这样？我则会想象从未实现的事物，并问：为什么不呢？”这一引言之所以众人皆知，我认为正是因为肯尼迪一语道破了领导力的根本特征及其重要性。所有政治上卓有建树的领导型人物都具备这一特质。

我们不禁要问：这种特质可以通过后天习得吗？我们是否可以像肯尼迪那样想象从未实现之事物，同时帮助他人获得这种能力呢？我们很自然地提出了这些问题，毕竟，文学和电影里类似的经典例子太多了，尤以莎士比亚名著为甚。最近新上市的书中便有《莎士比亚管理经》（*Shakespeare on Management*）、《权力政治剧》（*Power Plays*）以及《莎士比亚管理精髓》（*Shakespeare in Charge*）等一系列新作。过去10年间，一家名为“搬天动地”（Movers and Shakespeares）[1] 的公司从莎翁剧本中提炼了许多管理箴言，用于针对美国各大组织的领导力培训。这些组织包括诺斯洛普·格鲁门公司（Northrop Grumman）、美国红十字会（the American Red Cross）、博达大桥广告公司（Foote Cone and Belding）、美国空军总署（the U. S. Air Force）、阿斯本研究所（the Aspen Institute）、美国通用动力公司（General Dynamics）、美林银行（Merrill Lynch）、肯尼迪政治学院（the Kennedy School of Government）和沃顿商学院（the Wharton School）等。这家夫妻公司的基本运作理念是：若想成为一名优秀的领导者，首先得学会读懂人、理解人。在这点上，莎士比亚无人能及。从我们目前谈及的人文/职业教育这一角度出发，这家公司另一个重要理念是：职业教育完全可以从通识教育领域里汲取有益的素材。

“搬天动地”公司的培训中，莎翁剧本里的经典故事被逐
140 一剖析，发掘出一个又一个关于领导力的主题，如敢于冒险的精神、偏见的破坏性影响（《威尼斯商人》）、团队内争端的解决（那当然指的是《恺撒大帝》）等。最常用的剧本是《亨利五世》，涉及的主题包括如何建设一个高效的团队，如何为一个项目赢得最大限度的支持。正如其中一位负责人所言，这个剧本“非常适合拿来做领导力培训的教材。即使学员从未读过莎士比亚，也可以很容易地学到相关知识”。[2]

然而，事实上，若想从该剧本中习得领导力的相关要素，学员最好之前没读过莎士比亚，这似乎是一个硬性要求，而非

---

① 意为有重大影响力和权力的人。——译者注

② 这个条目曾出现在现已失效的“Movers and Shakespeare”网站上（使用时间为2009年9月1日），但现在已无法登录。

可有可无的条件。我们不妨看看莎翁苦心塑造的亨利形象：他一心想向世界证明自己并非人们眼中那个无法无天、伤风败俗、常醉不醒的青年。这样一种试图证明自己的欲望，使他受到了贵族的操控，后者看中的就是他这一可被利用的弱点。这些贵族捏造出向法国宣战的合法动机，年轻的亨利国王二话不说便通过了。他也许是想起了父亲临终之际的劝诫（《亨利五世》第二幕）：若要巩固自己尚不牢靠的政权，最好的方式是“挑起外战，转移注意力”。亨利五世发起的战争在短期内似乎见效了——他得到了法国的王位，与法国国王的女儿成了婚，还让她学了英语——但从长远来看，对法国的占领成本巨大，耗财耗力，实在是得不偿失。占领唤醒了法国沉睡的民族主义。亨利死时，当上法国国王才两年，他的妻子还几乎不会说英语；英国国库亏空，濒临破产；法国在圣女贞德的带领下，把侵略者尽数驱逐出国境；国力大大削弱的英国再遭屈辱，陷入内战，最终爆发了玫瑰战争。

简言之，亨利五世的领导力是扭曲的，它源于内心的恐惧和不安全感，源于不计后果的狂妄自大。极端短视的领导行为造成了灾难性的后果，使得两个国家的人民饱受磨难，长达一个世纪之久。谢天谢地那个蒙昧的年代已成过去！从人文主义 141
的角度看，此剧的天才之处并不在于展现亨利五世的领导能力，而在于揭示其领导力背后黑暗、纠结的动机，揭示他性格里天真、无知、愚昧而又险恶的因素，正是这些动机和因素主导了他对英国的统治。“搬天动地”公司的创建者也许对此心领神会，只是他们并未全盘托出，而是选择过滤掉其中一部分人文精髓。在他们的培训中，亨利用来激发士兵斗志、极具鼓动性的演讲被单独拿出来进行分析，以此突出“领导力与道德伦理”这一主题。在国防部（the Department of Defense）的一次研讨会上，一位中将提了一个问题，可以说是恰到好处地总结了研讨会的主旨：“做一个好的领导者，是否意味着你的心灵是纯净的?”该问题的回答其实已经显而易见了。

“搬天动地”公司负责人的价值归宿是保守主义思想运动，关于这一点，说到这大家应该不会过于惊讶了。卡罗尔·阿德尔曼（Carol Adelman）是受到企业资助的、思想保守的哈德森研究所（Hudson Institute）国际救援方向的高级研究员（透露一点，她还是我的高中同学）。卡罗尔的丈夫肯尼斯·阿德尔曼（Kenneth Adelman）是强硬的国防政策委员会（Defense Policy Board）的成员，也是 2003 年伊拉克战争的高调而坚定的拥护者。当年就是他预言入侵伊拉克是“一件极其容易的事”，这是一个相当著名的论断。后来，事实证明入侵之举并非易事，加之总统自由勋章（Presidential Medal of Freedom）颁发给了乔治·特内特（George Tenet），出于内心的不平与不满，他便开始疏远与特内特一家交情甚好的迪克·切尼（Dick Cheney）、保罗·沃尔福威茨（Paul Wolfowitz）和唐纳德·拉姆斯菲尔德（Donald Rumsfeld）等人。他没有参加拉姆斯菲尔德 2006 年的圣诞宴会，而在 2007 年《名利场》（*Vanity Fair*）杂志对其所做的采访中，他坦言美国在伊拉克战争中表现出了领导力的极度缺失，为此他感到震惊和心寒；他也毫不避讳地谈及对布什政府的失望。[①] 随后，2008 年 10 月 20 日，他支持巴拉克·奥巴马（Barack Obama）当选美国总统，从而进一步削弱了自己在共和党内的公信力。但不管怎样，他的公司获得了成功，以

① Online at http://www.vanityfair.com/politics/features/2007/01/newcons 200701 (accessed April 24, 2010).

3 万美金的高价让高层管理人员——包括许多我们的军事将领——穿上莎士比亚戏剧里的服饰。

讲到这里，大家也应该已经猜到，我并不认同该公司的研 142
讨会模式，更不认为它是职业教育与通识教育合作的典范。那么，在这个例子中，到底是哪里出问题了呢？虽然表面看来，合作的痕迹清晰可见——用伟大作品中的素材来映衬、阐释现实世界中管理这一主题。但有一个重要现象被遮盖了：操控与支配。莎翁的剧本被当作一汪安静的井水，受训的高层管理人员可以随心所欲地从那儿汲取自己所需的养分，汲取可以证明自己纯净心灵的东西。显然，职业教育的既定目标——灌输一种纯粹保守派的信仰，相信自己的优秀与卓越，相信自己心灵的纯净——盖过了对《亨利五世》的人文解读。后者会以一种开放的心态，看到剧本中的模棱两可、莫衷一是，看到疑虑、猜忌，看到复杂纠结的人心，因此会进行批判辩证的分析。所以说，"搬天动地"公司的领导力培训模式是一种选择性的截取与接合，而非真诚有效的合作。

究竟怎样才算真诚的合作呢？或许大家对此了然于胸，但我还是想再作强调：无论是在学术项目中，还是在政治领域里，真诚的合作应该建立在彼此尊重的基础上；合作双方都应清楚认识彼此共负的责任，并在必要时乐意彼此让步。同时，双方各自特定的身份都应得到保全，各自的完整性和尊严也不应受到侵犯。下面，我想给出一个在我看来属于真诚合作的例子。同样是《亨利五世》，同样是领导力培训，我们可以怎样做？首先，我们还是应该承认亨利在鼓舞士气方面的天赋，这是领导力的重要组成部分。他知道如何合理地分析形势；他懂得如何回顾过去，如何展望未来；他明白如何制定可及的目标，如何让士兵信赖他们的领导。此外，我们还会分析亨利在此过程中使用的手段和策略——他是如何树立自己的权威，又是如何团结众人，让他们甘愿为自己冒死一搏？除了分析策略，我们还要分析策略的性质。但研讨会到这里还远未结束。我们会更深入地分析剧本，分析亨利的性格特点：他是如何蒙受欺骗，又是如何自欺欺人的？我们会回顾历史上的亨利四世，即亨利五世的父亲——一个弑君者——他对亨利五世造成了怎样的决定性影响？这种影响如何贯穿亨利五世的余生和他的每一个决定？我们还会透过剧本本身，回到那一段历史。亨利的外战给英法两国酿成了
143 怎样的苦果？我们会问，为什么莎士比亚将剧情局限于他所描述的这一系列事件？要知道，他的这一决定直接误导了许多读者，一旦读者将剧本与整个历史背景割裂开来，误解似乎是在所难免的。我们还会问，为什么读过这部作品的众多英国读者至今仍然认为亨利五世是他们国家历史上最伟大的君主之一？总而言之，我们的研讨会所探讨的领导力并不是向领导者们（或未来的领导者们）盲目灌输自信和信仰；我们会探究与时代背景和人物个性相关的复杂问题，以及那些围绕在权力周围或宏大或黑暗的因素。

这样的一个研讨会并不是简单地倡导对领导者的尊崇，也不是简单地认定领导力是一种后天习得的技能或是一种天赋的能力。不过，即使我们的教育体系导致了类似的误解与扭曲，只要我们是在追寻真理，从长远来看，一切都是值得的。毕竟，这样的一种精神——开放、自信、无畏——是值得推崇的。我们的目标是提升学生思考的能力，让他们加深对世界和人心的理解，即究竟是哪些力量在主宰着世界的运转，牵动着人心的

变化。此类培训项目远离党派政治，但对政治本身并不排斥，甚至极为关注。它会对人的道德意识产生影响，但这种影响并非直接的，也不可预测。在这样一个项目里，通识教育不再是附庸风雅的业余艺术，而是一种理解世界的独特方式——既倡导批判性的思维模式，又包含道德和艺术的想象空间；职业教育也不再是庸俗却又无法剔除的包袱，而是整个教育体系中极其有价值的组成部分，以此完成它必然的使命，即培养一部分人成为各行各业的领导者。

如今，许多人并不看好通识教育和职业教育的有机融合。事实上，他们对这一融合持相当悲观的态度，认为当今大学已经出现了严重的不平衡，这种趋势不可逆转，令人担忧。对高等教育的畅想不是与现实严重脱节，便是被改头换面后生搬硬套到新的现实中——这是一种很危险的趋向。这两类教育若有一方试图主导另一方，最后只会导致两者皆力不从心，后果将不堪设想。洛克和纽曼也许可以针锋相对，怒目相向，但我们 144
不可以，我们没有这个资本。为了各自的生存，我们必须寻找新的方式，在原则和务实之间进行协调，必要时做出妥协。我坚信我们可以做到。况且，我们并不是没有动力。倘若我们能促成两种教育的有机融合，那么，我们的教育体制将成为世界艳羡的对象——这将是真正意义上的、最具美国特色的教育模式。最近，我参加了在丹麦召开的一次国际会议，会上，一位年轻的丹麦学者敦促他的欧洲同行向美国的高等教育模式看齐，改革各国的教育体制。他尤其推崇美国教育中的一项重大发明——文理学院或者博雅学院（liberal arts college），正是文理学院，促成了美国博雅教育的蓬勃发展。在他看来，美国能设计出这样一个创造性的教育体制，将现世的需求和育人的需求完美地结合在一起，着实令世界瞩目。他说，在欧洲，作为博雅教育核心的人文学科“被排除在了更大的教育问题之外。人们对之的探讨似乎只局限于其与商业间有限的对话”；而在美国，人文学科则“被置于整个教育的范畴下进行拷问”。① 因此，他认为欧洲人必须向美国人学习，学习他们的教育体制。美国的教育体制“注重全面地拓展学生的素质，在有些人看来即为真正的道德素养，即不仅面向工作，也面对生活；同时，它注重系统的知识积累，但又不止步于此，而是有着更高远的使命，即关注道德伦理和社会治理，注重培养学生的全球观”。② 在听了无数指责美国的评论后，听到这样的讲话，还有之后的掌声，我顿感耳目一新，精神为之一振，对此，大家应该也能想见。与此同时，我备受鼓舞，也更加坚信美国如今的高等教育体制应该不断创新完善，因为这是一个美国可以——而且必须——继续引领世界的领域。

---

① Jesper Eckhardt Larsen, “The Role of the Humanities in the Bologna Idea of the University: Learning from the American Model?” *Revisita Española de Educación Comparada* 12 (2006): 309 - 327；引文出自第 320 页；online at http://www.sc.ehu.es/sfwseec/reec/reec12/reec1211.edf (accessed April 24, 2010)。

② Jesper Eckhardt Larsen, “The Role of the Humanities in the Bologna Idea of the University: Learning from the American Model?” *Revisita Española de Educación Comparada* 12 (2006): 309 - 327；引文出自第 324 页。

第六章　富足中的忧郁：美国是 145
如何发明人文学科的

> 我必须学习政治学和战争学，这样，我的儿子们便能自由学习数学和哲学。我的儿子们必须学习数学、哲学、地理、自然历史、造船术、航海航空术、商业和农业，那样，他们的孩子们便能有机会学习绘画、诗歌、音乐、建筑、雕塑、织锦和瓷器艺术。
>
> 约翰·亚当斯，1780

距离亚当斯此番言论已有230年了。不知230年后的今天，亚当斯会如何看待美国目前的状况呢？我们仍然在学习政治学和战争学，且未必比亚当斯年代的人学得好。我们为何而战？对谁而战？战争目的何在？对于这些，我们并不总能说清。敌人，我们无处找寻；盟友，立场与我们不一。虽然我们对政治已达到了痴迷的程度，却不能自诩比亚当斯和他的同代人高明多少。我们如今花在战争和政治上的钱是前辈人无法想象的。与此同时，诗歌、音乐、织锦和瓷器艺术却已被推至边缘。亚当斯
寄予子孙后代的殷切期望——从战士到艺术爱好者的转化——已 146
经无法成为国家进步的衡量标准。

不过，我们还是得记住，曾经有这样一个年代，统治阶层——同时也是革命阶层——幻想着以他们自己的生命、财富和神圣的荣耀为代价，换取一个崭新的未来，在那个未来里，

我们目前所称的人文学科主导着全民的认知。在他们眼里，人文学科标志着一个历经战乱的民族建设新社会的巅峰成就。只有在一个经济、政治、军事和社会发展得到保障的社会里，公民才有可能学习、鉴赏艺术品与艺术文本，以此丰富生活。这样一幅未来图景背后是对人类生存的终极解读，是对人类生存状况的明确认知，它源于古典传统、圣经和启蒙运动的综合影响，同时掺杂了我们对于美国大革命的记忆以及对于民主政治体制的认同。亚当斯、杰斐逊等人坚信，对于人文学科的普遍关注不仅代表了美利坚民族最光明的未来，同时也是人类发展到足以摆脱恐惧和欲望之后的必然结果。一边是民族性格，一边是人类命运——美国通识教育的迅速发展由此可见一斑，同时，这也解释了为何人文学科曾经位居美国自我认知的中心。

对亚当斯而言，对人文学科的浓厚兴趣既是国家发展到一定阶段的重要标志，也是一种精神上的奖励。[①] 教育曾经只是为了满足一时之需，然而，经过多年的艰辛努力之后，人们终于可以将注意力转向更高层次的教育，在没有任何功利目的的情况下获取知识，并以此为乐。所谓更高层次的教育，实质上是教育目的与功利（即实用或职业）目的之间产生了分化。很显然，对于人类历史文化的学习除了学习本身，并无功利性的
147 目的，而只有在一个安全、繁荣和自由的社会中，这样的教育才能实现。因此，美利坚民族奋斗的终极目标是一种宁静的状态——人们在基本需求得到满足，内部斗争不再出现，外部威胁暂时解除的情况下，终于可以自由地探寻过往的历史和文化，

---

① 实际上，亚当斯等人认为，在独立战争后宣布独立的美利坚民族也可以称为“艺术作品”。Eric Slauter, *The State as a Work of Art: The Cultural Origins of the Constitution* (Chicago: University of Chicago Press, 2009).

尤其是古希腊和古罗马的历史和文化，并自得其乐，在无任何利益牵绊的情况下享受艺术带来的快感。人文学科不仅让学习它的人获益匪浅，还可当作向世界宣传美国先进文化的广告，成为更高层面上即托斯丹·凡勃伦（Thorstein Veblen）所说的炫耀性消费（conspicuous consumption）。

19 世纪末期，当凡勃伦出版《有闲阶级论》（*The Theory of the Leisure Class*，1899）时，美国的大部分著名高等学府都默认了这种民族自我认知的民主化版本，实际上也是变相地赞同了其背后的父权逻辑。20 世纪上半叶，战乱频发，灾难深重，亚当斯畅想的美国社会优等文明距离实现之日似乎仍然遥遥无期，但越是在苦难中，我们的目标就越清晰、越紧要，也越具吸引力。直到二战之后，条件才逐渐成熟，亚当斯的孙辈们终于有机会实现亚当斯的夙愿。

人文学科这个术语并不是在美国首次出现的，如今，全世界都在使用这个术语，人文学科中心、人文系、人文学院、人文学科项目在包括俄罗斯、韩国、肯尼亚、智利、印度和埃及在内的国家生根发芽。不过，正如我在引言部分指出的，人文学科的现代概念的确是美国特有的。在美国，人文学科被赋予了一种特殊意义和文化内涵，与别国截然不同。没有任何一个国家像美国一样如此热诚、激烈、频繁地探讨人文学科；也没有任何一个国家像美国一样如此热情地支持、宣扬人文学科，抑或反对、谴责人文学科；同样，没有任何一个国家像美国一样有如此多的民众关注人文学科。倘若全球的人文学科有一个议程，那么这个议程一定是在美国设立的。在美国兴起或繁荣的人文思潮总会引起他国学者的密切关注，而这些学者中的许 148
多人往往曾在美国的高等院校接受过培训。但这种情况反过来就不成立了：他国兴起的人文思潮通常无法引来太多美国学者的关注，尽管美国学界曾经热烈地接纳了多种非人文或反人文的思潮，如法国兴起的结构主义和后结构主义，英国带有社会科学特色的文化研究，欧洲各种类型的马克思主义，以及年鉴史学等。

在此，我无法对全球的人文学科做一个全面、详细的比较研究，但在美国之外，我们看到太多人文学科遭到冷遇的例子，而原因往往与功利范式有关。早在2004年，德国汉堡大学就实施了一项“改革”，直接导致人文学科的教学资源严重缩水，连员工也减少了一半，而这项改革的依据是对2012年德国商界所需雇员的简单分析预测。假如一门学科与贸易有关，它就能幸存下来；假如一种语言是德国的潜在贸易伙伴使用的，那么这门语言学科便能幸存下来。美国哲学家理查德·罗蒂（Richard Rorty）因此诘问德国人是否明白大学的意义所在。[①] 第二年，丹麦负责监管大学的科技创新部（Ministry of Science, Technology, and Innovation）发布了一份报告，与汉堡大学的“改革”异曲同工：人文学科被描述为一系列“可操纵”的学科，在报告中，可操纵性被认为是商界必备的一项技能。在当下的大环境中，丹麦的这份报告自认为以唯一的方式护卫了人文学科。它称人文学科并不是与人类过往的一切创造性活动发生碰撞的方式，认为这样的碰撞本身没有价值，坚称“人文特质”并非人们所误解的“软能力”，而是如科学中的任何东西一样是“硬性”

① Richard Rorty, “Wissen Deutsche Politiker, wozu Universität da sind?” *Frankfurter Allgemeine Zeitung*, August 31, 2004.

的、“正式”的，它们如同技术一样可以被转化。①

“转化”这一概念在英国得到了重申与强调。人文学科在 149
英国主要的政府资助机构艺术与人文研究委员会公开承诺会制定一项“影响议程”。② 而这项议程的基础便是“知识转化策略”[knowledge transfer (KT) strategy]，具体定义是“学术界的个人和团体与非学术界的个人和团体通过交流互动产出新知识的过程”。该策略的成功与否取决于它在多大程度上促进了“全球的经济发展，尤其是英国的经济发展”。艺术与人文研究委员会的使命是“帮助人们理解艺术与人文学科的研究是创新的驱动力”，并且“促使艺术与人文学科研究在全社会最主要的技术领域实现社会、经济与政策影响力的突破”。③ 英国另一研究支持机构英国高等教育基金理事会（Higher Education Funding Council for England）对“影响力指标”做了概述，其中包括“为使用团体带去价值（如研究收入）”，“有望推进积极成果的实现（如新产品、新政策或医学干预的实际应用）”，“新产品或新过程的商业化”，以及“改善社会福利，提高社会

---

① M. Hesseldahl et al., *Humanistiske kandidater og arbejdsmarkedet* (Copenhagen: Ministeriet for videnskab, teknologi og innovation, 2005); cited in Jesper Eckhardt Larsen, “The Role of the Humanities in the Bologna Idea of the University: Learning from the American Model?” *Revisita Espanoñ la de Educación Comparada* 12 (2006): 309 - 27. 引文出自第 321 页。网上资料见 http://www.sc.ehu.es/afwseec/reec/reec12/reec1211.pdf (accessed April 24, 2010)。

② Eleonora Belfiore, “Beyond Utility and the Markets: Articulating the Role of the Humanities in the 21st Century,” manuscript.

③ “The Arts and Humanities Research Council's (AHRC) Knowledge Transfer (KT) Strategy 2008 - 2011”: http://www.ahrc.ac.uk/About/Policy/Documents/KT%20Strategy.pdf (accessed April 24, 2010).

凝聚力和国家安全系数”。[①] 亚当斯如果看到这样一个项目不知会做何感想——如此反自由、反人文、具有严重功利倾向、误导众人的项目，想必亚当斯也会被吓到。再想想他的子孙后代将在这样的大环境下接受教育，亚当斯一定会痛心疾首。不过转念一想，他当年反抗的那些英国人的后裔竟会在230年后的今日沦落到这般境地，亚当斯或许会感到一丝安慰。

只是，并非所有的英国人后裔都赞同目前的状况。2009年，《泰晤士报文学副刊》（*Times Literary Supplement*）刊发了英国顶尖人文学者斯特凡·柯里尼（Stefan Collini）的激烈反对文章。[②] 柯里尼教授请读者设想了一个例子。三个研究盎格鲁-撒克逊时期英国历史的学者向评委会递交了他们的研究成果，
150 若以传统的标准衡量，他们的研究工作非常出色，但最终，每个人得到的“影响力分数”均为零。大失所望的学者们决定做出改变。第一个学者将自己的研究成果推销给博物馆馆长和电视制片人。这种推销活动占用了他大量的时间，加之年度报告，他几乎没有时间从事研究了。第二个学者对未来也是忧心忡忡，他代写了《阿尔弗雷德国王的烘焙手册》（*King Alfred Book of Bread and Cakes*）一书，取得了巨大的商业成功，最终，他成为所在大学人文学科研究策略所的所长。第三个学者“受不了这种愚蠢的做法，辗转到一所美国大学，获取了一份教职，继而在他研究的领域取得了‘创造性的突破’（只是没有所谓的影响力）。他的研究工作改变了全世界学者对这一领域的认识”。[③]

---

① Higher Education Funding Council for England, cited in Stefan Collini, “Impact on Humanities,” *Times Literary Supplement* 5563 (November 13 2009): 18 – 19.

② Collini, “Impact on Humanities”.

③ Collini, “Impact on Humanities,” p. 19.

上述第三个学者的例子恰到好处地说明了美国人文学科的现状：虽然面临巨大的压力，美国的人文学科仍然很好地抵制了一切试图将教育变为职业培训的做法。在美国很多研究型大学和文理学院里，人文学科仍被认为是教育的核心所在。就连全美最著名的理工科院校——麻省理工学院（MIT）——也要求学生必修八门人文艺术和社会科学方向的课程，达到这个要求才允许毕业。在美国的学校里，教育并非只是知识转化的过程，而是性格和人格逐渐形成和成熟的过程。如果说高等教育在美国仍然带有鲜明的“人文”气息，我想最主要的功臣当属人文学科，虽然人文学科深受边缘化的困扰，其价值也受到了质疑。不得不说，在美国，唯一奋力抵挡着公司化、职业化和工具化潮流的正是人文学科。美国的人文学者在读到英国艺术与人文研究委员会的议程时，普遍会感到错愕，甚至反感，也许这正是因为美国还残留着一种观念：人文学科对于社会的贡献不能简单地用经济效益来衡量；它的贡献似乎很难定义，又无法量化，但它对个人和社会产生的影响却是实实在在的，虽然这种观念本身也受到了挑战。我们品鉴着人文艺术，对眼下的内忧外患和诸种威胁漠不关心，但有趣的是，对人文艺术的沉迷恰恰反映 151
出我们面对未来时的沉着与淡定，一种内在的沉静与安全感，这种安全感也因人文艺术不断地得到强化。反之，英国艺术与人文研究委员会的做法却从某个侧面反映出英国上下一种焦灼不安的危机感，那是面对 21 世纪的焦虑，是对自身竞争力的不自信。

进入 21 世纪的第二个 10 年，美国也许不如以往那般强大，也不能如己所愿继续它的主导地位。全世界都在焦虑：经济领域、生态环境领域、军事领域和政治领域，无不如此。然而，在这样的背景下，美国的高等教育制度却依然举世瞩目，引来各国的争相仿效。有些国家出于自身发展的需要，规定大学主要开设一系列培养技能的科目，如管理、技术、医药保健、计算机科学、农业或工程等，但即使是这些国家，也为美国的高等教育模式所倾倒。一些国家开始担忧自身的教育体制只会培养出一代缺乏想象力和创造力的技术精英和管理精英，因此已经着手重新评估自身的教育体系，重新确定教育中的轻重缓急。新加坡正在大力强化人文学科；① 即使是在有着庞大教育系统，且高度重视技术、工程和政治教育的中国，也在逐渐改进原先的“填鸭式”教育方法（rote teaching），并在某些方面开始模仿美国文理学院的运作特色，以培养学生的创新能力：小班教育、大规模的选修课和鼓励互动的居住环境都旨在为学生提供更多互相学习的机会。② 一些西方学者对中国传统教育模式的优势大为赞叹，如学生的纪律性和老师的职业操守，以及整个体制中对于优秀和卓越的坚定追求，但是，中国自己却认为这些传统的优势有可能成为它的软肋。一位评论家于 2006 年指出：“亚洲的高等教育长于纪律，短于创造……亚洲各国教育体系中的优势极有可能压制一种多样性、创新性思维模式的形成，而这种思维模式才是未来经济增长的关键。”③

---

① See Charles Vest, Keynote Address to the National Humanities Alliance, March 3, 2008; online at http://www.nhalliance.org/bm ~ doc/charlesvest _ 2008.pdf (accessed April 25, 2010).

② See Mara Hvistendahl, "Less Politics, More Poetry: China's Colleges Eye the Liberal Arts," *Chronicle of Higher Education*, January 3, 2010; online at http://chronicle.com/article/Less - Politics - More - Poetry -/63356/ (accessed April 25, 2010).

③ See Richard Brodhead, "The U.S. Edge in Education," *Washington Post*, September 4, 2006; online at http://www.washingtonpost.com/wp - dyn/content/article/2006/09/03/AR2006090300742.html (accessed April 25, 2010).

简言之，这些国家有一种担忧：人文教育模式重视灵活性、 152
综合能力以及独立思考与创新的能力，这会给美国带去结构性的竞争优势。也正是这种担忧促成了人文学科这一概念在世界范围的普及。我认为，人文学者应该对此产生警惕。这种担忧实则是一种误解：将创新能力与人文教育联系在一起是对的，但主观地将人文教育培养的创新能力与直接的经济效益与经济发展联系在一起则显得武断了。坦率而言，我认为这两者之间并不存在这样一种联系。[①] 那么，人文教育究竟与什么有关？它与幸福感和充实感密切相关；它深化人们对于生命意义的认识，强化生活体验的广度和深度；它给人内心以力量，这种力量来自对生命本质问题进行批判思考的能力。这种相关性已被大量的事例与研究所证实。除此之外，同情、理解他人的能力、感同身受的能力也与人文学科息息相关，而这种能力正是民主政治与公民精神的关键，尤其是在一个崇尚尊重个体的多元社会中。当一个社会的公民都懂得如何珍惜自己与他人的生命时，这个社会就会更具活力与创造力，更具责任意识，这是一个只产出职业经理人、技术人员和工程师的社会所不能比的，虽然这些职业本身都很有价值。正因如此，人文学科这一话语便如英语、美元、摇滚和美国电影一样在世界范围内广为传播，但它依然是美国语境中产生的美国话语。

为了证明这个论断，接下来我将重点考察这一话语的不同形态。我们会发现，在每一种形态中，独特的美国成分清晰可

---

① 纳斯鲍姆（Martha C. Nussbaum）在批评追求经济增长和利润的教育方式时，指出政治自由、卫生条件和教育这些与经济增长之间的相关性较弱，她同时又认为经济增长不应该是唯一的衡量指标。“The Liberal Arts are Not Elitist,” *Chronicle of Higher Education*, March 5, 2010, A88.

辨。第一种话语形态包含高级委员会发布的官方公告或声明，它始于1945年的哈佛“红皮书”，即人文学科的“独立宣言”。委员会所使用的语言有时候十分单调乏味，因为出色的公民们（他们从原创性中得不到什么好处，从争议中得到的更少）努力地发出权威的声明，所用的语言代表着达成共识的最低共同
153 平均水平和最高的适用性。但委员会的语言也可以具有极强的启发性：它既试图营造出一种不可避免的印象，又容纳那种偶尔发出的抑制性声音，允许它暂时性地表达出来。第二种话语形态出自民间慈善机构，我举的例子是人文学科慈善家领袖理查德·J. 弗兰克（Richard J. Franke）的一篇文章。第三种话语形态来自学术界：人文学者如何看待或畅想人文学科，代表性著作是德尔班科的《真正的美国梦》（*The Real American Dream*）。

自由社会中的通识教育：哈佛“红皮书”（1945）

人文学科历史上最具代表性的文件当属《自由社会中的通识教育》（*General Education in a Free Society*）①。1943年的春天，哈佛大学校长科南特（James Bryant Conant）召集哈佛大学的一批著名教授成立了专家委员会，该委员会历时两年，于1945年正式递交了这份报告。由于该报告封皮为红色，故称“红皮书”。这是一份写于二战期间的文件，它规划了战后从中学阶段到研究生阶段的美国教育。二战后，成千上万的士兵会返回美国，根据1944年的《退伍军人权利法案》（G. I. Bill），

① *General Education in a Free Society: Report of the Harvard Committee*, with an introduction by James Bryant Conant (Cambridge, MA: Harvard University Press, 1945). 此后均做文内引用，标注为“红皮书”（Redbook）。

他们将有权接受高等教育，科南特由此预见一切将与以往不同，
哈佛也不例外。如何将教育普及化，让众多的美国公民享受到
目前属于少部分人的特权——这正是美国二战后面临的一大挑
战。也就是说，二战后的美国需要文化的民主化和教育的民主
化。科南特在掌管委员会的时候指出："当前美国教育的首要问
题并不是教会出身优越的年轻绅士们如何认识和享受'美好的 154
生活'。教育的首要问题是如何将自由和人文的传统注入整个教
育体系中。我们的目标是让尽可能多的美国公民更好地认识他
们的责任和福利，而他们之所以肩负这些责任，之所以能享受
这些福利，正是因为他们是美国人，因为他们是自由的。"（红
皮书，XV）科南特写下这些文字的时候，自由并非唾手可得，
但当它们出现在"红皮书"的前几页时，自由已成现实，而这
一宣布美国教育使命的红皮书，用一位作家的话说，成了二战
之后美国文化"复兴的象征"。①

红皮书的另一意图是确立各个层面的领导力。在哈佛大学，委员会的红皮书将影响整个学校的课程设置；在美国的教育体系中，整个教育体系的议程则由哈佛来定；在全国范围内，领导力的相关课程与项目也根据红皮书进行开设；在世界范围内，美国将因其教育体系和社会哲学的优越性而胜出。哈佛大学专家委员会完全明白美国即将成为世界强国。然而，美国虽然强大，但并不是没有对手。这个国家的根本原则将经受考验，正如它的军事实力在战争中经受考验一样。丹尼尔·贝尔在 21 年之后说："红皮书有对这些问题的思考——'我们为何而战'，自由社会的原则有哪些，美国应以怎样的形象示人，在一个极

① Ernst L. Boyer, *College: The Undergraduate Experience in America* (New York: Harper & Row, 1987), p. 65.

权的世界如何定义民主，如何巩固、强化西方文明，如何通过‘公共教育’（common learning）促成民族团结。”[①] 战争本身对教育体系提出了要求，用委员会成员的话说：“战争是一位伟大的教育家。”（红皮书，266）

根据红皮书的观点，教育能够唤起并强化学生的某些性格和人格特质，这些特质对于一个国家取得政治、经济和意识形态的成功尤为重要。从这个意义上讲，教育能够服务于国家的
155 利益。应该指出，这些特质并非专属美国，也非美国的发明，亦无法直接服务美国。它们可以追溯至古代雅典的民主制，后经“西方传统”的历练与熏陶，在战后时期，美国自称是当代主要代表。从红皮书开篇的两段引语中，我们可以看到这一古典传统与当代美国现状之间的联系。第一段引语来自修昔底德的演讲，该演讲谈及伯里克利如何看待正在崛起的超级强国的野心，“我们不需要荷马的赞扬。为了我们的事业，我们已经付出极大努力，做到了极致”。第二段引语来自《理想国》（*The Republic*），在这里，青年时期被描述为“个性逐渐形成的时期，一个很容易受外界影响的时期”（红皮书，3）。若将这两段引语结合起来，我们便可以看出其中的深意：美国教育的目的是铸造一个有能力统治世界的国家。

从国家利益的角度看，当时美国教育体制最明显的缺陷在于课程设置缺乏连贯性。自 19 世纪 70 年代开始，自由选修制度开始实施，加之宗教对于课程设置的影响日益减少，选课状况出现混乱，唯一的约束因素便是专业。哈佛大学专家委员会的教授们注意到，有了这种自由以后，学生们的选课完全基于

---

① Daniel Bell, *The Reforming of General Education: The Columbia College Experience in Its National Setting* (New York: Columbia University Press, 1966), p. 39.

“职业化”的原则：他们往往倾向于选修与未来职业相关的课程。上课是为了将来更好地工作，而非更好地生活（红皮书，38）。对此，专家委员会提出了一项杰斐逊式的反职业举措，用以遏制自由选修制度中的杰克逊式的倾向。这一新举措便是后来广为人知的“核心课程”（core curriculum）。有了核心课程，每个学生都能接触到最基本的知识。专家委员会认为，随着时间的推进，核心课程将成为“公共学科”（common discipline），反映出一种“共同的生活观”——一种美国式的“国民精神”（Volkgeist）或“公众精神”（common spirit），虽然专家委员会并未直接对此加以强调（红皮书，39）。

在课程设置的统一性上，红皮书并未取得突破。红皮书的创新之处在于清晰地表达了美国的地缘政治逻辑。专家委员会 156
曾对课程设置的中心原则开展过讨论，他们考虑过将“欧洲与美国历史上伟大作品所体现的西方文化”作为中心原则，但最后还是排除了该选项。“美国社会的特性”（the Character of the American Society）被最后确定为课程设置的中心原则（红皮书，39）。据此，核心课程应体现“美国精神中某些无形的特质”（红皮书，41），而以此核心课程为根基的教育则应致力于让学生们认识美国的“文化遗产”[《美国遗产》（*American Heritage*）杂志创刊于 1947 年，这也许并非巧合]。红皮书于结尾处着重指出：“通识教育的最大的目标在于培养完整的人（whole man），并让他们意识到自己在民族命运中应承担的责任，在国家的公共事业中应尽的义务。”（红皮书，267）

“完整的人”这个短语体现了红皮书的又一显著特色，教育的终极目的应指向人类自身的愿景。红皮书的作者对于完整的人这一概念给予了极大的关注。他们认为，培养完整的人即为“人文教育的目的”（红皮书，74）。这一模范人物“沉着自信”而且“意志坚定”，有着丰富的情感和内在的精神生活。完整的人长于思考，乐于求索，懂得欣赏艺术之美；他们“爱好社交”，在任何场合都能游刃有余；他们富于智慧，又不乏原则；他们“不仅是受过良好教育的高素质人才，同时也是普通的血肉之躯”（红皮书，75）。他们崇尚美德，崇尚公民的责任和义务，同时，他们又是自由的个体，这与刚跟美国交战的极权国家中的“片面的人”（partial man）截然不同。红皮书的作者一再强调在美国文化遗产的精神指导下，个人的尊严自由与民族的共同福利同等重要；他们坚称，民主就是“自由人的社团”（红皮书，76）①。完整的人因此是具有美国特色的，又符
157 合人发展的最高阶段。作者们在考虑了国家利益、文化遗产和国家特性之后断言，教育的目的是“领悟生活，既然生活是一门艺术，唯一的通途便是智慧”（红皮书，75）。直至今日，此语仍广为流传。美国教育体制的任务是唤醒、培养或强化一系列人格特质，最终创造一个由完整的人组成的国家。这些人格特质美国在大战中展现过，而如今，在战后的和平年代，美国若想胜出，就依然需要它们。

人文学科能帮助战后的美国更好地认识自我，因此便成为“通识教育”的重中之重。只有在人文课堂里，理智和情感才能被充分地调动，学生们才能受到激励与启发；只有在人文课

---

① “红皮书”对这两条原则的推崇有时候几乎产生了一种迟疑不决和资格论证，风格近乎搞笑。“但是”，有一个典型的模棱两可的段落是这样开始的：“感情与意志是不能仅仅由理论教育来炼成的……但是，价值也不能仅仅从书本上学来……毫无疑问，思考会因与他人的讨论而受到激发，但在最后时刻，我们还是要有自己的主见。但生活是一个合作的进程……但是，学习与人和谐相处的任务实在是更加困难的。”（170）

堂里，抽象的价值观才能在实践中得到检验；也只有在人文课堂里（尤其是历史和文学文本中），学生们才能见证智慧和领悟的力量。红皮书并没有明确指出人文学科是知识体系的核心，但在对各类学科进行逐一论述的过程中，次序一目了然：人文学科、社会学科、科学和数学。人文学科在整个知识体系中的首要地位由此可见一斑。而在人文学科中，英语又无可争议地成为“人文学习的核心”，它为通识教育“目标的达成”提供了“独特的机会”（红皮书，107）。

红皮书的整体基调偏高，概述性强。但关于中学英语教育的部分似乎有着自己独特的风格（红皮书，107～119）。这一部分展现了当时充满争议的文学创作与文学研究。在这一部分里，英国文学批评家瑞恰慈（I. A. Richards）的影响显而易见，而整册红皮书中谈及的“完整的人”“智慧”“生活的艺术”也无不受他的影响。瑞恰慈于 1944 年从英国的剑桥大学来到哈佛，在剑桥大学时，他已是英语文学新领域的开拓者和领军人物。① 瑞恰慈的著作包括《美学原理》（*The Foundations of Aesthetics*，1922，与奥各登和伍德合著）、《文学批评原理》（*Principles of Literary Criticism*，1924）以及《实用批评》（*Practical Criticism*，1929）。他同时还积极倡导“基本英语”（Basic English）。“基本英语”是一个计划，旨在通过减少动词的使用 158
并将词汇量尽可能减少至 850 个，将英语确立为一门世界通用的语言。值得一提的是，哈佛大学专家委员会的绝大多数成员

---

① 至少，瑞恰慈的传记作者认为红皮书中有关文学的那部分全部由瑞恰慈完成，他也是人文学科几个章节的主要撰稿人。See John Paul Russo, *I. A. Richards: His Life and Work* (Baltimore: Johns Hopkins University Press, 1989), pp. 486 – 488.

都是身兼行政职务的杰出教授，在这一点上，瑞恰慈则显得特别了。他标新立异，爱好辩论，同时还是个初来乍到者。此前，他在剑桥倡导一种叫作“文本细读”（close reading）的文学批评方法，强调语言的使用以及文本的形式特征，对于文本以外的因素，如作者生平及作品创作的历史年代，则一概忽视。他的文学批评理论影响了一大批重要的批评家，包括燕卜荪、利维斯等。来到美国之后，他的影响依然强劲，“新批评主义”便是在他的影响下发展起来的，他的追随者包括兰色姆、维姆萨特（W. K. Wimsatt）、比尔兹利（Monroe Beardsley）以及布鲁克斯（Cleanth Brooks）。[①]

瑞恰慈文学研究方法最突出的一个特点或许就是它的科学-实证倾向。他曾一度想成为精神分析师，在《实用批评》中，他提出一种诗歌教学的方法，其中的逻辑与弗洛伊德的日常生活的精神病理学非常相近。瑞恰慈的诗歌教学方法被弗雷斯特（John Forrester）称为“日常阅读的精神病理学”。[②] 瑞恰慈在课堂上给学生印的诗歌都去掉了作者的名字，然后让学生对诗歌做出点评。这在一定程度上是诱使学生犯下“错误”，比如学生可能会认为莎士比亚的十四行诗虚夸而俗不可耐，对字面意思的理解可能会与实际大相径庭，用“常见回答”代替真正解读。这样一来，瑞恰慈便可以充当精神分析师，诊断学生所犯的错误（有时是直接在课堂上，有时则是在纸面作业上）。通过这种方式，瑞恰慈教会学生如何更好地阅读诗歌——

---

① 关于瑞恰兹对“剑桥文学研究学派”的影响，参见 Stefan Collini, “The Study of English,” in *Cambridge Contributions*, ed. Sarah J. Ormrod (Cambridge: Cambridge University Press, 1988), pp. 42-64。

② John Forrester, “The Idea of a Moral Science, State Funding and Teutonophobia: The Creation of the Humanities in Early Twentieth Century Cambridge,” manuscript.

保持一颗善感灵动的心，时时留意文本中细小的意蕴。他的学生就如诊所里的病人，经过医生的诊断后，可以按照医生的指导通过一系列方法纠正自己的缺陷和病态倾向。实际上，《实用批评》传授的是如何摒弃自身的局限性，培养批判思维的能力。它的终极目的仍然指向“完整的人”。

瑞恰慈显然是专家委员会里举足轻重的人物，这一点可以
从英语教学的这部分讨论中看出来。前面已提到，人文学科是
核心课程中的核心，英语则是人文学科的核心。然而，关于英 159
语教学的这部分内容却与红皮书的其他部分完全不同。可以想
见，当时瑞恰慈在写作这一部分时，既没有人协助，也没有遭
到反对。这部分的写作方式也与其他部分不同，最明显的一点
是瑞恰慈确立了一种“正统性”——明确告诉人们怎样才符合
规范。瑞恰慈在这部分的开篇列出了应该坚决予以抵制的当时
“盛行的趋势”：

> 不顾整体形式的设计，片面强调事实性的内容……
>
> 忽视对文本本身的关注，一味强调文学史，追寻历史语境……
>
> 将文学与公民学和社会学等学科生拉硬扯，建立关联，但此关联却是牵强附会……
>
> 浓厚的说教意味：太过关注文学作品对实际行为的指导性意义……
>
> 对文本蕴含的意义进行不负责任的解读……（红皮书，110~111）

同样地，应予以倡导的趋势也明确列了出来：

> 文学的道德性结论不应被看成对一系列箴言或说教的遵从，而应看成想象力的提升，愉悦感的增强，以及洞察力的进一步清晰……（红皮书，111）

最后，瑞恰慈还对一些事项加以强调，包括：

> 对于内涵丰富、意味深长的好诗歌、好段落必须加以细读，并认真研究……
>
> 参透作品的意义需要注重以下要素：字面意义、比喻与象征意义、作者（或说话者）的语气、语调、意图及其对于自身观点的态度、对于自身作品的态度、对于读者及其他相关人事的态度……
>
> 关于隐喻：隐喻非常实用，甚至可以说是必需的。（红皮书，112）

瑞恰慈逐一列出的事项是作为“共识”出现在红皮书上的。具体地说，这些事项是“英语教学艺术与科学的共识”，走的是“中间派的路线政策”，也就是经过各方讨论协商之后的结果。但实际上呢？它们只是瑞恰慈20多年来在英国倡导的多维项目的缩略版，其中体现的野心和决心可谓一脉相承（红皮书，113）。瑞恰慈的文学批评理论全然排斥了文本以外的因素，因此与红皮书中反复强调的“文化遗产”这一概念背道而驰，更不用说某一特定国家或民族的文化遗产了。在红皮书中，“文化遗产”被认为是整个通识教育的关键所在。

哈佛大学专家委员会也许是因为认可了瑞恰慈教学方法中
160 对道义（moralism）和个体精神（individualism）的强调，才会

容忍他对“文化遗产”的背离。应该承认，瑞恰慈的方法强调苏格拉底式的魅力教学，同时受阿诺德的影响，提倡以传道般的热情来鉴赏文化，且不应带有任何偏见。瑞恰慈在剑桥大学初登讲台之时，每堂课之前都会亲自向前来听课的学生收费，因为那个时候的剑桥大学尚不支持英语这门新学科，因此，对于瑞恰慈而言，考虑教学的方式是出于职业的需要。他强调教师这一角色的重要性，认为优秀的教师能传递一种力量，这一点在红皮书中得到了很好的体现，“若想让一个学生对知识与智力探索充满热情，最好的方法是给他找一位致力于追寻真理的老师。从讲台后迸发出的智慧的火花会点燃学生追寻知识的火焰，并且永不熄灭”（红皮书，72）。这一段对教学的描述明显受到阿诺德的影响，但又深深扎根于美国传统中对教学的热望。爱默生曾在日志中写道：“支撑教师的是一种信念：人是可以被改造的。而人确实是可以被改造的。人需要被唤醒；让灵魂起床，让它从习惯性的深度睡眠中醒来。”[①] 红皮书的其他作者在论述美国的文化遗产时，除了突出公民的义务与责任，也强调了对个体的崇尚以及教授美德的必要性。在他们眼里，瑞恰慈对于教师使命的认识与“美国的剑桥”（即哈佛大学）一贯以来的传统是完全一致的。

红皮书有不少匪夷所思之处。纵观全文，美国的教育是为了“让尽可能多的美国公民更好地认识并理解他们的责任与福利，而他们之所以肩负这些责任，之所以能享受这些福利，正

---

① Ralph Waldo Emerson, entry for April 20, 1834; in Joel Porte, ed., *The Journals and Miscellaneous Notebooks of Ralph Waldo Emerson* (Cambridge, MA: Harvard University Press, 1982), p. 123.

是因为他们是美国人，因为他们是自由的”。但有意思的是，红皮书最核心的部分却是一个英国人写的，并且这个英国人还别有他意。对于这一点，很多人都想不明白。此外，既然课程设置是为继承“文化遗产”服务的，那红皮书中最关键的关于英语教学的部分却又决然杜绝历史语境，也会让很多人难以理解。还有人可能会纳闷儿，仅凭课堂教学如何传承共同的文化遗产？无论课堂教学多么振奋人心，承担此重任似乎还是有难度。然
161 而，红皮书遇到的最大问题并不是上面这些，而是专家委员会的很多提议最后被哈佛大学全体教员否决了，包括一门人文学科必修课——瑞恰慈的“我们共同思想的源泉：荷马、旧约全书及柏拉图”（Sources of Our Common Thought：Homer，The Old Testament，and Plato）。这代表着哈佛大学核心课程制定者们的一次失败，然而，实际操作中的失利并未影响红皮书长远的声名。

红皮书的作者们坚信，课程设置必须体现某种连贯性的原则，确定哪些知识是维系公民身份所必需的。这一信念正是红皮书对于教育领域最为持久的贡献，同时也是最具争议性的。一旦涉及公民身份，重任便自然而然落到了人文学科的肩上。红皮书的作者们认为，只有人文学科才能有效地传承文化遗产，塑造完整的人——“机敏而进取”，有强烈的责任感，对自我和他人都高度负责；一方面拥有独特的个性与人格，是自由的个体，另一方面又被共同的责任联系在一起（红皮书，77）。只有在人文学科中，个人才有机会与空间在探寻自身身份的同时参透生命本质和意义，理解人类生存现状中的玄妙与沉重。也只有在人文学科中，人们才能领悟，自由来之不易，它不只是我们对历史与传统的被动继承，很多时候，自由来自不得已

的武装冲突，为了原则，为了一些不可剥夺的权利，人们浴血奋战。还是只有在人文学科中，我们才能抵挡现代性所带来的疏离与淡漠。实现人的全面发展，将人文学科与国家认同和国家安全联系起来——这就是作为战时文件的红皮书对人文学科的定义。

美国民主制下的高等教育："杜鲁门报告"（1947）

红皮书在哈佛也许失利了，但它很快以杜鲁门高等教育委
员会报告的形式成为一项国家政策。这份报告总共六卷，是在 162
红皮书出版后的次年问世的，而美国高等教育委员会也是在那一年成立的。《美国民主制下的高等教育》，或称"杜鲁门报告"，谈及了教育的各个方面，但其中最有成效的提议主要集中在"社区大学"上。二战后学生人数激增，社区大学正是为迎合这一需求而被提上日程。杜鲁门报告将教育定为国民事业的重中之重，是联邦政府重点资助的对象。关于政府如何更好地支持教育的发展，报告给出了详尽的思路与规划，在这方面红皮书没有谈得很深入。但在众多的分析与提议上，杜鲁门报告都直接借鉴了哈佛大学专家委员会的成果，如认定"通识教育"是"团结核心"的基础。与科南特组建的哈佛大学专家委员会一样，美国高等教育委员会也哀叹教育领域出现的分化、专业化和工具化，杜鲁门报告中的措辞语句想必会得到哈佛大学专家委员会的高度认同。例如，高等教育委员会认为，职业认证在很大程度上是有代价的，最惨痛的代价便是丧失对公民义务与责任的全面认识，"通常，学生接受的教育局限于某个特定的职业领域，在这个领域中，他获得了必要的技能。但履行公民义务与责任不仅需要一颗公民心，还需要健全的人格，在

这方面，学生就没能得到很好的教化”。为了抵制这种不良倾向，美国高等教育委员会提议“美国的年轻人需要一个统一的通识教育”，通识教育的目的是“传承共同的文化遗产”，在一个“自由社会”中，“形成对公民身份的正确认识”。它认为，教育本身并不是目的，而是“一种手段”——一种通往“充实的人生和自由坚实社会秩序的手段”[①]。所有这些，在哈佛大学专家委员会的报告中都有谈及，而高等教育委员会只是重申而已。有一个例外：“共同的公民身份”在哈佛红皮书中只是一个短语，而高等教育委员会的报告明确指出，在通往共同公民身份的道路上，我们需要取消配额制（quotas），因为配额制限制了犹太人和黑人接受高等教育的权利。

杜鲁门报告并未着重论述人文学科，但它还是为接下去有关人文学科的激烈讨论做了重要的铺垫。高等教育委员会在报告中展望战后的世界：战后的世界内在联系紧密，各国彼此之间依赖性强，然而，这是一个充满危险的世界，以往
163 从来没有出现过。高等教育委员会因此将目前的阶段称为“危机年代”。在这一危机中，美国的安全在一定程度上取决于教育体制能否发挥作用，能否用共同的遗产将一个自由社会团结起来。因为在杜鲁门报告发布的时代，危机是世界性的，可以说是“全人类的危机”。[②] 几年之后，杜鲁门报告中所称的危机已经侵入人文学科，成为人文学科自身的危机了。1964 年，

---

① *Establishing the Goals*, vol. 1 of *Higher Education for Democracy: A Report of the President's Commission on Higher Education* (New York: Harper&Brothers, 1947), p. 49. 此处涉及的段落均出自 Wilson Smith and Thomas Bender, eds., *American Higher Education Transformed, 1940 – 2005: Documenting the National Discourse* (Baltimore: Johns Hopkins University Press, 2008), pp. 83 – 89。

② Ibid., p. 7.

历史学家普拉姆编了一部论文集《人文学科的危机》，里面的多数论文批判了专业化、职业化的倾向，历数了教育中的一系列问题，如课程设置缺乏连贯性，学术论文术语堆积，整个教育丧失目的性等。[1] 巧合的是，同一时间出现了另一份文件：由美国学术团体协会（the American Council of Learned Societies，ACLS）、美国研究生院委员会（Council of Graduate Schools in the United States）和美国大学优等生荣誉学会（Phi Beta Kappa）共同资助的《人文学科委员会报告》。该文件的发布直接促成了国家人文学科捐赠基金会于次年成立。这是最好的时代，也是最坏的时代。正当人文学科遭遇混乱与危机时，联邦政府决定成立一个新的机构，专门支持人文学科的发展，捍卫国家利益。

美国学术团体协会：人文学科委员会报告（1964）

人文学科委员会由 20 个成员组成，其中包括 5 个活跃的人文学者，但是，这个杰出的委员会却并未听说过人文学科有什么危机。在委员会看来，危机是全局性的，比如美苏太空争霸、美苏导弹危机、肯尼迪总统遇刺。虽然人文学科本身并无危机，但它可以帮助应对全局性的危机——这是委员会报告的出发点。报告称：“如今人文学科的现状让人质疑美国的领导力地位。”[2] 164
这不是因为人文学科本身已经陷入绝境，而是相比科学而言，人文学科获得的资助少得可怜。1945 年，范内瓦 · 布什向杜鲁

① J. H. Plumb, ed., *Crisis in the Humanities* (Baltimore, Penguin Books, 1964).

② *Report of the Commission on the Humanities* (New York: ACLS, 1964), 4 (citations hereafter Report and given in text); online at http://www.acls.org/uploadedFiles/Publications/NEH/1964_Commission_on_the_Humanities.pdf (accessed April 25, 2010).

门总统提交一份题为《科学——无边的疆域》（*Science: The Endless Frontier*）的报告，由此开启了战后美国对科学的大规模投入。① 为了督促国会采取行动，建立它认为的平衡，委员会表达了深切的忧虑之情。人文学科被定义为人的护卫者，人类生存的基础；它代表着人类的本质，代表人类最美好的期冀；人文学科还是人类进步与发展的驱动力。

> 人文学科进行的是最具人性的研究。人类历史上，每个时代的每个人都在形成、保持或改变着他们的社会、道德和美学观念，在这一过程中，人文学科发挥了重要的作用。说到历史或文化，便会涉及人文学科。人文学科不仅仅是记录我们的生活，我们的生活实则构成它全部的素材。人文学科的主题是人。因此，我们提出一个面向全体民众的项目，它的使命堪比国防。我们虔诚护卫着的，便是我们的信仰，我们的理想，还有我们业已取得的最高成就。[人文学科委员会报告（简称报告），1]

即使拿哈佛红皮书和杜鲁门报告的高标准来衡量，这也称得上是最高境界的理想主义，实在让人印象深刻。

美国学术团体协会的报告保留了红皮书中对人的抽象定义，尤其是将其与美国联系在一起："所有人的眼前都需要一个愿

① Vannevar Bush, *Science: The Endless Frontier*, A Report to the President by Vannevar Bush, Director of the Office of Scientific Research and Development, July 1945; online at http://www.nsf.gov/about/history/vbush1945.htm (accessed April 25, 2010).

景，这是一个他们可以为之奋斗的理想。当前的美国人比以往任何时候都更需要这样一个愿景”（报告，4）。与此同时，报告也与红皮书一样强调了作为个体的人与作为公民的人——在这一点上，人文学科的主体仍然具有十足的阳刚之气，一方面，他是一个独立的个体，有着独立思考的能力和追求精神与情感满足的权利；另一方面，他又是一个负责任的公民，对于社会整体有着不可推卸的责任与义务。此外，报告还搬用了红皮书 165
中强调的另一个概念“智慧”，这个词让人想起阿诺德的时代。当前世界充满威胁，智慧似乎不可或缺：

> 民主制度需要每个普通人具备智慧。没有智慧的运用，无论是机构的自由还是个人的自由，均会无可避免地受到危害。了解历史、学习历史，可以让人变得聪慧，这是其他方式无法实现的。在这方面，人文学科不仅是我们的希望，也是世界的希望。（报告，4）

不过，该报告并非全无新意。对于人文学科这一话语，报告也做出了一些新的贡献。它以一种深沉警醒的语调传递了这样一个信息：只有人文学科，才能将我们从内忧外患之中拯救出来。委员会称，人类的命运悬而未决，在人文学科方面，美国承受不起屈居第二的后果（报告，4）。言外之意跃然纸上。从这份报告中，我们看到了一种令人欣喜的迹象：“人文学科”这一学术界的新术语已开始与我们文化中最奢侈的希望和最深远的恐惧纠缠在一起。

在报告中，人文学科委员会对人文学者寄予了厚望，同时也施加了相当大的压力。似乎生存的钥匙就掌握在人文学者的手里，“人文学者应该帮助国民理解公正、自由、美德、美和真理等永恒的价值。这是他们的任务，也是他们的责任。唯有如此，我们才能继承民族和人类的遗产”（报告，4）。没有人文学科——更确切地说，如果不增加对人文学科的投入——人与人之间会越来越疏离，直至陷入原始的幻觉，最终沦为暴虐和野蛮的猎物。其中有一段话似乎映射了20世纪60年代初的美国，“当人们内心除了空虚别无他物时，就会去寻求各种方式麻痹自己，而他们所处的社会也会罪行滋生，动荡不安”（报告，
166 5）。进入21世纪，我们看到的又是怎样的景象？似乎是一场宏大而壮丽的战争，一边是人文学者与来自“文化遗产”的苏格拉底、高文爵士（Sir Gawain）和超人，另一边则是来自流行文化的嬉皮士、少年罪犯等。

由此可以看出，1964年的这份报告有一个显著的特点：人文学科被赋予了艰巨的使命，可谓任重而道远，与此相应，人文学者肩上的担子也变沉了许多。另一个特点是将美学中的“非功利性”特质与清教徒似的反物质主义联系在了一起：

> 美国被赋予的领导地位不能仅仅取决于武力、财富或技术上的优势。只有远大的目标和负责任的（excellence）实际行动才能让一个民族获得威严和尊崇，其他民族也才会跟随它的步伐。这些都是精神上的东西。如果我们停止鼓励创新，拒斥美好而奇异的事物，如果我们不再关心人类的终极命运——简言之，如果我们忽视了人文学科——那么，无论是我们的目标，还是我们为之付出的努力，都是值得怀疑的。（报告，5）

红皮书中雄劲的道义，在经历了一代人之后，已经转化为对精神力量的推崇，例如创造力和感受美的能力。到目前为止我们引用的段落都出现在报告的前五页，报告的这种效率实则也是自信的体现。这些文字将人文学科与一系列概念联系在一起，包括精神的提升、对美的直觉感受力、创造力、想象力、公民美德以及世界领导力。

在 1964 年的报告里，人文学科的现状与说辞之间似乎有着不可逾越的鸿沟，不过，这鸿沟后来还是被填补了：在促成国家人文学科捐赠基金会成立的法案中，便有许多文字直接取自该报告。[1] 有了国家人文学科捐赠基金会，人文学科的研究和教学便得到了来自华盛顿的资助，直至 20 世纪 90 年代，这一资助受到了来自内部的诘难。国家人文学科捐赠基金会时任主席威廉·班尼特（任期 1981 ~ 1985 年）及其继任者琳恩·切尼（任期 1986 ~ 1993 年）向国会提议废除国家人文学科捐赠基金会这一联邦机构，理由是人文学者已不再像先前那样，探讨高尚、美德与真理，他们的学术与教学已被全然“政治化”了。 167
两人的诘难揭示了美国人文学科这一概念所蕴含的内在矛盾。一方面，人文学科表达了“美国精神”，另一方面，它又以个

---

① 例如，设立捐助基金的条款中有这么一段：“民主需要公民具有智慧和视野。因此，它必须促进、支持某种形式的教育并使民众有机会学习艺术和人文学科，这种教育的设计使得所有背景的人因此能够成为科技的主人，而非它的不知思考的工具……艺术与人文学科反映出的是美国人民赋予这个国家的丰厚文化遗产的崇高地位……赋予美国的世界领袖之地位不能只建基于超级国力、财富和技术之上，而是必须被坚实地建基于全世界对我国的尊敬和仰慕之上——因为我国是思想和精神领域的领袖，拥有崇高的质量。” National Foundation on the Arts and Humanities Act of 1965, Public Law 89 - 209; online at http://www.neh.gov/whoweare/legislation.html (accessed April 25, 2010).

人的自我实现为基础。换句话说，人文学科可以被理解为受国家资助的支持个体独立的学科，甚至可以说人文学科对国治主义（或国家主义，statism）有天然的抵制情绪，最终却仍要服从国家的利益，这种自相矛盾让人难以理解。所以当班尼特和切尼等保守派人士①没能从人文教授们身上看到足够的爱国热情时，他们就感觉受到了背叛。

这其实是一种误解，而导致这种误解的则是国家人文学科捐赠基金会本身的运作程序。该机构的运作程序似乎规定了国家与学术之间某种特殊的关系。与其他国家的政府机构不同的是，美国的国家人文学科捐赠基金会并不是根据既定的规则分配资金的，它只是充当了赞助者的角色，赞助的都是通过了同行评审的项目。这就造成了一种假象，似乎学术是一个有着自身运作规律、自给自足的实体，虽然实际上所有的资金都来自国家。不过，只要国家一直坚定地捍卫个人自由，而个人自由又完全服从于国家的最高利益，那么，这样一种模式是完全没有问题的。但实际情况是，在有些人看来，国家的利益，或者说政府的利益，与个人的行为之间总会时不时地出现一些距离，作为个人的学者也不例外——这本身其实也是无法避免的。只是有些人认为既然两者之间出现了距离，国家就不应该继续资助。

尽管类似的诘难时有发生，国家人文学科捐赠基金会还是继续着对人文事业的资助，不过力度比以往小了。如今的国家

---

① 这种话语的例子可参见 20 世纪 90 年代的文化战争：Dinesh D'Souza, *Illiberal Education：The Politics of Race and Sex on Campus*（New York：Free Press, 1991）; and Roger Kimball, *Tenured Radicals：how Politics Has Corrupted Our Higher Education*, 3rd ed.（Chicago：Ivan R. Dee, 2008）。

人文学科捐赠基金会在解释自身的工作时，仍然沿用了1964年报告中的话语："民主制度需要智慧，所以国家人文学科捐赠基金会通过支持人文学科的茁壮成长，向美国普通民众教授历史的智慧，服务于我们的国家，使之进一步发展壮大。"① 2005年，国家人文学科捐赠基金会庆祝了40周年的生日，为此还专门发行了一个小册子，小册子的题目《无畏而自由》（*Fearless and Free*）似乎提醒着人们这个机构诞生的年代。正是从冷战岁月开始，美国的教育与学术才有史以来第一次与国家的地缘政治挂上了钩。

美国生活中的人文学科：人文学科委员会报告（1980） 168

1964年美国学术团体协会的报告透露着一种坦率，令人精神为之一振。无论是其中美好的话语还是具体的提议，都是直截了当的风格，甚至还掺杂着一种天真无邪的意味。在随后的岁月里，这样一种风格变得越来越难以为继了。人们清楚地意识到，这个国家的文化、军事和政治问题已经不能仅凭一个支持学术（还有博物馆、图书馆和一些拓展项目）的政府机构得到有效的解决。实际上，报告发布的当年也许是最后一次人们可以将人文学科称为捍卫国家意志的工具或国民性格的展现。倘若一定要指出这一愿景幻灭的标志性时间，那也许就是1964年的8月，当时密西西比自由民主党（Mississippi Freedom Democratic Party）在民主党全国代表大会（Democratic National Convention）上的席位被否决，与此同时国会通过了《东京湾决议案》（the Gulf of Tonkin Resolution）。托德·吉特林（Todd Gitlin）称，正

---

① See "What We Do" on the NEH's web site: http: //www. nehgov/whoweare/overview. htm (accessed April 25, 2010).

是在那个时刻，“伟大社会”（Great Society）的愿景演变成了越南的梦魇。[①]

到 20 世纪 70 年代末期，许多美国人感到一种新的危机正在悄悄蔓延。卡特总统在 1979 年 7 月 15 日的一次演讲中，将这种危机称为“信心危机”（Crisis of Confidence）。在此次著名演讲中，卡特总统指出了美国面临的两大威胁，一是对于能源进口的依赖，二是一种病患（演讲中并未使用这个词），比前一种威胁更为抽象，且更为深入，用卡特总统的话说是“以平常的方式几乎是不可见的”。这是一种“严重折磨和困扰心灵、灵魂和精神的危机”，这种危机“体现为我们对于自身生命意义的困惑，以及面对民族使命的迷惘”。这种病患最明显的迹象是“对自我放纵和消费的追求……但我们已经发现，用外在的东西填补内心并不是明智的做法……假若我们丧失了信心和目标，我们生命中的空虚就永远无法被填平”[②]。卡特总统是工程
169 师出身，后来成了小说家和历史学家［那是在 1980 年总统大选败给罗纳德·里根（Ronald Reagan）之后］。在这一次演讲中，他以一种忧郁的语调，分析了美国当前文化和政治生活所面临的危机，这正是哈佛红皮书问世之后人文学科最为关注的话题。甚至早在红皮书之前，人文学科就已经注意到了现代性所带来的人与人之间的疏离，并通过借助古典名著与之展开了势不两立的斗争。

我们接下来将探讨最后一份报告，而卡特总统的演讲及其

---

① Todd Gitlin, *The Sixties*: *Years of Hope*, *Days of Rage* (New York: Bantam, 1978), p. 178.

② See Jimmy Carter, "Crisis of Confidence," online at http://www.pbs.org/wgbh/amex/carter/filmore/ps_ crisis.html (accessed April 25, 2010).

提到的危机正好为最后一份报告提供了最确切的历史语境。这份长达180页的报告题为《美国生活中的人文学科》,赞助方为洛克菲勒基金会（Rockefeller Foundation）。[①] 参与撰写报告的洛克菲勒委员会由32位成员组成，主席是当时斯坦福大学的校长理查德·莱曼（Richard Lyman）。报告开头便提及人文学科的忧虑："我们文化中的人文学科，现状堪忧。"（人文学科，xi）报告很多地方都遵从了前面提及的几份报告的说法。比如与红皮书中一样，在这份报告中，"智慧""领悟生活"和"遗产"等字眼频频出现。报告还直接照搬了1964年美国学术团体协会报告中的分析，且对其中的分析不加置评，如将人文学科与批判思考、美学鉴赏和道德判断联系在一起；又如认定人文学科代表着某种"精神性的东西"，能够抵抗"物质主义"的侵蚀；再如坚称民族命运与人文学术不可分割。报告写道："必须强调的一点是，假如人文学科被放逐到了不相干的边缘，那么，我们民族的使命将受到极大的局限，我们的文明将危在旦夕。"（人文学科，109）

这种忧虑并非无中生有，因为当时的人文学者们自己也并不认同将人文教育染上强烈的道德说教色彩和民族主义情绪。在那之前的几十年中，有三种因素在削弱人文学科与国家之间的联系。第一种因素同时也是最重要的一种因素是接受高等教育的人数变化。二战后，学生人数激增，高等教育的性质发生 170
了由下及上的变化。学生人数增多了，多样性随之出现，约定俗成的教学方法已无法适应新的形势。不仅教学方法被要求适

---

① *The Humanities in American Life: Report of the Commission on the Humanities* (Berkeley and Los Angeles: University of California Press, 1980). 此后文中引用皆注明"人文学科"加页码。

时而变，而且传统意义上的人文学科也已不再是所有学生优先学习的科目了。第二种因素是各门学科自身的定义和自我认识在不断拓展。古典传统已不再是当代文明的唯一源泉或最佳典范。不断涌现的新学科和分支学科已不再将国家或民族的利益和使命作为参照系，与此同时，学术本身的定位也变得越来越全球化。第三种因素是研究在高等教育中逐渐占据主导地位——这里当然有国家科学基金（National Science Foundation）、国家卫生研究院（National Institutes of Health），不错，还有国家人文学科捐赠基金会的推波助澜。这种主导地位意味着各门学科已变得日趋职业化，注重研究的同时注重新知识的产出。

对于科学而言，注重研究意味着科学——这门原本只为科学而科学的学科——已不可避免地与工业和商业挂钩。一位学者如此写道，“一条不间断的链条将科学研究与技术、工业、生产、经济增长、财富、民生与福利紧紧地联系在一起”，正是因为有这一链条，“科学研究才有了最为正当的理由”。① 人文学科此前一直无法如此直接地与财富、民生和福利联系在一起，但到了 20 世纪七八十年代，人们发现人文学科也完全可以致力于研究，与此相伴而生的是对理论的高度感受力和理解力，以及对于原著文本的淡化。这一转变导致的结果是从 20 世纪七八十年代开始，许多著名学府的人文教育将教学的重点从原先的价值观和文化遗产转为技能或专长。以哈佛为例，原先设置的

① Henk Wesseling, “The Idea of an Institute for Advanced Study: Reflections on Science, Art, and Education,” Uhlenbeck Lecture 20, given June 14, 2002 (Wassenaar: Netherlands Institute for Advanced Study in the Humanities and Social Sciences, 2002), p. 15.

“核心课程”到了70年代对于所谓共同传统已经只字不提，取而代之的是“道德推理”“量化推理”“社会分析”。

上述三种趋势——高等教育的民主化，知识的全球化以及 171
大学作为研究机构的共识——显然都无助于实现红皮书或1964年报告所期冀的目标。而假若洛克菲勒委员会仍然对那些目标充满希冀——虽然是对传统的尊重，但逆潮流而行——那么它的报告就很难避免一种警世的基调，毕竟时至今日，人文学科与民族使命之间的联系已不再如当年那样得到重视与强调了。

洛克菲勒报告中最传统的部分也许是一对有趣的组合：一边是伟大的忧国忧民的情怀——整个民族和文明的命运均受到了威胁，而人也越来越脱离最本质的人性；另一边则是详细的增加拨款的提议（其中的31份提议中，除了6份之外，其他全部涉及钱的问题）。这样一种组合到了1980年已让人觉得可疑，甚至显得庸俗，尤其在人文学者们自身看来更是如此。为了得到微不足道的资助，他们需要夸大其词、言过其实，实在是可悲可叹。正当班尼特当选国家人文学科捐赠基金会主席时，梅尔·托普（Mel A. Topf）在一份对报告的评论中将一贯以来对人文学科的辩护之词形容为枯燥的重复性说明：“为什么我们需要不断地说明同样的问题?”在他看来，唯一的原因便是这样的重复说明“提供了有价值的服务”，即通过一而再、再而三地说明没有人文学科的世界会怎样地迷失，怎样地不人性，从而“为人文学科赢得资助”。[1] 梅尔·托普一针见血地指出人文学科的官方话语其实是一连串的编造之词，意图不轨；它只是一

---

[1] Mel A. Topf, “Smooth Things: The Rockefeller Commission’s Report on the Humanities,” *College English* 43, no. 5 (1981): 463 - 470; quotation is from p. 468.

种豪言壮语，唯一的目的便是获取资金。他认为，“人文学科”这个词语本身就是“一种虚假可疑的定义……它如同弥尔顿之死（Milton's Death）了无痕迹，对于给予它生命的科学，它既沉迷又不得不予以攻击……那些如今还在谈论人文学科传统的人只是在徒然地怀旧罢了”（人文学科，469）。由此可见，人文学科的价值已经遭遇了挑战。

172 话又说回来，洛克菲勒报告并不全是重复性的说辞。这份看似陈词滥调、老生常谈的报告中，还是有三处崭新的内容。第一，普拉姆 1964 年编选的论文集里提到的“人文学科的危机”在此报告中终于得到了承认，而且这个危机不仅限于资金，更多地在于人文学科本身的实践。报告称，学术界并没能逃离卡特总统所说的危机，即使命感与目的性的丧失，“许多人可能会说，人文学科已置身危机。他们认为这种危机象征了愿景与意志的衰减”（人文学科，3）。在 20 世纪 90 年代的“文化战争”中，人文学科的危机已不再如 80 年代那样只是整体危机的表征，而是成了罪魁祸首。第二，1964 年美国学术团体协会的报告提及“奇异的、美好的事物”，而洛克菲勒报告则更进一层，更加深入地触及了人的内心生活，因为人文学科也在人的内心世界里。在“文化和公民身份”这一章的末尾，报告写道：“公民价值之外还存在别的价值，它们通常远离公民生活，存在于极其私密、亲近的个人空间。这是对于个体的第二种理解，同样能在人文学科中找到阐释，因为它与个体的公民性一样，深植于我们的文化遗产中……对于生活中的经历，人文学科能够提供极为个性化的洞见”（人文学科，12～13）。这段话明显烙上了洛克菲勒基金会委员、波士顿大学学者海伦·万德勒的印记（她后来很快去了哈佛大学）。海伦·万德勒是著名的诗评家，于2005年出版了《看不见的听众》一书。[1]在人文学科的“非功利性”特质（此前有所谈及）方面，该报告是对1964年报告的继承，不过，这种“非功利性”特质的凸显也反映出报告委员会内部的分歧：不受外部世界左右的个人思考、反省与感受力偏离了公共的公民美德这一既定轨道。

第三，报告突出地点明了支持人文学科的民间力量，这
也许是洛克菲勒报告对人文学科最有意思的贡献。来自公 173
司、基金会和个人的慈善资助“为各种类型的倡议和反馈提供了机会。此种类型的慈善资助附带的政治和官僚条件要少很多，因此有助于创新，同时也能为颇具争议的项目提供更多的自由空间”（人文学科，151）。民间支持可谓美国对于人文学科这一概念又一特色贡献，甚至比民族身份和国家安全更胜一筹，原因是它代表了自由市场私人企业家的独特视角。

洛克菲勒报告的赞助者既不是大学，也不是学术联盟，而是一个名为洛克菲勒的私人基金会，其创办者便是自由市场的私人企业家。拯救美国的人文学科于水深火热之中，这在洛克菲勒基金会看来，是一项不容推卸的责任。类似洛克菲勒的同类基金会都一致认为赞助尖端人文学术研究是最自然的事，因

---

① Helen Vendler, *Invisible Listeners: Lyric Intimacy in Herbert, Whitman, and Ashbery* (Princeton, NJ: Princeton University Press, 2005). 美国学术团体协会（ACLS）和洛克菲勒委员会之间的一个显著区别就是，前者早期小组委员会的20位成员里面只有一位女士，而后者却增至5位十分强势的女士，这里面包括海伦·万德勒，斯密斯学院校长吉尔·康威（Jill Ker Conway），斯坦福的副教授南纳尔·基奥恩（Nannerl Keohane）（她很快就担任卫斯理大学的校长，接着又担任杜克大学校长），以及教育电视台西南中心主任艾达·芭瑞拉（Aida Barrera）等。

为一旦这一赞助的责任落到国家的肩上，就意味着需要依赖纳税者的支持，这样一来，学术研究的性质与内容便会出现争议。这些基金会也明白，要靠联邦政府提供所有所需支持是不可能的，同样，想让联邦政府成为人文学科最有力的声援者也不现实。不过，从洛克菲勒基金会发布报告至今，基金会对人文学科的支持有减无增。在主要基金会中，只有梅隆基金会（Andrew W. Mellon Foundation）例外。洛克菲勒委员会撰写的报告从深度、广度、资质和野心①等各个方面来看都达到了较高水准，此后若有同类报告也都难以望其项背。《美国生活中的人文学科》发表之后，撰写人文方向报告的国家委员会逐一消失了。一边是政府资助的急剧下滑，另一边则是基金会支持力度的减弱，人文学科由此更容易遭遇意识形态的攻击。不过也并不是没有捍卫者，其中最有激情的还是自红皮书以来在人文学科话语中一直深受赞誉的普通公民。

174 来自民间的声音：理查德·J. 弗兰克对人文学科的思考（2009）

美国的人文学科有一个显著特点：普通公民通过慈善支持人文学科，其中的媒介往往是私人基金会。在美国，人文学科和私人慈善之间的联系可谓深厚而久远，而且很多人希望这种

---

① AAU2004 年的报告《重新激发人文学科的活力》（*Reinvigorating the Humanities*）是由一群著名的学者撰写的，领头人是约翰·凯斯亭（John Casteen），时任弗吉尼亚大学的校长；但是该报告在概念上有些单薄，关注的是数据、“最好的实践”的一些例子和具体的建议。Online at http://www.fas.harvard.edu/~secfas/General_Education_Final_Report.pdf（accessed April 25, 2010）.

联系可以更宽广。[①] 人文学者所在的办公楼，包括图书馆，有的便是个人投资兴建的，并以这些投资者的名字命名；人文学者的薪水、研究费用、会议费和休假期间的薪水至少有一部分是来自个人的捐赠；刊发人文学者文章的出版物也许就得到了个人或私人基金会的支持；即使是人文学者们所在的学院或大学也由浩大的发展项目支持。可是，多数人文学者并没有意识到他们的工作无时无刻不得益于民间资本的支持，这实在让人惊讶。有些人文学者即使坐在私人基金会主席的位子上，也仍然对幕后的赞助者不闻不问，无论是对他的观点还是对他的生活经历，都一无所知。我一直坚持一项原则：对我们的朋友我们一定要多加了解。本着这项原则，我想在此以理查德·J. 弗兰克（美国人文学科领域最慷慨的捐赠者之一）的一篇文章为例，考察慈善家眼中的人文学科。弗兰克是约翰·纽文公司（John Nuveen Company）的前任主席，芝加哥人文艺术节（Chicago Humanities Festival）的首创者，同时也是芝加哥大学弗兰克人文中心（Franke Center for the Humanities）的创建者。他的《人文学科的力量——兼论人文学者面临的挑战》一文[②]发表于《代达罗斯》（*Daedalus*）2009年的冬季刊，此刊总共选登了人文学科领域 12 篇文章，由美国艺术与科学学院（American Academy of Arts and Sciences）批准

---

① 欧文·白璧德引用已故拉丁美洲作家 Aulus Gellius 的抱怨说，人文精神（humanitas）已经变成了“杂乱的慈善，也就是希腊人所谓的博爱主义（philanthropy）”，而其真意则是“信条”或者“纪律”。参见 Irving Babbitt, *Literature and the American College: Essays in Defense of the Humanities* (Boston: Houghton Mifflin, 1908), p. 6。到 15 世纪，当 humanity 一词在英语中出现时，将该词与博爱主义连在一起的第二层、第三层意思就完全消失了。

② Richard J. Franke, “The Power of the Humanities and a Challenge to Humanists,” *Daedalus* (Winter 2009): 13 – 23（后面的引文在文中给出，皆注明“弗兰克”加页码）。

供稿。

弗兰克的文章是这一期中唯一一篇既非著名学者所写又非梅隆基金会某位高级行政人员所作的文章。文章虽被收录其中，弗兰克本人实际上却并不属于这个团体。他的写作方式和
175 思考方式与学者迥异，他丰富的生活阅历也为他提供了与其他作者不一样的视角。然而，在我考察的人文学科这一话语领域中，弗兰克完全在行，甚至可以说比其他作者更在行。他同样相信“人文学科维护了我们最恒久的价值观，并赋予其生命”；他也坚信人文学科是为人生做准备的，尤其在道德判断与决定方面；他还相信人文学科“与公民性紧密相关”。此外，他也认同“在过去的几十年中人文学科遭受了冷遇”，而除了最显而易见的原因，一个重要原因是人文学者自己也未能清楚地阐释他们所做工作的价值所在（弗兰克，13，22，13）。由于弗兰克的许多观点与之前所谈及的人文学科委员会的观点不谋而合，他开篇引用哈佛大学通识教育任务组 2007 年《任务组关于通识教育的报告》（简称为任务组报告）中有关“通识教育”的论述也就不足为奇了。哈佛大学的这一报告的核心仍是如何让课程设置服务于哈佛大学的目标，即培养“完整的人”，让他们能学以致用，“将哈佛所学用于今后的为人处世”。①

弗兰克所关注的正是走出校园后人们的生存状态，这实质上也是他唯一关注的问题。人文学科的价值在于应用，而非在

① *Report of the Task Force on General Education* produced by the Task Force on General Education (Cambridge, MA: President and Fellows of Harvard College, 2007), v; online at http: //www. fas. harvard. edu/ ~ secfas/General _ Education _ Final _ Report. pdf (accessed April 25, 2010).

于学科自身。例如，洛伦佐·瓦拉（Lorenzo Valla）对《君士坦丁赠礼》（*Donation of Constantine*）的辨伪代表了学术方法的一次胜利，也是“我们今天所称的细读”或“批判性思考”的先例，但其价值在于揭示了人文学科能以何种方式服务于公共利益（弗兰克，15）。弗兰克承认以培根和达·芬奇为代表的科学也会涉及批判性思考，但他对这两者做了区分。在人文学科里，“我们的情感和价值观始终在起作用”，所以“与科学研究不同的是，人文学科的批判性研究不会将人的情感与预先的设想搁置一旁——我们需要坦然面对自身的偏见和情感投入”（弗兰克，17）。经商依赖于良好的判断力，而无视自身
的偏见只能干扰我们的判断，因此，我们需要借助人文学科改 176
善商业运作。弗兰克在约翰·纽文公司就组织了由教授主持的员工研讨会，这类研讨会“对于约翰·纽文公司的商业成功至关重要”（弗兰克，19）。与艺术一样，人文学科的作用也能通过生动的再现体现出来。例如，如果艺术家和作家能参与公共政策的制定过程，通过再现的手法帮助人们理解自然灾害和人为灾害造成的破坏性影响，我们的公共政策便会更加有效。此外，弗兰克还尊重传统意义上的人文教育与功利主义之间的距离，这一点也需要肯定。例如，他写道，伟大的艺术作品对于“生活的本质和目的”提出了“根本性的问题”。他继而又明确地指出，我们之所以阅读，也是为了“探寻那些问题的答案”（弗兰克，21）。弗兰克最后总结道，正因为上述种种原因，人文学科是“公共生活的必需，它帮助我们设想我们行动的后果，它提供的工具又能帮助我们做出明智的政策决定。此外，来自人文学科的一切道德、美学和精神性的发现还能揭示人类经历的共通之处，为成功而充实的生活打好基础”（弗兰

克，18）。弗兰克所说的若用一句话概括，就是人文学科让我们成为完整的人。

弗兰克的文章思路清晰。其洞察力的背后是一份自信，这份自信一方面来自人文学科这一话语的传统积淀，另一方面则来自弗兰克在商场上所获取的成功。但从语言风格和实质内容的角度考察，弗兰克的文章又与人文学者的学术思路相去甚远。弗兰克对人文学术似乎没有太大的兴趣，至少从这篇文章看来是如此。虽然弗兰克对艺术的领悟力也许超过班尼特和切尼，但是他未将“人类文化档案”看作学习本身的目的，即纯粹为了精神享受而学习，而是将其当作通往“成功生活”路上的一个助手。他也丝毫不在意当下人文学术领域的范式究竟是新批评主义、解构主义、女权主义、精神分析法、马克思主义、历史主义还是文化主义。他的文章中几乎只字未提学术界，在他看来，学术界似乎只是一个教学的地方。从根本上来看，弗兰
177 克对人文学术这一概念的整体把握还是紧紧围绕了实用这一主旨，最终，一切回归于商业利润。他坦言直陈人文学科能帮助赚钱（他自己就是一个最好的例子），对人文学术中的批评性、抵制性的立场则全然不顾。人文学者读了他的文章，或许会感到窘迫难堪，甚至尴尬。

弗兰克的文章本意是想赞誉人文学科和人文学者，但为何却让人文学者深感尴尬与不安？这绝不可能是因为他说得不对，或者他谈论的内容没有价值。人文学科能帮助人们在生活中取得成功。谁又能否认这一论断呢？（难道人文学者会认为人文学科对成功生活没有任何助益？或者认为人文学科反而铸成了生活中的失败？）显然不是这样的。唯一的原因是弗兰克是从与人文学者截然不同的角度出发看待人文学科的。他是绝对的人文

派，只是他对于人文学科的理解全然来自一个业余者的毕生热情，而非来自专业学术。学者就不一样了。各类资格认证的程序耗尽了学者们对于人文学科的热情。很多研究生最初满怀憧憬与希冀，凭着一腔热情，立志干出一番天地，但后来呢？正如哈佛大学通识教育任务组 2007 年注意到的那样，研究生阶段的学习对学生有一种“去人文”的作用。他们的思维方式变得结构化，表达方式变得模式化，而他们与所属学科的关系也完全职业化了（任务组报告，2）。他们所关注的问题与弗兰克提出的问题截然不同，也不再关心自己的工作能否带来现实的利益。如果一个研究生在评论文学作品时简单地说《安提戈涅》能帮助人们理解道德的内涵，或索尔·贝娄（Saul Bellow）的《赫索格》（*Herzog*）阐释了“情感忠诚”的价值，他/她会被认为缺乏职业成熟度（弗兰克，19，21）。在学者们看来，弗兰克对人文学科的勾勒便是这样一种尴尬，如同成年人观赏一幅婴孩的画。

弗兰克的观点、态度和生活经历与他所支持的人文学科的 178
工作者们迥异，而人文学科的发展需要弗兰克们的支持，我们对此应如何看待？这样一种关系中，是否存在理想的错位？是否存在恶意或玩世不恭的实用主义？人文学者应如何认识慈善之举，才能问心无愧地寻求慈善家们的支持？

我们需要换一种思考方式。首先，我们可以将弗兰克的文章与同一期《代达罗斯》中的一篇人文学者的文章对照分析。普林斯顿大学的迈克尔·伍德（Michael Wood）在《一个没有文学的世界？》一文中①回应了弗兰克“对人文学者的挑战”。他以自己所在的文学批评领域为出发点，向公众阐述了该领域的价值所

① Michael Wood, "A World without Literature?" *Daedalus* (Winter 2009): 58 - 67.

在。他在开篇处写道，其他学科均与知识相关，但文学批评“大不相同”。当我们遭遇文学时，我们遭遇了什么？伍德对此加以剖析。其文章才华横溢，以下引述一段：

> 文学……并不是关乎信息或公告的学科。文学是一种化身，一种行为方式。文学对人的心智的影响乃日积月累、细水长流。如果我们具备较强的接受力、洞察力抑或足够幸运，文学便能激活我们的认知——无论是对于自我还是对于他人的认知，使我们重新认识生活中那些被忽略、被遗忘或处于灰色地带的东西，并唤起我们对生活中各种可能性的再认识——所有这些，很多人也许不以为然，在他们眼里这些并不算知识。

伍德倾其一生精力投身文学，才有此语。从专业的角度看，它似乎比弗兰克的功利主义更具洞察力，因为它实际上是把弗兰克的思想翻译成了更具学术性的语言。伍德的视角更高远，目光放得更长远，也更具说服力，这主要与伍德毕生在人文学科
179 领域所从事的工作有关。他与弗兰克的差异只是表面上的，而共通之处却极其深远。

其中一个不同之处涉及范围。弗兰克的思考出发点是个人和公司，而伍德考量的是作为一个物种的人类。虽然有此差异，但他们的观点却极为相似。伍德将文学与经典联系在一起，库切（J. M. Coetzee）将其定义为人性的，或至少是有关生存的。[①]

---

① J. M. Coetzee, “Zbigniew Herbert and the Figure of the Censor,” in *Giving Offence: Essays on Censorship* (Chicago: University of Chicago Press, 1996), 151; quoted in ibid., p. 62.

伍德进一步阐述道，这种与人性相关的东西展现了一种文化思维方式，那就是对其他生命体的关注或“非漠然”的态度（伍德，65）。当我们让文学进入我们的心灵，我们便认识到自身对于这个世界的种种智力、知识和情感的投资，而这种投资由于受到认可和尊崇，也就变得更有价值。弗兰克对于投资和价值的认识也许有一定的局限性，比起伍德的理解亦更具体一些，但实际含义却相差不大。弗兰克所从事的工作本质上也是在鼓励学生形成对其他生命体的“非漠然”姿态，在与他人相关的经历中注入一种更强的参与感和想象力（弗兰克，19）。在这一层面上，弗兰克与伍德也是接近的。①

如果说弗兰克证明了被职业化的人文学科并非一门冷酷、
理性的学科，它的认知方式并非全然客观与理性，在方向上既 180
可以是第一人称的叙述方式，也可以是第三人称的视角，且对学习它的人大有裨益，那么伍德实则揭开了弗兰克教育的实质：人文学科，尤其是文学，最终并不是为了所谓昌隆与成功，虽然这当然很好，但其本质是关于人类的生存，并让这种生存受到认可与尊崇。

所以，虽然弗兰克与伍德在鉴赏力及高深程度方面有一定的差距，他们实际却是站在一条战线上的。在他们的认知中，人文学科绝不能被量化成一种简单的知识，而是代表了作为人

---

① 这方面的一个同路人是 Toril Moi，她最近对西蒙·波伏娃（Simone de Beauvoir）对认同的重要性的理解做了赞赏性的阅读。波伏娃指出：“为了更好地阅读，我不得不与某人表示认同：与作者认同；我不得不进入他的世界，他的世界必须变成我的。” Simone de Beauvoir, Contribution to *Que peut le literature*? Ed. Yves Buin (Paris: 10/18 – Union Générale d'Editions, 1965), 82; quoted in Toril Moi, "What Can Literature Do? Simone de Beauvoir as a Literary Theorist," *PMLA* 124, no. 1 (January 2009): 189 – 205; quotation is from p. 193.

的最深层的利益与意志：作为全面发展的人，我们需要从各个层面解释与认识世界——知识智力层面、情感层面以及道德层面。诚然，人文学科，包括文学研究，包含了许多实证的知识，但其本质与核心，也就是与其他学科的不同之处，激活了人关于自身的认知。通过接触一个文本或一件艺术品，我们发现、认识自我，形成不同的思维和感知方式，对于自身抑或对于他人，我们都能从不同角度去探究，也由此形成一种对人生境遇的可控性。如果我们能用一种“非漠然”的姿态去审视过去的文化产品，我们便会把自身现世的经历带入其中，因为过去也许会影射当今，不同的人生经历也会相遇、交织，我们从历史中看见自身的影子。由此，我们的人生也许会发生微妙的甚至是本质性的改变。我们的思维会从眼前具体的领域拓展到抽象的所在，从小我中看到大我，看到人类历史中一些具有普适性的经历、概念与框架。这种想象能把我们从现世生活中解放出来，引领我们走向无限宽广的未来。

181 我一直在强调当今人文学科的视角具有文学性、美国性，也有深层的慈善与博爱的含义。它根植于一种信念，即人类有能力进行改变与创造，包括艺术家、发明家、一切领域的拓展者和改革家。这些人之所以做出创新与改变，是基于对现状的不满，对潜在可能性与未知的追求。文学能够激发并滋养这种渴求，这也是美国自我认知中非常重要的一个因素。爱默生认为文学能够给我们一个平台，让我们认识自身的生活，并改变之。[①] 实际上，这样的表述既适用于文学家，也适用于慈善家。

① Ralph Waldo Emerson, “Circles,” in *The Essays of Ralph Waldo Emerson* (Cambridge, MA: Harvard University Press, 1987), pp. 177 - 190; quotation is from p. 185.

慈善家的想象力让他们创造新的现实，他们中的一些人支持赞助商业院校，另一些人则赞助人文学科的发展。

当今大部分学者都不会将自己的工作称作大学的灵魂，抑或是高等教育的道德中心；他们也不会认为人文学科触及一个民族以及全人类最深层次的需求。一些人认为学者们所从事的工作是在帮助人们增加成功概率或是幸福指数，学者们自身却认为这是对他们工作的一种粗俗的误解。很多学者将自己看成专家、专业人士，他们的工作并不是“软性”的，而是有实实在在的、具体的贡献，如增加人类常识、调节资本运作等。因此，有些学者认为人文学科也是如此，与自然科 182
学或社会科学并无不同。但这样的辩护没有认识到人文学科与其他学科在本质上的差异。如果坚持认为人文学科和其他所有学科是一样的，这并不能巩固它在大学中的地位，只会让它消失得更快。

至此，我们可以看到一个很有意思又极具讽刺意味的现象：反倒是慈善家对人文学科无比尊崇。他们知道金钱是如何产生的，认识市场运作的机制，但同时他们认可人文学科的独特性，认可其价值。最重要的是，他们认识到，最明智的投资，其目标是长期的回报。因此，他们可以毫无障碍地理解教育家弗莱克斯纳（Abraham Flexner）所谓“无用知识的有用之处”。[1] 这种知识从短期来看并不产生效益，但从长远来看却可以产生更持久的回报。因此，从长远的角度看，像弗兰克这样的慈善家

---

① 这是弗莱克斯纳于1921年所写的一个备忘录的题目，后于1939年10月发表于 *Harper's Magazine*（544 - 552），网上见 http：//www. ias. edu/hs/da/UsefulnessOfUselessKnowledge. pdf（accessed April 25，2010）。该文本成为弗莱克斯纳于1930年帮助建立的高等研究所的奠基性文件。

认识到了人文学科作为无用知识的有用之处，它能给人带来快乐、价值感，并具有教育意义。此外，虽然许多慈善家在政治上坚持保守立场，虽然他们知道许多教授在政治上往往是自由派或左派，他们却仍然支持学术界。虽然教授们的思维跳不出政治的框架，但慈善家们敢于并乐于超越政治。总之，如今人数越来越少的资本慈善家其实都是理想家，而依赖性越来越强的学者们则普遍愤世嫉俗。这样一种现状也许值得学者们反思。

人文学科作为美国梦

到此为止，我谈到了关于人文学科的两类话语，一类是官方委员会的报告，另一类是慈善家关于人文学科的看法。许多
183 学者也许会认为两种话语都离两者行为的语境太远。我在本章的结论部分就来谈谈人文学者自身对于人文学科的看法。德尔班科 1999 年出版了一本书，书名为《真正的美国梦》。[①] 这本书并不是讲人文学科的，其内容很杂，包含的领域也非常广，有关于历史、辩论、布道还有一些个人的见证，以及关于美国生活的流水般的思考与冥想。但既然人文学科是美国生活的一部分，也是作者毕生从事的工作，因此我将这本书理解为一本从特定视角书写美国人文学科的书。事实上，我们可以将《真正的美国梦》解读为对亚当斯最初论断的一个证实，即人文学科才是真正的美国梦。德尔班科曾批评过人文学科中出现的某些不良倾向，他本身具有很高的学术地位，因此由他来写这样一本书确实是再合适不过了。

---

① Andrew Delbanco, *The Real American Dream*: *A Meditation on Hope* (Cambridge, MA: Harvard University Press, 1999). 以下引用采用文内注释，以“德尔班科”加页码标注。

《真正的美国梦》开篇分析人们为什么有梦想。德尔班科认为人很容易产生一种缥缈的虚空感，觉得生活没有目的，没有意义，因此梦想就是为了克服这种主观感受。[①] 人们之所以讲关于未来的故事，也是为了将注意力从这种直觉中转移出去。[②] 而这些被讲述的、重复的故事最终形成了一个民族的“文化”，正是这种文化，让德尔班科有思考的基础和希冀。这种对存在的恐惧感的应对方式是人类作为一个物种的特征，但美国人因其历史的缘故尤为意识到这种应对的必要性。从清教徒开始，人们便讲述有着复仇情结的、无所不在的上帝。这些故事让人意识到人死后的痛苦，帮助他们在活着时逃离“孤寂的地狱”（德尔班科，117）。然而在19世纪，这类故事慢慢失去了可信度，美国人逐渐从宗教转向对民族的叙述。在20世纪60年代以后，这类故事又从民族转向了自我，转向了个人。因此我们可以粗略地将美国历史分为三个阶段——关于上帝、民 184
族和自我——“前两个阶段有着连贯的信仰，第三个阶段出现断裂与紧张的等待”。（德尔班科，Ⅲ）

《真正的美国梦》虽然是一个关于希望的思考与冥想，却首先是关于无助感的叙述。作者在书中最喜欢用的一个词是忧

---

① 德尔班科引用了克利福德·吉尔兹（Clifford Geertz）关于生活是虚空、盲目、无意义的这种令人痛苦的说法：生活好像是“一种无形的怪兽，既没有方向感，也缺乏自我控制力，痉挛性的冲动与模糊的情感交织成一片混沌”。Clifford Geertz, “Religion as a Cultural System,” in *The Interpretation of Cultures*（New York: Basic Books, 1973）, p. 99; quoted in ibid., p. 1.

② 此处可以比较一下 Iris Murdoch 对“现代心理学”为我们提供的心理或精神形象的表述：“心理是一个历史地决定的个体，它坚持不懈地寻找自身……它的一个主要消遣就是白日梦。它不愿意面对不快乐的现实。它的意识通常不是一块可以透过它观察世界的透明玻璃，而是多少有些像奇异的白日梦的云朵，该云朵被设计出来就是为了保护心理阻挡痛苦的”。*The Sovereignty of Good*（London: Routledge & Kegan Paul, 1970）, pp. 78 – 79.

郁感（melancholy）。在美国文化语境中第一个论述忧郁感的理论家是托克维尔，他将忧郁感与民主联系在一起，认为前者是后者的一个特征。德尔班科在书的开始引用了托克维尔关于民主的论述。“在民主制国家中，人很容易得到一种条件上的平等，但又不能随心所欲，使所有的欲望都得到满足。也就是说，人们可以看到的平等、条件和机会永远在促使人们向往更多，但又无法全部给予他们，从而产生一种不满足感，一种忧郁感，这种感觉时刻萦绕在民主制国家人们的心头，也就是富足中的忧郁。”[①] 民主制让人产生一种求得完美的幻想，它给予人富足的承诺，让人产生这种承诺必定在某天实现的幻觉。从这个意义上，美国也是世界上最忧郁的国家。由此，德尔班科说，他关于希望与希冀的思考也可以被看作“在特定的美国语境下关于忧郁的理论”。（德尔班科，2）

德尔班科对我们所处的时代尤为感到忧郁。在他看来，我们的时代与前几个时代相比尤为空虚。清教徒上帝虽然令人畏惧，却让人叹服；关于民族的叙述，尤其是杰斐逊、惠特曼、林肯和梅尔维尔等人的论述，也激励人心。[②] 但如今我们所处的阶段，即从 20 世纪 60 年代中期开始至今，关于民族的梦想崩溃了，取而代之的是关于个人满足的白日梦；值得用血泪汗水与牺牲换来的共同命运也让位于对消费文化的沉溺；

---

① Alexis de Tocqueville, *Democracy in America*, trans. Philips Bradley (New York: Vintage, 1990), 2: 139; quoted in Delbanco, *The Real American Dream*, p. 2.

② 德尔班科十分赞赏地叙述了杰斐逊所想象的美国公民形象：十分务实但又受到良好的音乐、数学和博物方面的教育；熟谙人性，有道德观，有自制力，自信沉着，致力于追求大家的共同利益。关于杰弗逊对新共和国公民的理解，请参见 James Gilreath, *Thomas Jefferson and the Education of a Citizen* (Washington, DC: Library of Congress, 1999)。

那个梦想着满足与实现的自我，那个沉迷于不断获取与得到
的自我，也完全失却了实质内容，变得空洞无物。德尔班科
找到了导致绝望的各种原因——从人满为患的监狱到抑郁症的 185
飙升，社会已被作为消费者的个人利益与欲望俘虏，国民的着眼点永远是金钱（而那些论断还是在 1998 年做出的）。因此现今的我们，满目的所有物，却深陷痛楚与孤独。这样一种困境让德尔班科体内的清教徒道德家复活了——抑或是卡特总统——他问道："富足究竟给我们带来了怎样的益处？"（德尔班科，106）

于是，德尔班科建议我们应该采取行动，颠覆自我，放眼世界。他期待有一天能够像威廉·詹姆斯说的那样，"自我的枷锁被彻底消解"。[①] 那时，"人们不会纯粹地用民族来定义自己的身份"，而会将自己与整个大人类联系在一起。德尔班科也许希望进入世界这个层次，但世界之所以吸引他，正是因为它代表了民族的最高境界。他说，"真正的"美国梦，"永远是一个世界梦……做一个真正意义上的美国人，意味着我们的眼光永远要超越美国本身"（德尔班科，117）。在这样一个振奋人心的全球化视野下，德尔班科与"红皮书"之间相隔不远，两者在关于人类的话语上可谓异曲同工。

这种相似性是深远的、多面的。两者都基于这样一个认识，即教育的目标最终是培养有道德的公民，包括文学的学习与研究在内的人文教育可以帮助人实现自我，继承人类的文化。德尔班科在写作时采用的语言平实且通俗易懂，与其

① William James, *The Varieties of Religious Experience* (1903), in William James: Writings, 1902 - 1910, ed. Bruce Kucklick (New York: Library of America, 1987), p. 250; quoted in Delbanco, *The Real American Dream*, p. 6.

说他的写作是跨学科的，不如说是反学科的，这意味着他所面向的读者群不是仅仅局限于专家学者，而是面向关注这个问题的广大公民；字里行间透露的不是知识而是智慧。他的
186 书中最具人文关怀的是他认为作为自由的美国人所具备的责任。他引用了梅尔维尔在《白外套》（*White-Jacket*）里写美国命运的一个段落：

> 我们美国人是一个奇特的、受青睐的民族——是我们时代的以色列——我们身兼世界自由之使命……我们的民族需要完成大事业，我们的灵魂需要被滋养，这是上帝与人类共同的预期……让我们永远记得，此刻，人类有史以来第一次，民族的自私能够惠及万众。同样，如果我们不以世界为基点，我们便也无法惠及美国。①

对于梅尔维尔来说，美国人代表了人类中一个特殊的、有优越性的群体，因为美国政治与政府的治理方式鼓励他们放开手脚，探索人类生存状态的各种可能性。也是在这个层面上，我们才可以说美国人的利益在根本上与整个人类的利益是一致的，也才有了“民族的自私惠及万众”这样的说法。

说到博爱的问题，就又把我们带回到原先慈善这个主题，由此我们也能更清晰地勾勒出美国作为一个民族的特色：我们梦想着通过人文教育达到人的自我实现。在我们的教育中，人文学科应当是最重要、最中心的环节。人文学科的发展需要民间慈善，这点作者在书里也论述得很精当。在书中的演讲部分，

---

① Herman Melville, *White-Jacket*; *or*, *The World in a Man-of-War* (1850), chap. 36; quoted in Delbanco, *The Real American Dream*, pp. 57 – 58.

慈善是一个大主题，无论在形式上还是内容上，与“对人类的爱”和“对人民的爱”都是极为一致的，而这样的爱也正是慈善的核心之所在。

更值得一提的是，作者用了忧郁一词——暗含缺失、非完成的状态——来贯穿行文。我们已经从前面的论述中了解到，关于人文学科的话语包含一些意象，如自我实现、精神满足等。我们祈祷，我们应对危机，我们渴望生存，渴望成功，所有这些，似乎都与人文学科有着千丝万缕的微妙联系。一种深层次
的、执着的渴求，带着忧郁的渴求，奠定了人文学科的基调。 187
在美国，人文学科绝不仅仅指代一些学术科目和一个学术领域，它如同幽灵般无所不在，它是一个理想国，我们置身其中，渴求日臻完美，这也就是学术中的“美国”。

从某些方面来看，《真正的美国梦》是美国对马克斯·韦伯 1904 年写的《新教伦理与资本主义精神》的一种回应。[①] 韦伯认为现代资本家的一个特征是“前所未有的内在孤寂感”，这个孤寂感让人从自身所属的文化社会群体中抽离出来，其本质是由利益驱使的（《新教伦理与资本主义精神》，169）。韦伯是一个德国社会科学家，他并不熟悉人文学科及慈善领域。但假设他是个美国人，他也许会从像卡内基和梅隆那样的慈善家的行为中窥见现代资本家克服孤寂感和减轻忧虑感的方式，让他们重新与社会结合，融入更大的事业中。与许多资本家一样，卡内基和梅隆是在年迈时开始投身慈善事业的，他们支持了一大批有意义的工作，这其中便包括了人文学科的发展。两位早年都致力于生产——无论是生产钢铁还是通过银行业生产利润，

---

① Max Weber, *The Protestant Ethic and the Spirit of Capitalism*, trans. Talcott Parsons (New York: Charles Scribner's Sons, 1976).

而他们转而支持人文学科的发展，这样一种转变其实很容易理解，因为我们如果从慈善的角度思考，便会认识到人文学科本身就是一种慈善事业，它的目标是促成人类的发展。它绝不仅仅是一个学术领域，它能让美国人——或者通过美国人，让世界——认识和接触传统，体验美，树立正确的道德意识，也就是塑造完整的人，将他们置身于完整的文化与完整的世界中。美国人文学科不只是由慈善支持着，也不只是被慈善的精神感召着。确切地说，美国的人文学科本身就是一种博爱与慈善，它是慈善的学术形式。

美国的基本理念建立在个人的权利之上，包括生命权、自由权和追求幸福的权利，这样一种理念也在很大程度上解释了人文学科为什么一直以来在美国高等教育中占有特殊地位。它
188 也能解释为什么人文学科的概念已经传遍了世界各国，其传播的速度不亚于英语、美元、摇滚、篮球以及美国电影。此外，这种理念的诉求是自由、自我价值及归属感，而这些是可以通过在学校学习人文学科逐步获得的。最后，理念本身也让我们理解为什么领导人文学科发展的势力主要集中在美国，并不是因为美国人比其他人更聪明，而是因为人文学科本身就是一种美国的话语，其最深层的根基和内涵在某种程度上决定了它很难被确切地翻译到其他的文化语境中。

* * * * *

如果我们需要通过一个很短的故事讲述人文学科的发展历程，故事大概会是这样的：最初，我们有所谓的语文学（philology），它是一个大叙述，后来逐渐分成科学和人文学科。语文学的着眼点在语言学形式的源起、语言的形成和发展以及种族和人类

的发生与演变。最初它关注的是古典文学，并繁荣了一个多世纪。随着宗教对课程设置影响的逐渐淡化，语文学让欧洲与美国许多大学院校的课程设置有了根基。然而，20 世纪初期开始，语文的教学及科学基础受到了质疑。作为研究文学的一种方式，语文学在许多另辟蹊径的批评家面前逐渐败下阵来；作为一种科学，语文学也无法与快速发展的自然科学媲美，虽然自然科学曾一度以语文学为发展的榜样。最终，在后宗教时代肩负着探索人类起源的语文学在美国扎根了，它扎根于人文学科的概念之上。和语文学一样，人文学科也强调文化与遗产。到 20 世纪中期，人文学科与个人满足、创造力、自由等理念深深联系在一起，此时的人文学科已成为博雅教育的核心所在，成为通识教育的中心，它帮助我们建立一种共同的文化，并以学术语言表达着美国的民族个性：好学、开放、对恐惧和需求 189
无所畏惧，并以一种尽可能客观的姿态探索人类生存状态的无限机会与可能性。对于人文学科的支持——无论是公共的还是民间的——都被看成一种带着启蒙特征的爱国主义形式。二战以后高等教育发展迅速，人文学科也进入了一个发展的黄金阶段，它自信沉着，受人尊崇与景仰。

然而，随着冷战的结束，人文学科似乎失去了存在的理由。此外，与其他学科一样，人文学科也被职业化了，被隔绝了，永远只指向自我，关乎自身，寻求自我的正当化与合法化。人文学科与国家和个人的关系被削弱，失去了存在的合理性，身处孤立的境地。曾经被用来应对各种危机的人文学科，此时自身陷入了危机。随着高等教育变得越来越职业化，越来越实用、功利，偏向科学与研究，大学中的职业学科以及各类科学不仅吸引了更多的注意，也获得了更多的资源和地位。

如果想让这个简短的故事有所转折，那么人文学者们需要寻求方法激活他们所从事的学科与个人自由和自我实现之间的关系。他们需要证明，无论是国家，还是个人，都有理由来支持他们所从事的工作，而不应该用自然科学和社会科学那一套逻辑来重新建构人文学科，使之合理化。此外，他们还需要接受自身领域的理想性，甚或是空想性，即与现实不那么契合的地方。他们有义务让公众明白，人文学科产生于美国，它体现了美国的希冀，从这个意义上来看，如果我们忽视、贬低人文学科，将其边缘化，那么最终的代价便会失去这些我们赖以生存与发展的希冀。当然，我们的传统民族自我认识中有些东西即便丢失，也不会造成什么损失；我们甚至可以说我们传统中
190 的有些东西应该被丢弃。但通过教育使民众实现自我这样的希冀是绝不能丢弃的，否则就会对美国的自我认知构成严重威胁。我们也需要严肃对待美国认知中慈善与博爱的主题：作为一个全球化程度很高的民族，美国在关于人的创造性研究方面有能力也有责任领导世界，领导力在这里不应该被理解成主导性，而是一种模范和表率作用。

只有在一个权威可转移的国家，人文学科的理念才真正具有现实意义。在这样一个国家里，参数永远不是固定的，人们的选择也不会因身份受到限制，他们需要通过自己的判断驾驭一个周遭世界，人们都有各自的想法和动力。人文学科的学习让人们学会灵活分析、处理问题的方式，尤其是在我们的国家，问题是需要定义的，解决方法自然也需要灵活；在这样一个国家里，富有想象力和个性的人会得到认可和尊重。在一定程度上，人文学科在变动中求发展，而这种变动的极端就是危机。人文学者的工作永远是在思考和应对各种危机——社会、道德

和政治危机，这就是人文学科。

人文学科不能满足我们所有的需求或填补我们所有的欲望，它本身并不能使我们变得完整与完美。这原本也是不现实的。事实上，人文学科也恰恰是在具有缺失的环境中才能发挥其最大的效力。在缺失中，伍德所谓个人认知才能穿越客观的、非个人的知识形态并得到升华，因为在这样一种环境下，我们关于世界的认识才会最大限度地激活我们对于自身的认知。本书的最后一章便是写人文学科如何在特殊的环境下帮助人们求得自我认知的突破。

191 第七章　高处的深度：与美军战士品读康拉德

对于一个一辈子都生活在学术圈的人而言，去一趟科罗拉多斯普林斯就如倒着走了一遍《黑暗之心》（*Heart of Darkness*）的历程。纵深处迎接你的是开阔天地里的一片光亮。云淡风轻，空气稀薄但清爽洁净。走着走着，你时不时抬头，想想停停。西边是众神之园（Garden of the Gods）和一望无际的派克峰。北边是詹姆斯·道伯森（James Dobson）气势恢宏的“爱家协会”（Focus on the Family），一家公司的总部，礼品店及历史博物馆。再往北几英里是新生活教堂（New Life Church），创建者是现在已名声扫地的泰德·哈格德（Ted Haggard）；这座教堂既是商场又是娱乐园，大厅里成群的年轻人正赶着去听又一场励志演讲。演讲人身着蓝色牛仔衣，将讲述他如何从失去自我到再度找回自我。再往前，道路末端往落基山（the Rockies）的
192 方向就是呈几何形的美国空军学院（the U.S. Air Force Academy）。我将在那主持一个研讨班，主题便是对《黑暗之心》的讨论。

走在学院大道上，肃敬之心油然而生。这里笼罩着一股神秘的爱国主义气息和福音派基督教（evangelical Christianity）的神圣庄严感。我不禁担忧未来一周近二十个小时的课程是否会制造一种认知上的不协调，尽管选择《黑暗之心》作为读本的是他们，而不是我。众所周知，空军学院在文学研究方面并不

见长。过去几年，人们对空军学院的认识大多来自一系列丑闻事件，如宗教迫害和性骚扰。这不禁让人想起康拉德书里的布鲁塞尔（Brussels），小说里的马洛（Marlow）形容这座城市为粉饰的坟墓，此语出自圣经福音，意为“外在美艳但内里藏着的都是死人的骨头，污秽不堪”。

我越是思考即将到来的研讨会，越能体会到其康拉德式的含义。当然，对于一个康拉德迷来说，所有的场景都可以设想为康拉德式的。无论怎样，我们也不能否认《黑暗之心》有其特殊的代表意义，其场景极具原生态，叙述形式又非常简单（沿着河岸往上游抑或往下游），小说所反衬的主题又是关于现代性及其对立面，于是我们似乎可以看到世界上各个角落都有黑暗之心的隐喻。现代性产生黑暗之心的速度与规模都是无可比拟的。若在谷歌上同时搜索“黑暗之心”和“康拉德”，你能搜到的结果也就 40 万条，但若只搜黑暗之心，那你搜索的就不只是一个文本，而是一个概念，最终得到的结果大约有 200 万条。小说本身的人物刻画也极具代表性，带点超现实的意味，接替出现，在一定程度上类似关于个体的寓言，就如《天路历
程》（*Pilgrim's Progress*）中的角色。因此无论你是谁，你都可 193
能在这部作品中找到自己的影子。

很多时候，你甚至能找到好几处自己的影子。根据情境的转变，你也许能从一个角色过渡到另一个角色。前一刻你也许觉得自己如狂野不羁的非洲情妇，后一刻万花筒稍有转动，你又变成了那个受欺骗受背叛的可怜人。或者你最初接手一项任务时除了带一点儿冒险意味之外，并无历史使命感或意识形态上的挣扎，但稍后便如文中的科兹（Kurtz）一样发现自己身上背负了现代性的深重罪孽。文中的马洛其实就经历了这个过程。

他不无痛楚地发现他与科兹之间一直存在紧密的联系：两个人都隶属“新帮派——道德的帮派”[1]。文本中的任何事物似乎都有一颗心，它表述着自我，同时否定着这种表述。

那此刻我在何处，我的心又在何处呢？表面上，我只是去主持一次学术研讨，但其最深层的本质是什么？具体而言，我与美国目前主导的这场受空军学院支持的战争之间存在怎样的关联？我真正的任务是使部队变得更人性化吗？战争已使美国蒙羞，这毫无疑问。我与他们之间，谁才是真正的启蒙者？是试图借助战争创造民主的他们，还是我？通过文本的探讨，我也许会使他们对自己盲目的爱国主义产生怀疑，那么我是要让这种使命蒙上一层阴影吗？在用文学感化、影响他们的思想这一层面上，我小小的任务中是否也包含了某种殖民特征？如果是的，那么我如何去完成抑或是拒绝它？我自始至终是否明白自己要去做什么？我越想越觉得沉重，索性不去想，径直开车到宾馆，倒头便睡。

时逢七月，第二天一早醒来，我看到外面阳光明媚。我带
194 着一系列疑问，八点半准时开始了为期一周的课程。教室洁净，不带窗。我的学员共 18 人，年龄最大的是一个 68 岁的教授，大部分时间曾任教于著名的达特茅斯学院（Dartmouth College）和马里兰大学（University of Maryland）；年龄最小的本科在读。他们中间有上校、中校、上尉、少尉、中尉、中将，还有一些非军校的教授。对于他们来说，重新变回学生，置身于这样的教学场景一定很不习惯，而我被他们尊称为“先生”，也一下

---

① KingLeopold II, “The Sacred Mission of Civilization,” in Joseph Conrad, *Heart of Darkness*, ed. Paul B. Armstrong, Norton Critical Editions (New York: W. W. Norton & Company, 2006), p. 25（之后引用均出自此版本）。

子适应不过来，总觉得别扭。周遭气氛似乎有点不自然。

不过研讨课还是要开始的。于是我说，这本书是关于一个人离开熟悉的环境，进入未知世界的故事。康拉德自己曾如此做过，他不仅乘坐蒸汽机船穿越刚果河（Congo River），还于十几岁时离开波兰，到达法国，开始了航海历险。于是我问大家，是什么促使一个人这样做呢。

如果我教的是一群本科生，这样一个问题会立刻使课堂气氛活跃起来，大家会争相发言。然而由于他们的人生之路似乎都是预先设计好的，答案本身也许不会有很强的建设性，他们也不会由问题出发去谈论自己。但这里情况就不太一样。大家从康拉德和马洛的经历出发，不由自主地畅谈起自己加入军队的缘由。十几个版本的故事，每一个故事都有自身的特点和独特的发展轨迹。大家一般会认为，军队的生活在一定程度上不利于个性的发展，因为军队要求绝对的信任和纪律，而个性是要让位于纪律的，但此刻，这里的学生们也纷纷述说着自己是如何走上从军之路的。加入空军学院这一举动于他们而言，各有不同的含义。有些人来这里是为了解决生活中所遇到的难题，有些人则是听从了爱国之心的召唤，还有些人的选择则是家族传统使然，或是想借此探索世界，追求一种充满秩序的生活，抑或是寻求一种管理风险的体验，同时也创造了发自内心的自豪感。当然对于还有一些人来说，这也许仅仅是一份工作。一个学员这样说：“我知道我为什么在这里。如果我不加入军队， 195
那我现在应该在加州奥本开牛奶车呢。”参加学习的有从学院毕业的，也有从大学毕业后才来到学院的，有第一次海湾战争（the first Gulf War）期间加入进来的，也有阿富汗战争期间加入的，或最近才来的。并不是所有人都来自小城镇，也不是为了逃避贫困或因没有发展机会才来这里。学生中有一个来自北卡罗来纳州的，她生活一帆风顺，所以当时做出参军这一决定时她的家人很震惊。无论来自怎样的背景，学生们都一致认为《黑暗之心》这部作品出自一个他们可以理解的也能理解他们的作家康拉德之手。这个作家年轻时为了改变自己的命运，毅然决然地离开故乡，加入了一个受人尊崇的大集体，寻求一种充满纪律与秩序的生活。也是这位作家，年幼时就渴望探索世界。更为重要的是，小说刻画了主人公马洛如何遭遇一个全然不同的环境，同时也写了科兹对于纪律的忠诚如何最终以失败收场——空军学院宿舍楼前刻着这样一句话："正是纪律，使得一个自由国家的士兵效忠战场。"同时，小说又是关于一个帝国如何为了追求所谓最高普世价值，投入一项并不值得的使命的故事。

正如康拉德和马洛，参加研讨班的学生也清醒地意识到在他们所加入的这个组织里，他们的身份亦是被边缘化的。如同人文学科的教授，他们代表的是"军事学院"中"学院"这一范畴，是雅典（Athens）而不是斯巴达（Sparta）。也就是说，他们要学的不是工程、航空学、军事战略等课程，而是文学、历史和哲学。然而，处在相对边缘的位置反而给了他们一个独特的视角，在分析评论问题时才有独特的见解。无论是对政治说辞还是对实际危险，他们都具备职业上的敏感性，能够参透高层官员理想化的说辞与发生在他人身上的实际暴力之间的联系——这种暴力的受众也包括他们自己，当然不一定指身体上的暴力。我们用的是诺顿版本的《黑暗之心》，里面有一段比利时国王利奥波德二世（Leopold Ⅱ）的豪言壮语。他将刚果看
196 作个人财产，不顾刚果民众的死活，一心从象牙中谋利。在一

段题为“文明的神圣使命”（The Sacred Mission of Civilization）的演讲中，他说：“如果说为了文明的传播，我们需要付诸行动，行使特定的权利，那么可以说我们最终要履行的实则是一项和平的使命。”（119）这段话当时就让研讨班的学生联想到了布什总统在2003年圣诞节期间对美军发表的演说：“你们与恐怖分子战斗，最终是为了全世界的人能生活在和平中。”[1] 军队的战士们听到世界和平之时，就是他们部署的时刻。突然间，一位身穿制服的上校说：“本雅明（Benjamin）曾说过，人类历史上没有一段文明的进程不同时伴随着野蛮。”这也让我意识到，学员们对文明与野蛮之间、理想与暴力之间的联系有着极其深刻的认知。

我之前讲过很多次的康拉德，但在讨论中，我还是时不时被一些评论触动。大家对马洛深怀同情，认为他所面临的使命问题重重，并不是他自己预先设想的，因此他总是在犹豫是否要继续忠于这项新的使命；甚至对科兹，大家也有同情，他经受了极度孤立的严峻考验，领受了这项极腐败的任务。有趣的是，大家对于萨义德和阿契贝（Achebe）对《黑暗之心》的评论却似乎有点不以为然。诺顿版里收录了这两位大家的批评文章，在美国大学的教学实践中几乎被认为是学习康拉德的必读文本。萨义德认为，在康拉德的视域里，非洲人似乎理应被欧洲人主导，他的想象力因此也无法超越这个局限性。他说，康拉德无法“赋予当地人以自由”。[2] 在美国文理学院与大学的教学中，这个观点足以抵御所有的反对意见；然而在这里，它遭 197

① George W. Bush, presidential message, online at www.cnn.com/2003/ALLPOLITICS/12/25/eleco4.prez.bush.letter.index.html (accessed April 29, 2010).

② Edward W. Said, “Two Visions in Heart of Darkness,” in Conrad, *Heart of Darkness*, pp. 422 - 429; quotation is from p. 428.

遇了阻力。一个上尉这样说："当地人并不想要'自由'，他们只希望那些比利时人离开。再者，自由也不是康拉德能给的。"如果参照布什总统对自由的描述——自由是"上帝给予人类的礼物"——而美国又被赋予了缔造自由的使命[①]，那么，上尉的评论似乎很有些戳中要害。阿契贝对康拉德的批判——认为他是种族主义者[②]——倒是得到了一定程度的重视，不过最终，大家认为现代意义上的"种族主义"在康拉德的时代并不存在。因此，从讨论结果来看，作为巴勒斯坦后裔的萨义德和有着尼日利亚血统的阿契贝在视角和观点上似乎都太"美国化了"。

由此，我们得出结论，创作者相对于批评家而言还是胜出一筹。不过很快，讨论遭遇了瓶颈。我一直想讲讲马洛是如何坚持不懈地彻底改变整个事件的。第一个例子，小说最初，当他沿河指向英格兰心脏地带时，他说道："这里也是世界上一个黑暗之处。"我提醒大家，马洛似乎在不经意间就给他的听众设置一个又一个的思维实验，他总能颠覆、逆转现状。第二个例子就是他解释他们一行人在前往中央车站（Central Station）的200英里路上为什么没遇见任何当地人。我将这段文字念了出来："如果很多神秘的、装备着各式可怕武器的黑鬼突然行进在德尔（Deal）和格雷弗森德（Gravesend）间的道路上，随意抓捕当地乡下人为他们挑重担，我估计那一带的农场和农舍很快

---

① George W. Bush, presidential message December 24, 2003; online at. http://www.whitehouse.gov/news/releases/2003/12/20031225.html (accessed June 25, 2008).

② Chinua Achebe, "An Image of Africa: Racism in Conrad's *Heart of Darkness*," in Conrad, *Heart of Darkness*, pp. 226 - 249.

就没人了”。① 那个周三我们来了一位新的参与者——一个年轻的黑人女性，她只能来参加这一次课。我记得此前她一直很专注地看着我，听着我的讲解，但当我朗读这段文字时，她突然低头看书本，之后一小时再也没抬起头来，直到这次课结束。两天后，我在课间休息时瞥见她在走廊末端，不过没能打上招呼，之后就再也没见到过她。康拉德便是能制造诸如此类的困惑。记得几年前有一次我打电话给大学书店，订购那学期要用的文本，包括《“水仙号”
的黑鬼》（*The Nigger of the* “*Narcissus*”）②，结果接电话的店员就 198
缓慢地、一字一顿地重复了一遍“The … Nigger … of … the … ‘Narcissus’”，我感觉她语气中带着某种表示强调的谴责。

康拉德时代的刚果自由邦（Congo Free State）距离现今美国政治时隔已久，一个多世纪以来，利奥波德二世的统治被世人唾弃与诟病。马洛对这一使命的道德问题曾经困惑过，但我们已不再困惑。过去已成历史，历史的判断已不言自明，然而历史对于我们现今的讨论仍会有一定的麻醉效果。研讨会的最后一天，这种麻醉效果倒是被去除得无影无踪。那天我们讨论了科波拉（Coppola）的《现代启示录》（*Apocalypse Now*），它实际上是改编了康拉德的《黑暗之心》，不过其内容与形式更易为美国军人所理解。原先大家讨论文本时都非常坦率、直接，能够自由地畅谈，但这天的讨论却显得紧张，大家似乎都带着困惑。如果这是一个本科生的讨论课，那么讨论或许会聚焦于布伦多所扮演的科兹；而在这里，讨论却立即针对罗伯特·杜

---

① Conrad, *Heart of Darkness*, pp. 19 – 20.

② 该书有中译本《“水仙号”的黑水手》，袁家骅译，上海译文出版社，2011。在这里，考虑到上下文，书名译为《“水仙号”的黑鬼》。——译者著

瓦尔（Robert Duvall）所扮演的中校基尔戈（Kilgore）（第九骑兵队第一中队队长）展开，而且几乎成了唯一的讨论话题。他命令直升机对越南一处沙滩村进行了空袭，喇叭里放着瓦格纳（Wagner）的《女武神的骑行》（*Ride of the Valkyries*），几乎抹平了整个村庄。任务告捷后，他还要再投一个燃烧弹以示庆祝，嘴里还嚷着“我喜欢清晨燃烧弹的气味”，就像基尔戈放在遇难者尸体上的扑克牌一样，令人唏嘘。

参与讨论者都能意识到作为一名军官，基尔戈是优秀的。正如维拉德（Willard）所言，他“周身有一种神奇的光亮”。他忠于自己的士兵，赢得了他们的信任与尊重。在他的指挥与带领下，他们有动力、有安全感。尽管如此，正如一位女士在讨论中指出的，基尔戈在选择袭击地点时，故意选有武装防卫的村庄，不仅导致人员伤亡，武器装备也有损失，而这原本是
199 可以避免的。此外，他看似满怀激情，却在杀人时表现出极端的冷漠。这里面有问题吗？我们究竟应该如何评价基尔戈？

于是我们先探讨了“死亡天降”一说，这与其说是为了回答上述问题，不如说是在回避这个问题。空军与“死亡天降”之间的关系似乎是自然而然的。正如一位空军上校所言，比起陆地上的杀戮，空袭更容易执行，因为空袭执行者的行为与后果之间有更大的距离。一位年轻的女军官认为，空袭执行者需要更多的想象力，才能理解自身的行为所带来的后果——不过，这似乎同时也表明这样一个事实，即由于空袭肩负更大的风险，伤亡的发生基本是确定的，因此，一旦执行者意识到自身行为的后果，其良心上受到的刺激与震动会更大。而这种震动也许会反过来影响你的行为，让你变得疑虑重重，不再果断，并对自身行为产生困惑，这样一来，你也许会置自己与他人于更大的危险之中。

近年来，大约 1/3 的空军人员去过伊拉克，但我没问他们当中是否有人真正动用过武器执行任务。他们在述说自身经历时，也将重点放在了训练上。一位中校回忆自己如何学会转动钥匙发射导弹，当她后来途经莫斯科，她突然意识到如果那次她是在执行任务而不是受训，那么，这一简单的扭动钥匙的动作将会使整座城市沦为废墟。她左边的一个上尉补充说训练时使用的钥匙与真正发射导弹时的钥匙是不一样的，触感也全然不同。这两种钥匙究竟有多大不同？大家似乎都陷入了思考，接着便是短暂的沉默。据另一位军官回忆，曾经在执行一项高危险的任务时接到命令“派出最能胜任此任务的人选”，于是派出了一位年轻士兵，这位士兵的妻子刚生下一对双胞胎。20 年后，这一决定仍然让他深受困扰。他没有说这位士兵是否活着回来了，只说了替他做出这项决定的军官在回家两个月后自杀了。

就这样，讨论陷入了个人回忆的细枝末节中，似乎我们偏 200
离了主题和大方向。评论之间总有短暂的沉默，大家的思考有一定的深度，虽然时不时有灵感和顿悟，但进展缓慢。关于基尔戈的讨论进行了一小时之后，一位来自加利福尼亚州奥本的中校，密歇根大学英语专业的博士，打破了沉默，他说：“我穿着这身制服，因为我相信，相较于其他生活方式，我们的生活方式是为了更好地捍卫个人尊严。历史让我相信，人类的生存里，暴力是永远不可避免的。而我的道德观又告诉我，在正义的原则下，受约束的暴力永远是最佳选择。我们在这里所做的，就是训练……‘不情愿的杀手’。我们教他们所做的事情将会困扰（haunt）他们一生。但这就是我们的任务。我们训练他们所做的事，是如果国家不要求他们自己绝不会去做的事。无论如何训练有素，他们还是会被自己的所为困扰。而这种困扰却是必需的。如果他们不受困扰，那么我们在培养的是一个又一个的基尔戈——这样的人即是没有良心的谋杀犯。”

听完这段话，大家陷入深深的沉思中，每个人都低头盯着自己的桌子。就这样过了好久，我们决定休息一下。

人文学科因其特点有时给人以浮夸甚或华而不实的印象。各界知名人士曾以各种形式呼吁国家应该投资人文学科的教学与研究，包括文学、历史、哲学和艺术。我读过许多此类文章，自己也写过一些，但我还未曾见过诸如此类的论点与表述。它的大胆直指人心，发人深思——无论是在那次漫长的沉默中，还是在那以后的岁月里。

诚然，人文学科旨在培养人的良知，教会人在机械的、无意识的行为中思考，在简单的过程－结果的循环中思考，思考
201 历史、语境与道德的一系列问题，让人通过思考与想象意识到行为的本质特征与它所带来的一系列后果，因为人文学科的本质是让人们深刻理解人类处境及其所有可能性。如果身处人文学科领域的我们不承担起责任，不努力使暴力成为一种受道德约束的行为，那么，这个责任就将落在基尔戈和科兹们的身上了。

即使是在军队服役的人文教员也不常这样去思考。训练是极其严酷而苛刻的，因为它最终指向反常态的行为。然而，这种训练不应只培养摧毁的能力，同时也应让受训者形成正确的态度。空军学院英文系的使命包括“培养对所卫护文化的认可与欣赏”①，即使这种文化也许时不时需要他们去执行暴力。如

① Department of English and Fine Arts. United States Air Force Academy; online at http: //www. usafa. edu/df/dfeng/? catname = dfeng (accessed April 29, 2010).

果说人文学科旨在培养人们的道德想象力，从这一角度来看，人文学科真正的重担并没有落在普通的教授、学生或爱好文学的大众身上。需要扛起重担的是在这个社会要求他们去执行暴力与杀戮的那些人，他们需要时刻经受良心的煎熬。在这个参军出于自愿的民主国家，在人们选择参军的那一刻起，他们便肩负起这个重任。对于他们而言，正如马洛所说，这如同一个“噩梦的选择”。需要去转动那些发射钥匙的正是他们。

一周来，我们多数时间探讨的都是这样一群人和他们的故事：他们有尊严、有情感，由于各种原因走在了同一条路上，他们所执行的任务和完成的使命并非出于自愿，如果不是应国家的要求，他们不会走上这条路，也不会赞同它的正义性。在这最后一天，我突然意识到，虽然我未曾穿过军装，但我已经是美国军事使命、国土安全，甚至是“伊拉克自由行动”（Operation Iraqi Freedom）的一部分了。我将作为广域工作流（Wide Area Workflow）的一小分支流，为那些训练战士的官兵
提供职业培训。他们训练的战士是否具备一个民主国家的素质， 202
当他们在执行杀戮命令时，在完成捍卫个人尊严这项大使命时，是否具备正确的道德观与态度？他们的良知是否会被触动？是否会有困惑？他们的内心是否会受到煎熬？甚至备受折磨？所有这些都弥足珍贵，都是民主准则和道德价值观的衡量标准。

我们的文化致力于个人的自由，在这样一种文化中，自由首先从无愧疚开始。从这个意义上来说，从军事这一角度思考人文学科有着深远的意义。

后　记

我写完本书后，研讨会上那位来自加利福尼亚州奥本的中校汤姆斯·麦姬尔（Thomas McGuire）也写了一篇文章，题为《战争、文学、宪法及如何培养不情愿的杀手》（简称《战争》）。[①] 在此文中，他谈到在空军学院教授课程时，总是力图证明战争如何在毁灭人的同时又让人创造出“具有镇定与救赎性的艺术作品”。例如，他研究了威尔弗雷德·欧文（Wilfred Owen）作品中“受壕沟战事启发而做出的一系列形式上和文体上的创新，为的是让学生们体会人在极端境遇下的创造力与灵感，理解普通人在困境中如何用他们的创造力求得生存与超脱”（《战争》，28）。麦姬尔回忆起约翰·波灵（John Borling）少将说过的话。波灵在越南当过六年战俘，当被问起在空军学院上过的最重要的课时，他毫不犹豫地回答：“是人文学科，包括艺术史、音乐鉴赏、文学、哲学概要。”波灵认为这些课程“栽下了希望的种子，让人接触到几个世纪以来人类历史发展中最本质、最智慧的东西，它教会人如何在逆境与磨难中坚持、生存”。由此，麦姬尔写下了以下几句结语，我也拿它作为本书的总结：“我在教学和研究中与我的军队学员们分享人文学科所给予我们的丰富洞见，有关于人的存在问题的，也有关于道德本质的。人文学科让我们正视并坦然面对自己，保持

① *War, Literature, and the Arts* 20, nos. 1 – 2 (2008): 24 – 29（引文在文中给出）。

人性本真的一面。它同时提醒我们，我们虽有能力去完成不堪的暴力行为，却始终能凛然而无所畏惧，因为艺术的力量让我们超越一切。”（《战争》29）

图书在版编目(CIP)数据

人文学科与美国梦 /（美）杰弗雷·盖尔特·哈派姆著；生安锋，沈矗译．--北京：社会科学文献出版社，2019.5

书名原文：The Humanities and the Dream of America

ISBN 978-7-5201-4502-2

Ⅰ.①人… Ⅱ.①杰… ②生… ③沈… Ⅲ.①人文科学-研究 Ⅳ.①C

中国版本图书馆 CIP 数据核字（2019）第 047465 号

人文学科与美国梦

著　　者 /［美］杰弗雷·盖尔特·哈派姆（Geoffrey Galt Harpham）
译　　者 / 生安锋　沈　矗
校　　者 / 王　宁

出 版 人 / 谢寿光
责任编辑 / 袁卫华　罗卫平

出　　版 / 社会科学文献出版社·人文分社（010）59367215
地址：北京市北三环中路甲 29 号院华龙大厦　邮编：100029
网址：www.ssap.com.cn
发　　行 / 市场营销中心（010）59367081　59367083
印　　装 / 三河市东方印刷有限公司

规　　格 / 开　本：889mm×1194mm　1/32
印　张：8　字　数：184 千字
版　　次 / 2019 年 5 月第 1 版　2019 年 5 月第 1 次印刷
书　　号 / ISBN 978-7-5201-4502-2
著作权合同登记号 / 图字 01-2018-1795 号
定　　价 / 79.00 元